高职高专物流管理专业系列教材

物流设施设备基础与实训

黎 红 陈御钗 编 著

机械工业出版社

本书在校企合作实践的基础上,以物流业务涉及的物流设施设备为主线,以物流设备的选型、使用与管理的基础知识作为铺垫,以各类物流设施与设备的基本知识为基础,内容包括:物流设施与设备的认知、物流设备管理、物流设施与应用、运输设备与应用、仓储设备与应用、装卸搬运设备与应用、流通加工设备与应用、集装单元化设备与应用、物流信息技术设备与应用、综合训练模块 10 个模块。本书在理论环节前设置的一系列的能力训练项目,形象、直接,占用场地小,投资少,效果好,大部分实训项目在课堂上就能操作演练,提高了实训的可行性和实用性。在图片、视频、案例等的选择上,既选用了国外大型企业现代化的设施设备,也深入到企业一线拍摄工作场景,让学生所学与现实企业实现无缝衔接,加强对物流设施与设备的应用能力的训练,并有助于培养学生相应的职业能力。

本书既可作为高职高专物流管理专业和相关专业的教材,也可作为物流从业人员的参考书及其他有关人员培训的参考书。

图书在版编目(CIP)数据

物流设施设备基础与实训/黎红,陈御钗编著.
—北京:机械工业出版社,2011.4(2022.1 重印)
高职高专物流管理专业系列教材
ISBN 978-7-111-33816-1

Ⅰ.①物… Ⅱ.①黎… ②陈… Ⅲ.①物流—设备管理—高等职业教育—教材 Ⅳ.①F252

中国版本图书馆 CIP 数据核字(2011)第 046214 号

机械工业出版社(北京市百万庄大街 22 号 邮政编码 100037)
策划编辑:孔文梅 责任编辑:孔文梅 宋 燕
封面设计:鞠 杨 责任校对:薛 娜
责任印制:邰 敏
北京富资园科技发展有限公司印刷
2022 年 1 月第 1 版第 7 次印刷
169mm×239mm · 19.5 印张 · 369 千字
13 301—14 100 册
标准书号:ISBN 978-7-111-33816-1
定价:39.00 元

电话服务　　　　　　　网络服务
客服电话:010-88361066　　机　工　官　网:www.cmpbook.com
　　　　　010-88379833　　机　工　官　博:weibo.com/cmp1952
　　　　　010-68326294　　金　书　网:www.golden-book.com
封底无防伪标均为盗版　　机工教育服务网:www.cmpedu.com

前　言

物流产业将成为我国 21 世纪经济发展的重要产业和新的经济增长点。2009年 3 月国务院颁发了《物流业调整和振兴规划》，物流业也被列入十大产业调整振兴规划，为我国物流业加快发展带来重大机遇。

物流科学是一门新兴的学科，它以物的动态流转过程为主要研究对象，揭示了物流活动（运输、配送、储存、包装、装卸搬运、流通加工、物流信息等）的内在联系，它与多种学科交叉，其理论体系与技术应用仍处于不断发展中。

物流设施与设备是现代物流系统正常运行的物质基础，现代化物流设施与设备的应用日益广泛，自动化程度不断提高，物流设施与设备的合理选用和配置直接影响到整个物流系统的运行效率。一名现代物流管理人员不一定要懂得物流设施与设备的设计和制造，但必须了解各类物流设施与设备的基本构成和特点，懂得如何应用物流设施与设备。根据实际需要选好、用好、管好物流设施设备，是决定物流系统效能与效率的重要问题。

现代物流业是一个兼有知识密集和技术密集、资本密集和劳动密集特点的外向型和增值型的服务行业，其所涉及的领域十分广阔。高职高专的物流管理专业的培养目标是为社会、企业输送从事物流管理的一线操作与管理的高技能型人才。为满足现代物流人才的培养需求，便于业内有关人员全面、系统地学习物流设施与设备的基本知识，懂得合理配置、选择和运用物流设备的基本方法，对物流设施与设备进行科学管理，我们特编写了本书。

本书的编写充分体现了以社会人才需求为导向，以学生为中心，以服务教师教学为目标，吸收了现代物流技术与设备方面的新成果，立足于物流作业现场，加强实践实训性内容，强调对相应设施设备的应用、使用与管理的知识运用和技能的培养；体现了物流技能型人才培养特色，增强物流人才培养的针对性，力求使知识学习服务于技能训练，有助于职业素质的养成。本书内容按知识、技能模块之间的内在逻辑关系进行编排，有助于实现任务驱动，工作过程导向的高等职业教育教学改革和课程建设目标，提高教育教学质量水平，增强学生的综合素质；在关注对基本知识与应用能力培养的同时，也重视吸收前沿重大问题的最新物流技术成果，突出"重视基础，开阔视野"的特色，融合了物流技术和物流设备管理的相关内容，对培养立足于市场竞争的物流管理人才具有重要的现实意义。

本书在校企合作实践的基础上，通过对物流设施与设备及其发展状况的前导性介绍，以物流设备的选型、使用与管理的基础知识作为铺垫，以各类物流设施与设备的基本知识为基础，内容包括：物流设施与设备的认知、物流设备管理、物流设施与应用、运输设备与应用、仓储设备与应用、装卸搬运设备与应用、流通加工设备与应用、集装单元化设备与应用、物流信息技术设备与应用、综合训练模块 10 个模块。本书设置了一系列能力训练项目,以加强对物流设施与设备的应用能力的训练,并有助于培养相应的职业能力。本书的最后一个模块综合实训模块设计了物流中心作业系统运作和快递业务设备支持及应急保障等综合性和实践性较强的项目让学生回顾统筹前面所学知识和技能,还设计了物流设备模型制作比赛和物流设备选型与采购,可供教师进行课程技能考试或开展技能比赛活动选用。本书充分考虑到我国物流发展目前尚处于起步阶段,物流企业的运作大部分仍然以传统手工操作为主,机械化为辅的现状特点,在图片、视频、案例等的选择上,既选用了国外大型企业现代化的设施设备,也深入到国内企业一线拍摄工作场景,让学生所学与现实企业实现无缝衔接。本书所设计的能力训练项目形象、直接,占用场地小,投资少,效果好,大部分实训项目在课堂上就能操作演练,提高了实训的可行性和实用性。

  本书可作为高职高专物流管理专业和相关专业的教材,也可作为物流从业人员的参考书及其他有关人员培训的参考书。为方便教师的备课和教学,本书还提供有关的多媒体课件等教学资料,帮助教师组织教学过程,提高教学效率。凡选用本书作为教材的教师均可索取,请发送邮件至 cmpgaozhi@sina.com,咨询电话:010-88379375。

  本书由黎红与陈御钗编写,黎红负责全书的规划及定稿,具体分工为:黎红编写了模块一至模块四、模块六和模块九;陈御钗编写了模块五、模块七和模块八;综合训练模块由两人共同完成编写。本书编写人员具有较丰富的企业工作经验、教学工作背景以及设备管理经验,并且参加了广州市教育科学"十一五"规划课题"适应珠江三角洲现代物流人才需求的职业教育体系研究"的项目研究工作,在探索和推动高等教育服务区域产业经济发展和人才需求做了有益的尝试。

  本书编写过程中吸收了许多专家学者的研究成果和实践经验,参考了大量文献资料,在此我们谨向这些文献资料的作者以及专家学者表示衷心感谢,同时对中山市港航企业集团有限公司的李冠杰高级工程师提供的指导、广州邮区中心局的庄坤松工程师及其他企业界人士在企业实训方面提供的支持性内容表示感谢。

  物流科技创新水平不断提高,物流设备技术在不断发展,不断有新观念、新技术产生。由于编者经验、水平所限,书中难免存在不足之处,我们衷心希望广大读者及各位专家学者提出宝贵意见,以便进一步修改完善。

编　者

目　录

前言

模块一　物流设施与设备认知 ·· 1
能力训练项目1　海尔集团物流中心的先进物流作业设备 ····························· 1
理论环节1　概述 ·· 2
能力训练项目2　机器人能为包装做些什么 ··· 9
理论环节2　物流设施与设备的发展趋势 ·· 10
小结 ··· 14
核心知识点 ··· 15
复习题 ·· 15
实践题 ·· 15

模块二　物流设备管理 ·· 16
能力训练项目1　西安某物流企业的物流设备购置方案 ······························· 16
理论环节1　物流设备的选型 ··· 17
能力训练项目2　广东某物流企业汽车使用情况 ··· 21
理论环节2　物流设备的使用与维护保养管理 ·· 22
小结 ··· 33
核心知识点 ··· 34
复习题 ·· 34
实践题 ·· 34

模块三　物流设施与应用 ·· 35
能力训练项目1　上海西北保税物流中心案例 ··· 35
理论环节1　物流设施概述 ·· 36
能力训练项目2　新加坡港案例 ··· 38
理论环节2　港口设施、铁路设施、航空港设施 ·· 39
能力训练项目3　日本东京物流基地案例 ·· 57
理论环节3　公路与公路枢纽 ··· 59
能力训练项目4　海尔国际物流中心案例 ·· 64
理论环节4　物流中心 ··· 65
小结 ··· 73

核心知识点 …… 74
复习题 …… 74
实践题 …… 74

模块四　运输设备与应用 …… 75

能力训练项目1　商品车运输技术案例 …… 75
理论环节1　公路运输设备 …… 76
能力训练项目2　汶川地震救灾物资运输综合案例 …… 91
理论环节2　铁路运输设备、水路运输设备、航空运输设备 …… 94
能力训练项目3　运输设备图片情境案例 …… 120
理论环节3　管道运输设备 …… 121
小结 …… 128
核心知识点 …… 128
复习题 …… 128
实践题 …… 128

模块五　仓储设备与应用 …… 129

能力训练项目1　某工厂货架选择 …… 129
理论环节1　货架 …… 130
能力训练项目2　某公司装卸平台设计 …… 138
理论环节2　站台设备 …… 139
能力训练项目3　配送中心参观或视频演示 …… 140
理论环节3　自动分拣设备 …… 140
能力训练项目4　蒙牛乳业自动化立体仓库案例 …… 147
理论环节4　自动化立体仓库 …… 151
小结 …… 158
核心知识点 …… 158
复习题 …… 158
实践题 …… 158

模块六　装卸搬运设备与应用 …… 159

能力训练项目1　起重装卸作业图片情境讨论 …… 159
理论环节1　装卸搬运设备、起重设备 …… 161
能力训练项目2　叉车搬运工厂设备情境图片案例、自动搬运小车运作演示 …… 181
理论环节2　搬运、输送设备 …… 182
能力训练项目3　某物流企业以自动化、机械化生产模式取代劳动密集型生产模式 …… 216

理论环节3　装卸搬运设备的配置与选择······217
小结······219
核心知识点······219
复习题······219
实践题······219

模块七　流通加工设备与应用······220

能力训练项目1　配送中的流通加工案例······220
理论环节1　流通加工设备概述······223
能力训练项目2　打包机的使用与操作······226
理论环节2　包装技术与设备······227
能力训练项目3　钢材剪切加工配送······236
理论环节3　其他流通加工机械······236
小结······240
核心知识点······240
复习题······240
实践题······240

模块八　集装单元化设备与应用······241

能力训练项目1　集装箱与托盘的配合······241
理论环节1　集装单元化概述······241
能力训练项目2　日韩为何如此关心我国托盘标准······243
理论环节2　托盘技术······244
能力训练项目3　集装箱运用案例······253
理论环节3　集装箱······254
小结······264
核心知识点······265
复习题······265
实践题······265

模块九　物流信息技术设备与应用······266

能力训练项目1　条码技术在邮政车厢作业中的应用案例······266
理论环节1　条码技术设备······267
能力训练项目2······278
理论环节2　射频技术设备······279
能力训练项目3　GPS定位监控系统在公交行业的应用案例······282

理论环节3　GPS、GIS、通信与网络技术设备 ········· 284
小结 ································· 294
核心知识点 ···························· 294
复习题 ································ 294
实践题 ································ 294

综合训练模块 ························ 295
综合训练1 ····························· 295
综合训练2　某物流企业"中秋"快递业务设备支持及应急保障方案 ····· 295
综合训练3　物流设备模型制作比赛 ················ 300
综合训练4　物流设备选型与采购 ················ 302

参考文献 ····························· 303

模块一 物流设施与设备认知

能力目标

能够对物流设施与设备作初步评说

知识目标

1. 掌握物流设施与设备的定义和分类
2. 掌握物流设施与设备的地位和作用
3. 了解现代物流设施与设备的发展现状
4. 了解国内外物流设施与设备的发展趋势

能力训练项目 I

海尔集团物流中心的先进物流作业设备

海尔集团于2000年投产的国际物流中心是我国自动化立体仓库建设的一个缩影。

2001年3月31日正式启用的海尔国际物流中心坐落在海尔开发区工业园,海尔国际物流中心高22米,拥有18 056个标准托盘位(其中原材料托盘位9 768个,成品托盘位8 288个)。该中心采用世界上先进的激光导引无人运输车系统、巷道堆垛机、机器人、穿梭车等。9台AGV(自动导引车)组成一个柔性的库内自动搬运系统,成功完成每天23 400项的出入库货物和零部件的搬运任务。海尔国际物流中心包括原材料和产成品两个自动化物流系统,无论原材料还是产成品都采用标准托盘,从入库到出库中间的所有活动都实现无人操作——巷道堆垛机根据计算机信息指令,自动存取货架的货物,送到巷道口,再由无人操纵的穿梭车或AGV(激光导引)小车运至出入库站台。所有这些出入库信息,都由货物托盘上的条码和机械搬运设备上红外线扫描信息终端同步传送到海尔物流的计算机管理系统,实现了现代物流的自动化和智能化。海尔国际物流中心货区面积7 200平方米,但它的吞吐量却相当于30万平方米普通平面仓库。同样的工作,海尔国际物流中心只有10名叉车驾驶员,而一般仓库完成这样的工作量至少需要上百人。

(资料来源:http://www.people.com.cn/GB/jinji/33/172/20010402/430934.html)

讨论
1. 海尔集团的自动化仓库有哪些先进的物流作业设备?
2. 用自己的话给物流设备下定义,并尝试对案例中涉及的物流设备进行分类。
3. 先进的自动化立体仓库给海尔带来了什么?

理论环节 1

概 述

物流设施与设备是物流系统中的主要技术支撑要素,是构建物流产业链的物质基础,对提高物流能力与效率、降低物流成本和保证服务质量等方面有着重要影响。伴随着经济全球化的发展以及科技进步,我国在交通运输、仓储设施、物流园区等物流基础设施和设备的建设方面取得了很大进步,为物流业发展奠定了重要的物质基础。

一、物流设施与设备的概念和分类

物流设施与设备是指进行各项物流活动和物流作业所需要的设施与设备的总称。它既包括各种机械设备、器具等可供长期使用,并在使用中基本保持原有实物形态的物质资料,也包括运输通道、货运站场和仓库等基础设施。物流设施与设备是组织物流活动和物流作业的物质技术基础,是物流服务水平的重要体现。物流系统的建立和运行,离不开大量的物流基础设施与设备的运行和保障。

(一) 物流设施的定义与分类

物流设施是组织物流系统运行的基础物质条件,是在供应链的整体服务功能上和供应链某些环节上,满足物流组织与管理需要的、具有综合或单一功能的场所或组织的统称。物流基础设施包括物流园区、物流中心、配送中心、公路、铁路、水路、航空、管道等各类运输枢纽、场站、仓储设施等。

(二) 物流设备的定义与分类

物流设备是指用于储存、装卸搬运、运输、包装、流通加工、配送、信息采

模块一　物流设施与设备认知

集与处理等物流活动的设备或设备的总称。它包括物流设施、运输设备、仓储设施与设备、装卸搬运设备、流通加工设备、集装单元化设备、物流信息技术设备等。物流设备是完成物流各项活动的工具与手段，是组织物流活动的物质技术基础。

（1）运输设备是指用于较长距离运输货物的设备。根据运输方式的不同，运输设备可分为铁路运输设备、公路运输设备、水路运输设备、航空运输设备、管道运输设备等。运输在物流系统中具有独特地位，要求运输设备安全可靠，运输作业效率高，运输成本低，使运输设备达到最优化利用。

（2）仓储设备是指在储存区进行作业活动所需要的设备器具，主要用于物资储藏、保管和相关仓储作业活动使用。仓储设备主要包括货架、堆垛机、室内搬运车、输送设备、分拣设备、商品质量检验器具、计量设备、通风设备、温湿度控制设备、消防设备以及计算机管理和监控系统等。

（3）装卸搬运设备是用来搬移、升降、装卸和短距离输送物料或货物的机械。它是物流系统中使用频率最大、使用数量最多的一类机械设备。从用途和结构特征来看，装卸搬运设备主要包括起重设备、连续运输设备、装卸搬运车辆、专用装卸搬运设备等。

（4）流通加工设备是完成流通加工任务的专用机械设备，主要用于物品包装、分割、计量、分拣、组装、价格贴付、标签贴付、商品检验等作业。它通过对流通中的商品进行加工，改变或完善商品的原有形态来实现生产与流水线的桥梁和纽带作用。流通加工机械的种类很多，其中包装设备是指完成全部或部分包装过程的机器设备，按其功能标准可分为灌装机械、充填机械、裹包机械、封口机械、贴标机械、清洗机械、干燥机械、杀菌机械、捆扎机械、集装机械、多功能包装机械及完成其他包装作业的辅助包装机械和包装生产线；根据流通加工的对象不同，流通加工设备可以分为金属加工机械、玻璃加工机械、木材加工机械、食品加工机械等。

（5）集装单元化设备是指用集装单元化的形式进行储存、运输作业的物流设备，主要有托盘、集装箱和其他集装单元器具。货物集装成组合包装后提高了搬运活性。集装单元化系统包括托盘、集装箱、滑板、集装袋、集装网络、货捆、集装装卸设备、集装运输设备、集装识别系统等。

（6）物流信息技术设备是指用于物流信息的采集、传输、处理等的物流设备。它主要包括计算机及网络、信息识别装置、传票传递装置、通信设备等。现代物流系统中广泛应用了条码系统、射频技术、电子标签技术、物流电子数据交换技术（Electronic Data Interchange，简称 EDI）、GPS 与 GIS 设备、物流机器人、无人搬运车（Automated Guided Vehicle，简称 AGV）、自动导向车系统（Automated Guided Vehicle System，简称 AGVS）、货物跟踪系统等现代信息技术设备。

二、物流设施与设备在物流系统中的地位和作用

物流设施与设备是构建物流产业链的物质基础,在整个物流过程中对提高物流能力与效率、降低物流成本、保证物流服务质量等方面有非常重要的影响。

(1)物流设施与设备是物流系统的物质技术基础。物流系统的正常运转离不开物流设施与设备,正确、合理地配置和运用物流设施与设备是提高物流效率的根本途径,也是降低物流成本、提高经济效益的关键。物流设施与设备是实现物流功能的技术保证,也是实现物流现代化、科学化、自动化的重要手段。

(2)物流设施与设备是物流系统的重要资产。随着物流设备技术含量和技术水平的日益提高,现代物流技术设备既是技术密集型的生产工具,也是资金密集型的社会财富,配置和维护这些设备与设施需要大量资金和相应专业知识。

(3)物流设施与设备涉及物流活动的各个环节。一个高效的物流系统离不开先进的物流设施与设备。物料或商品要经过包装、运输、装卸、储存等作业环节,而这些作业环节及其辅助环节的高效完成均离不开相应的物流设施与设备的良好运作。

(4)物流设施与设备是物流技术水平高低的重要标志。物流设施与设备的发展水平被视为生产力发展水平与物流现代化程度的重要标志。例如,自动化仓库技术综合运用了自动控制技术、计算机技术、现代通信技术等高科技,使仓储作业实现了半自动化、自动化。在物流管理过程中,从信息的自动采集、处理到信息的发布可实现智能化,依靠功能完善的高水平监控管理软件可实现对物流各环节的自动监控,依靠专家系统可以及时诊断物流系统的运行情况,对系统的优化提出合理化建议。

阅读材料

我国物流设施与设备的现状

我国政府和企业近年来不断加大物流基础设施与设备的资金投入,目前在交通运输、仓储设施、物流园区等物流基础设施和设备的建设方面取得了很大进步,为物流业的快速发展提供了良好的基础平台。

(一)我国物流基础设施的现状

改革开放以来,我国以干线铁路、高速公路、枢纽机场、国际航运中心为重点的各种物流基础设施建设得到快速发展。货运设施、物流设备的保有量和作业能力已成倍提高。以现代物流理念建设的各类物流园区、物流中心、配送中心得到较快发展。物流信息化设施与设备也得到了普及和应用。

1. 公路方面

截至2008年年底，全国公路总里程达373.02万公里。其中，国道15.53万公里，省道26.32万公里，县道51.23万公里，乡道101.11万公里，专用公路6.72万公里，村道172.10万公里。高速公路突破3 000公里的省有：河南（4 841公里）、山东（4 285公里）、广东（3 823公里）、江苏（3 725公里）、河北（3 233公里）和浙江（3 073公里）。2008年年底，全国公路桥梁达59.46万座、2 524.70万延米。全国公路密度为38.86公里/百平方公里。1949年中国公路通车里程仅8万多公里，道路密度仅0.8公里/百平方公里。"五纵七横"公路运输大通道主骨架已基本形成，实现了全国省际及大部分中心城市之间的高速公路连接，公路总里程、高速公路里程均位居世界第二。

2008年全国营业性客车完成公路客运量268.21亿人、旅客周转量12 476.11亿人公里，平均运距为46.52公里；全国营业性货运车辆完成货运量191.68亿吨、货物周转量32 868.19亿吨公里，平均运距为171.48公里。

2. 铁路方面

截至2008年年底，全国铁路营业里程已达8万公里，跃居世界第二。2008年年底全国铁路旅客发送量达14.6亿人次，货物运量33亿吨，换算周转量32 885亿吨公里。1997~2007年的10年时间里，我国铁路进行了六次大提速，仅2004年的第五次和2007年的第六次大提速，运输能力就提高了50%以上。2008年8月1日，世界上运营速度最快的铁路京津城际铁路开通运营，时速达到350公里，从北京到天津不到半个小时。我国铁路以占世界铁路6%的营业里程完成了世界铁路25%的工作量，运输效率居世界第一。

铁路网骨架已铺至全国的东西南北，"四纵两横"的提速网络形成，时速160公里及以上的线路达到1.6万公里，覆盖了全国大部分地区和主要城市；按照铁路建设规划和目前的建设进度，到2012年，我国铁路营业里程将由目前的8万公里达到11万公里以上，电气化率、复线率均达到50%以上，将新增1.3万公里区际干线，并建成1万公里复线，发达完善的铁路网初具规模，铁路运输的"瓶颈"制约基本缓解，铁路在经济社会发展中的作用将更为突出。

3. 水运方面

2008年，全国完成水路货运量29.45亿吨，货物周转量50 262.74亿吨公里，平均运距为1 706.66公里。全国内河航道通航里程12.28万公里，其中等级航道6.11万公里，占总里程的49.8%；内河航道共有4 128处枢纽，其中具有通航功能的枢纽2 329处；全国港口数量为413个，年吞吐量在1 000万吨以上的沿海港口36个，200万吨以上的内河港口87个。全国港口拥有生产用码头泊位31 050个，其中万吨级及以上泊位1 416个；全国沿海港口拥有生产用码头泊位5 119个，其中万吨级及以上泊位1 157个；内河港口拥有生产用码头泊位

25 931个，其中万吨级及以上泊位259个。中国目前是世界上港口集装箱吞吐量最多的国家，亿吨大港达到16个，有7个港口货物吞吐量排名世界前10位，上海港成为世界第一大港。

4．空运方面

2008年我国境内民用航空通航机场共有158个（不含香港和澳门，下同），其中定期航班通航机场152个，定期航班通航城市150个。

截至2008年年底，我国民航定期航班航线达到1 532条，其中国际航线达297条，形成了一个国内四通八达、干线与支线相结合以及连接世界主要国家和地区的航空运输网络。2008年全国各机场共完成旅客吞吐量40 576.2万人次，完成货邮吞吐量883.4万吨，航空运输总周转量、旅客周转量在国际民航组织缔约国中排名均保持第二位。

5．管道运输方面

管道运输是随石油开发而兴起的，并随着石油、天然气等流体燃料需求量的增长而发展。据统计，2008年末全国输油（气）管道里程为5.83万公里。目前我国已经形成了东北、华北、中原、华东和西北广大地区四通八达、输配有序的石油、天然气管网运输体系。长输管道建设不仅在陆地上有所发展，而且也向海洋、沙漠中延伸。

西气东输工程2002年7月4日开工，2004年12月30日全线供气。它西起新疆轮南，经过戈壁沙漠、黄土高原、太行山脉，穿越黄河、淮河、长江，途经9个省、自治区、直辖市，最后到达上海，全长约4 000公里。该工程是目前我国管径最大、管壁最厚、压力等级最高、技术难度最大的管道工程，创造了世界管道建设史上的高速度。

当前管道运输的发展趋势：管道的口径不断增大，运输能力大幅度提高；管道的运距迅速增加；运输物资由石油、天然气、化工产品等流体逐渐扩展到煤炭、矿石等非流体。

（二）物流设备的发展情况

自20世纪70年代末以来，我国物流设备有了较快的发展，我国已具备开发研制大型装卸设备和自动化物流系统的能力，物流设备的自动化水平和信息化程度不断提高，专业化的新型物流设备和新技术物流设备不断涌现。

1．运输设备

2008年年底全国公路营运汽车达930.61万辆。其中载客汽车169.64万辆、2 560.36万客位，其中大型客车25.50万辆、1 096.44万客位；载货汽车760.97万辆、3 686.20万吨位，其中普通载货汽车720.18万辆、3 139.76万吨位，专用载货汽车40.79万辆、546.44万吨位。我国目前营运的载货汽车中，缺重少轻，中型货车比重较大，车型结构比例不够合理。

目前,我国铁路不断深化内涵扩大再生产,优化列车运行图、编组计划和车流径路,创造了时速200公里及以上动车组列车、5 000~6 500吨级货物列车、双层集装箱列车与其他不同速度值客货列车共线运行的快速、重载、密度相协调的运输组织方式。

水路运输运力结构继续优化。2008年年底全国拥有水上运输船舶18.42万艘,比上年末减少0.76万艘;净载重量12 416.91万吨,比上年末增加535.46万吨;平均净载重量674.14吨,比上年末增加54.57吨;载客量100.85万客位,比上年末减少1.83万客位;集装箱箱位115.34万TEU(Twenty-feet Equivalent Unit,国际标准箱单位),比上年末减少10.61万TEU;船舶功率4 355.10万千瓦,比上年末增加418.42万千瓦。

截至2007年9月底,全行业运输飞机共有1 099架,比2006年末998架增加101架。据民航预测,到2026年末,中国民用客机拥有量将达到3 731架,其中大型喷气客机2 810架,100座以下的支线客机921架。预计到2026年,中国的民用货机机队规模将达到568架。由中国自主研制的ARJ21新支线飞机已远销欧美市场;2008年11月8日中国航空工业集团公司成立,中航一集团和中航二集团完成合并,标志着中国航空工业新一轮战略重组全面启动。

2.物料装卸搬运设备

1980年以来我国物料搬运技术发展较快,研制生产了大批成套的物料搬运设备,在物流系统中得到更为广泛的应用,如自动化立体仓库成套设备、码头成套装卸输送设备、散料成套输送设备等。近年来,我国起重运输设备制造业发展前景十分看好,然而国内生产商虽然数量众多,但普遍规模小、研发能力不足,缺乏核心技术。我国重点发展的物料搬运设备产品包括:煤炭开采、运输、洗选等相关装卸输送成套设备;火力电站输煤系统成套设备及环保排灰输送设备,长距离气力输送装置等;大型自动化立体仓库及各式仓储物料搬运装卸成套设备;大型物流配送分拣中心及信息自动化系统等成套设备;大型散料港口装卸运输系统成套设备;大型集装箱装卸搬运成套设备;大型水电站专用起重机、大型冶金起重机等;汽车、造船和制造业生产线所需的智能、柔性化各种物料搬运成套设备等。

3.储存设备

(1)托盘。我国《联运通用平托盘主要尺寸及公差标准》于2008年3月正式出台,国家标准托盘型号为1 100毫米×1 100毫米、1 200毫米×1 000毫米两种型号。同时根据我国托盘使用现状,推荐使用1 200毫米×1 000毫米型号托盘。托盘的材质有木质、塑料、钢质等,主要用于仓储物流中心就地码放货品或进行单元托盘货架系统存储,或发展托盘化物流。联运通用平托盘主要尺寸及公差标准的修订对托盘联营、循环使用及托盘租赁市场的健康发展起到推动作用。

（2）货架。货架包括轻型货架、托盘货架、旋转货架、悬臂式货架、自动货柜、重力货架、移动货架、贯通式货架、阁楼货架等，其中托盘货架、旋转货架、重力货架、移动货架、贯通式货架将得到越来越广泛的应用。

（3）自动化立体仓库（AS/RS）。它是由立体货架、有轨巷道堆垛机、出入库托盘输送机系统、尺寸检测条码阅读系统、通信系统、自动控制系统、计算机监控系统、计算机管理系统以及其他（如电线电缆桥架配电柜、托盘、调节平台、钢结构平台等）辅助设备组成的复杂的自动化系统。一般来说，自动化高架仓库其空间利用率为普通平库的2～5倍。

20世纪50年代初，美国出现了采用桥式堆垛起重机的立体仓库；1963年建立了第一座计算机控制的立体仓库。60年代中期日本开始兴建立体仓库，且发展很快，成为世界上拥有自动化立体仓库最多的国家之一。我国在1963年研制成第一台桥式堆垛起重机，1973年开始研制第一座由计算机控制的高15米的自动化立体仓，1980年投入运行。1980年以来自动化立体仓库在汽车、化工、电子、烟草等行业的应用逐年增长，其中最具典型意义的是海尔集团国际物流中心的立体仓库，该仓库高22米，拥有18 056个标准托盘位，包括原材料和产成品两大自动化物流系统，全部实现自动化和智能化。

4．输送设备

输送设备有辊道输送机、链条输送机、皮带输送机、升降移载机、带式输送机、滚柱输送机、悬挂输送机、垂直输送机、分拣输送机等。据调查，输送设备主要应用于国有大中型运输企业、进出口货运代理企业、铁路站场、公路站场、港口站场、机场站场、仓储、物流企业以及制造业企业、商业批发、百货或超市。我国输送机企业一般规模较小，分布较为分散。

5．自动搬运车

1976年我国研制出第一台自动导向车（AGV）。我国首套激光导引无人车系统由昆明船舶设备集团有限公司研制生产，1999年3月27日在红河卷烟厂投入试运行，在世界烟草行业首次实现了搬运作业离开走道，进入机群穿梭运行。目前我国出入库系统大多由链式和辊道输送机组合而成，从国外引进了高速轨道式输送台车及其系统、滑块式分拣输送机、自动导向车系统（AGVS）等高效、柔性的出入库输送设备及其系统。

6．物流信息设备

物流信息设备包括条码用材、条码打印机、数据采集终端、质量检测仪、无线网络、电子标签、自动化元器件等。我国是世界上继美国和苏联后第三个建立了完善的卫星导航系统的国家。各种物流信息应用技术已经广泛应用于物流活动的各个环节，对企业的物流活动产生了深远的影响。

能力训练项目 2

机器人能为包装做些什么

在加拿大 Aliment Putter 食品加工厂里一种新型机器人每天自动对 1 000 箱食品进行托盘处理。Aliment 公司的 Putter 食品加工厂是加拿大东部著名的腌制食品生产厂家,工厂主要生产经过巴氏灭菌的食品,如小黄瓜、柿子椒、西班牙甜椒、德国泡菜等品种广泛的蔬菜腌制品。由于生产线终端的托盘装载装置限制了其更大的加工能力,特别是在每年的 7~11 月的生产旺季,Putter 食品加工厂每天都需要生产 12 000 箱蔬菜腌制品,这其中每箱 20 磅(1 磅=0.45 千克)重的产品在码垛环节上存在很大问题。在发货托盘上码垛是一件很耗费体力的工作,而且工人就算每周工作 6 天,每天 10 多个小时,还是赶不上生产进程。

2005 年 9 月,Putter 食品加工厂从 Motoman 公司购进了 SP100X 型的 4 轴码垛机器人,并立即将其安装在生产线上。此后,产品包装箱就以单行排列的形式通过动力传送带进入机器人单元,传送带上的传感器指示包装箱的正确位置,并为机器人捡拾做好准备。4 轴 Motoman SP100X 型机器人的有效载荷为 220 磅,360 度工作范围,伸缩距离为 129.6 英寸(1 英寸=0.025 米),重复精度为 0.02 英寸。

码垛机器人配备有特殊定制设计的多功能抓取器,如果是抓取每箱重量在 8~38 磅的较小和较轻的包装箱并将它们装载到托盘上,生产线速率为每分钟 10 箱。而当机器人在装载高且窄的 20 磅包装箱时,每次抓取两箱,这种包装箱内一般装有 2 个 4 升或 2 个 1 加仑(1 加仑=0.0038 立方米)的食品罐。这样在每个捡拾周期里,机器人可以搬运 40 磅的有效载荷,装载这些较重包装箱的速率是之前人工作业的两倍。其中,处理 4 升包装罐的生产速率会快一些,因为与多个较小包装罐的装箱和贴标相比,较大容器的装箱和贴标工序花费的时间更少。

不管包装箱尺寸或重量如何,机器人都可以使用真空吸盘牢固地夹持和传送包装箱。使用这种配置的机器人降低了让包装箱掉落的可能,而一旦发生这种掉落的情况,主要原因也是因为有人关闭了压缩空气扩管器,而非机器人的过失。

在机器人工作的过程中,Putter 公司给工作单元安装了防护措施,包括安全护栏和光帘,从而防止人员在机器人工作期间进入工作范围。同时 Motoman 公司也提供了机器人解决方案,承担了系统配套工作并编写了初期使用的程序。

▶ 讨论

1. 先进技术与设备给企业的生产和物流运作带来什么好处?
2. 如果企业要从这种高资金投入中得到回报,要注意哪些问题?

理论环节 2

物流设施与设备的发展趋势

一、物流设施的发展趋势

物流设施资源的健全、完善与整合利用，是现代物流设施发展的主流，尤其是运输设施的合理发展所营造的多式联运、集装箱运输、运输网络等综合运输环境和运输效率，是物流组织实现高效率、低成本和优质服务的根本。物流设施的发展趋势体现在以下几方面。

1．物流基础设施及相关资源整合的力度进一步加大

交通运输、仓储等相关领域的各种既有设施除了发挥自身的功能、提高既有设施的使用效率之外，还要考虑如何科学整合其规模、布局、功能等，以及不同领域物流基础设施在服务上有可替代性和竞争性，各种既有设施在进行功能转型发展时要积极进行跨行业和企业整合，促进设施的综合利用。

2．新建物流设施朝科学化、系统化、网络化的方向发展

物流基础设施建设需占用大量土地，特别要处理好各种基础设施发展规划之间的关系，避免相互制约和干扰，从战略高度进行物流基础设施的规划、布局和建设。

3．物流设施的合理空间布局越来越科学，物流功能越来越完善

在以物流基础设施规划为指导的前提下进行宏观协调，运输场站在布局上与物流基础设施规划重合时，两者在布局上应合并建设，避免功能性的重复建设，加快运输设施整合，推进综合运输的发展和社会整体运输效率的提升。

4．各种运输服务方式对物流基础设施的支持能力进一步提高

依托专门化物流基础设施、专业化的运输站场，发展多式联运、集装箱运输、城市配送等，努力降低社会综合运输成本，提高运输的可靠性和效率，提高各种运输方式对物流基础设施的支持能力，提高物流基础设施的组织功能和提高运作效率，要形成公路、铁路两种运输方式在干线运输和区域运输、城市配送上的分工与配合；依托港口和机场，形成与不同物流需求相适应的运输组织与服务模式；加快公路的快运、零担、集装箱运输的发展，为物流基础设施在区域中的物流组织功能提供效率与服务模式选择。

5．物流基础设施的经营与网络化服务能力提高

充分考虑发挥物流园区、物流中心和配送中心以及运输场站、仓储设施等在区域及城市物流组织上的功能，通过建设模式、运营模式和服务功能创新等途径，提高单个基础设施的经营发展能力。通过在设施之间开展运输的网络化经营，在供应链基础上的合作与分工，提高基础设施的网络化服务能力，构建现代物流发展需要的高效率基础设施体系。

6. 物流基础设施的信息化水平越来越高

提高物流基础设施的信息化水平，可以通过依托大型对物流发展具有重要影响力的物流园区、物流中心，开发和建设公共物流信息平台。

二、物流设备的发展趋势

随着现代物流的发展，物流设备作为其物质基础表现出了以下几个方面的发展趋势。

1. 大型化和高速化

大型化是指设备的容量、规模、能力越来越大，它是实现物流规模效应的基本手段。为了弥补物流设备自身速度很难提高的缺陷而逐渐将其大型化，包括海运、铁路运输、公路运输。

（1）海运的大型化。油轮最大载重量达到56.3万吨，集装箱船为6790TEU，世界最大的集装箱船马士基系列的"埃斯特尔马士基"船，长397米，宽56米，排水量15.7万吨，满载可装11 000个集装箱。

（2）铁路运输的大型化。在铁路货运中出现了装载716 000吨矿石的列车。

（3）管道运输的大型化。管道运输的大型化体现在大口径管道的建设，目前最大的口径为1 220毫米。

（4）航空货机的大型化。正在研制的货机最大可载300吨，一次可装载30个40英尺（12.2米）的标准箱，比现在的货机运输能力（包括载重量和载箱量）提高50%～100%。

（5）公路运输的大型化。世界上最大的载重汽车是由加拿大通用公司设计生产的，车体自重260吨，载重量350吨，总重610吨。

高速化指设备的运转速度、运行速度、识别速度、运算速度大大加快。提高运输速度一直是各种运输方式努力的方向，主要体现在对"常速"极限的突破。正在发展的高速铁路有三种类型：①传统的高速铁路，以日本和法国的技术最具商业价值，目前营运的高速列车最大商业时速已达270～275千米/时；②摆式列车，以瑞典为代表，商业时速达200～250千米/时；③磁悬浮铁路，目前尚处于商业实验阶段，1998年在日本实现了时速为539千米/时的实验速度。近年我国高速铁路也得到大力发展。随着技术的成熟和经济发展，普通铁路终将被高速铁路取代。在公路运输中高速一般是指高速公路，目前各国都在努力建设高速公路网。航空运输中高速是指超音速，客运的超音速已由法国协和飞机所实现，货运方面双音速（亚音速和超音速）民用飞机正在研制中。超音速化将是民用货机的发展方向。在水运中，水翼船的时速已达70千米/时，气垫船时速最高，而飞翼船的时速则可达到170千米/时。在管道运输中，高速体现在高压力，美国阿拉斯加原油管道的最大工作压力达到8.2兆帕。

仓库物流设施设备规模的扩大与快速客户响应是一对矛盾。仓库要做到在极短的时间内完成拣选、配送任务，只有不断提高物流设备的运行速度和处理能力。因此，堆垛机、拣选系统、输送系统等物流设备总是朝着高速运转目标而努力。

2．实用化和轻型化

仓储物流设备是在通用的场合使用，工作并不很繁重，因此好用、易维护、操作，具有耐久性、无故障性和良好的经济性，以及较高的安全性、可靠性和环保性。这类设备批量较大、用途广，考虑综合效益，可降低外形高度，简化结构，降低造价，同时也可减少设备的运行成本。

3．标准化

标准化是物流设备发展的必然趋势。物流标准化既包括物流硬件设备的标准化，又包括物流管理软件接口的标准化、物流术语的标准化等。物流设备、物流系统的设计与制造，按照统一的国际标准才能适应各国、各地区之间相互实现高效率物流的要求。物流标准化有助于实现物流设备的通用化，为物流作业之间的快速转换提供技术保证。例如，大型集装箱挂车可运载海运、空运、铁运的各种型号尺寸的集装箱。

4．专门化和通用化

物流活动的系统性、一致性、经济性、机动性、快速化，要求一些设备向专门化方向发展，又有一些设备向通用化、标准化方向发展。

物流设备专门化是提高物流效率的基础，它是以物流工具为主体的物流对象专门化，如从客货混载到客货分载，出现了专门运输货物的飞机、轮船、汽车以及专用车辆等设备和设施。运输方式专门化中比较典型的是海运，几乎在世界范围内放弃了客运，主要从事货运，管道运输就是为输送特殊货物而发展起来的一种专用运输方式。

通用化主要以集装箱运输的发展为代表。国外研制的公路、铁路两用车辆与机车，可直接实现公路铁路运输方式的转换，公路运输用大型集装箱拖车可运载海运、空运、铁运的所有尺寸的集装箱，还有客货两用飞机，水空两用飞机及正在研究的载客管道运输等。通用化的运输工具为物流系统供应链保持高效率提供了基本保证。通用化设备还可以实现物流作业的快速转换，可极大提高物流作业效率。

5．成套化和系统化

供应商按客户实际情况量身定制物流系统设备方案，将不同用途的物流设备有机整合，组成成套的、匹配的物流系统设备，物流系统才能发挥整体作用。在物流设备单机自动化的基础上，通过计算机把各种物流设备组成一个集成系统，通过中央控制室的控制，与物流系统协调配合，形成不同机种的最佳匹配和组合，取长补短，发挥最佳效用。例如，大福、村田、冈村、西门子、德马泰克等公司都可自行设计生产全部物流设备，满足客户整体要求。未来成套化和系统化物流设备具有广阔发展前景，尤其是工厂生产搬运自动化系统、货物配送集散系统、集装箱装卸搬运系统、货物自动分拣与搬运系统等。

6．自动化和智能化

将机械技术与电子技术相结合，将先进的微电子技术、电力电子技术、光缆技术、液压技术、模糊控制技术隐蔽功用到机械的驱动和控制系统，实现物流设备的自动化和智能化将是今后的发展方向。例如，大型高效起重机的新一代电气控制装置将发展为全自动数字化控制系统，可提高单机综合自动化水平；自动化仓库中的送取货小车、智能式搬运车（AHV），以及公路运输智能交通系统（ITS）的开发和应用已引起各国的广泛重视。此外，卫星通信技术及计算机、网络等多项高新技术结合起来的物流车辆管理技术逐渐被应用。科技的进步使物流设备越来越重视智能化与人性化设计，以降低工人的劳动强度。

7．信息化

物流设备与信息技术紧密结合、实现高度自动化是未来发展的趋势。越来越多的物流设备供应商已从单纯提供硬件设备，转向提供包括控制软件在内的总体物流系统。现场总线、无线通信、数据识别与处理、互联网等高新技术与物流设备的有效结合作用，成为越来越多的物流系统的发展模式。无线数据传输设备在物流系统中发挥着越来越大的作用。运用无线数据终端，可以把货物接收、储存、提取、补货等信息及时传递给控制系统，实现对库存的准确掌控，借由联网计算机指挥物流设备准确操作，缩短系统反应时间，使物流设备整体控制更高效。而将无线数据传输系统与客户计算机系统连接，可为客户提供实时信息管理，全面提高客户服务水平。

8．绿色化

"绿色"就是要达到环保要求，这涉及两方面：①与牵引动力的发展以及制造、辅助材料等有关；②与使用有关。对于牵引力的发展，一要提高牵引动力，二要有效利用能源，减少污染排放，使用清洁能源及新型动力。对于使用因素，包括对各物流设施与设备的维护，合理调度，恰当使用等。尽量采用新的装置和合理设计，降低设备的震动、噪声和能源消耗量。

总之，客户需求与科技进步将推动物流技术与设备不断向前发展。物流设备供应商应随时关注市场需求的变化，采用更加先进的技术，提供客户满意的产品与服务，提高物流行业整体发展水平。

三、推进我国物流设备发展的应对措施

借鉴国外物流设备发展的先进经验，结合我国物流发展的实际情况及存在的主要问题，可采取如下措施来加快我国物流设备的发展。

第一，加快物流设备标准化制定工作。物流设备标准化对于提高物流运作效率起着至关重要的作用，统一的标准有利于各种设备之间的相互衔接配套，有利于物流企业之间的业务合作，从而缩短物流作业时间，提高生产效率，改善物流服务质量，减少物流成本在生产总成本中所占的比重。

第二，加大对物流设备的投资力度，注重多元化投资。对物流设备的实际应用情况进行调查研究，注重发展技术含量高的物流设备，淘汰陈旧落后的物流设备，配置先进物流机械设施，如运输系统中的新型机车、车辆、大型汽车、特种专用车辆，仓储系统中的自动化立体仓库、高层货架，搬运系统中的起重机、叉车、集装箱搬运设备、自动分拣和监测设备等。

第三，规范物流设备供应商的经营行为，鼓励其扩大经营规模，提高技术水平和设计能力，为物流企业提供更好的物流设备。

第四，引导物流企业在选择物流设备时，不仅注重价格，还要注重质量，安全性能及对整个系统的作用，结合实际需要选择，使整个系统效益最优。

第五，提高物流企业和各级政府的认识，使之在进行物流设备系统规划、设计时能通盘考虑，避免使用不当和资源浪费。

第六，物流企业和各级政府都要把物流设备管理纳入物流管理的内容。物流设备是物流成本的一部分，应重视物流设备的管理和研究，注重对物流设备安全性能的检测和维修，提高物流设备的使用效率。

小　　结

通过本模块的学习，学生应掌握物流设施与设备的概念、作用；了解我国物流设施与设备发展的现状与趋势；掌握物流设备和物流基础设施的分类，并具备识别物流设备的基本类别与用途的能力。

核心知识点

物流设施、物流设备

复习题

1. 简述物流设施与设备在物流系统中的地位和作用。
2. 简述我国物流设施与设备的现状。
3. 简述物流设施与设备发展的趋势。
4. 简述推进我国物流设备发展的应对措施。

实践题

完成案例"机器人能为包装做些什么"的小组讨论报告。

模块二　物流设备管理

能力目标

1. 物流设备选型的初步能力
2. 物流设备的基本管理能力

知识目标

1. 了解物流设备管理的作用、意义
2. 掌握物流设备的选型原则
3. 了解物流设备配置、选择的主要工作内容
4. 熟悉物流设备管理的基本内容
5. 掌握物流设备的正确使用
6. 了解物流设备的保养、维修、更新、技术改造

能力训练项目1

西安某物流企业的物流设备购置方案

西安一家物流企业为适应社会发展的需要，计划建设一个全新的物流生产作业场地。征地完成后，准备上报国家购置新的物流设备，在进行可行性分析的过程中出现了两种不同的意见，一种是建议学习广州同行物流企业的做法，追求设备的先进性，全部购置最先进的进口物流设备，提高企业生产能力，进一步提升企业在本地区的核心竞争力；另一种意见是结合本地区的业务量，兼顾企业成本的承受能力，建议全部购置国产的物流设备。最后上报上级部门，由上级部门裁定。上级部门派了一个由技术、业务、管理人员组成的调研组到广州进行调研。调研后得出结论，广州全部进口的生产设备在当时具有亚洲最先进水平，在同行

业中处于领先地位，进口设备的引进投产极大地提高了该企业的生产力水平和企业的市场竞争力。但是，进口生产设备的先进性有一定的条件限制，对外界因素的要求较高。例如，包裹分拣设备对温度的要求较高，温度过高或过低都会影响其正常运行，甚至无法起动和停机，给该企业夏天和冬天的正常生产带来了一定的影响；信函分拣对信件的书写规格、信封的颜色等要求很严格，稍微有点不规范就无法识别，造成了一定的重复劳动；另外，进口生产设备的后期核心部分的维修或零部件的更换极为不便，相当多的零部件必须到国外厂家订购，核心技术部分在国内没有技术人员能维修，出现问题必须请国外专家或技术人员来维修。

最后，上级部门作出批复，要求西安的该物流企业参照广州进口设备生产力指标，采用上海和北京设计院自主研究设计的设备。此设备与进口方案相比，节约了近一半的资金，经过三年的生产实践证明，国产设备也基本可以满足生产的需要，而且减少了投产后的设备维修和维护费用以及零部件更换的麻烦。

➡ 讨论

1. 案例中的这家西安物流企业购置新的物流设备时出现的两种意见分别反映了什么观点？
2. 你如何看待上级部门对该企业物流设备选择的批复？

理论环节 1

物流设备的选型

物流设备的选择与配置是物流企业经营决策的一项重要工作。物流设备一般投资费用较大，使用期限较长，在配置和选择时一定要进行科学决策和统筹规划，正确地配置与选择物流设备，使有限的投资发挥最大的技术经济效益。

一、物流设备选型的总体原则

配置和选择物流设备应遵循技术上先进、经济上合理、生产作业上安全适用、无污染的基本原则。物流设备选型的总体原则体现在以下几点。

1. 系统化原则

系统化原则就是企业在物流设备的配置、选择过程中，用系统的观点和方法对物流设备运行所涉及的各环节进行系统分析，把各个物流设备与物流系统总目标、物流设备之间、物流设备与操作人员之间、物流设备与物流作业任务等有机结合，改善各个环节的机能，使物流设备的配置、选择达到最优，使物流设备能发挥最大的效能，并使物流系统整体效益最优。在企业物流系统中，用系统的观点和方法解决物流设备的配置和选择问题，是提高企业资源的利用率，实现合理投资的重要手段。按系统化原则配置与选择物流设备，不仅要求物流设备与整个系统相适应，各物流设备之间相匹配，而且还要求全面、系统地分析物流机械设备的单机性能，进行综合评价，作出决策，使设备配置达到整体最优。

2．适用性原则

适用性原则是指物流设备满足使用要求的特性，包括适应性和实用性。企业在配置与选择物流设备时，应充分注意物流设备与物流作业的实际需要和发展规划相适应，物流设备应符合货物的特性和货运量的需要，适应不同的工作条件和多种作业性能要求，操作使用灵活方便。实用性涉及恰当选择设备功能的问题，物流设备并不是功能越多越好，要根据实际情况，正确选择设备功能。

3．技术先进性原则

技术先进性原则是指配置与选择的物流设备在主要技术性能、自动化程度、结构优化、环境保护、操作条件、现代新技术的应用等方面具有技术上的先进性，并在时效性方面能满足技术发展要求。物流设备的技术先进性是实现物流现代化所必备的技术基础，先进性必须服务于适用性，尤其是要有实用性，以此来取得经济效益的最大化；同时要考虑企业未来发展规划及技术改造的潜力，防止购置技术上落后、面临淘汰的设备。

4．可靠性与安全性原则

可靠性与安全性原则日益成为选择设备、衡量设备好坏的主要因素。

可靠性原则是指物流设备在规定的使用时间和条件下完成规定功能的能力，是物流设备功能在时间上的稳定性和保持性。物流设备的可靠性与经济性是密切相关的。物流设备的可靠性并非越高越好，应全面权衡提高可靠性所需的费用开支与物流设备不可靠造成的费用损失，从而确定最佳的可靠度。

安全性原则是指物流设备在使用过程中保证人身和货物安全以及环境免遭危害的能力。它主要包括设备的自动控制性能、自动保护性能，以及对错误操作的防护和警示性能等。随着物流作业现代化水平的提高，安全性日益成为衡量物流设备好坏的重要因素。在配置与选择物流设备时，企业应充分考虑物流设备的安全性，以提高物流设备利用率，防止人身事故的发生，保证物流作业顺利进行。

5．低成本原则

低成本原则是指物流设备的寿命周期成本低。它不仅是一次购置费用低，更重要的是物流设备的使用费用低。低成本是衡量物流设备的技术可行性的重要标志和依据之一。在多数情况下，物流设备的技术先进性与低成本可能会发生矛盾。在充分考虑适用性的基础上，企业应对物流设备的技术先进与经济上的耗费进行全面考虑和权衡，全面考查其购置费用和运行费用，选择整个寿命周期费用低的物流设备，才能取得良好的经济效益。此外，为完成某种轻量级工作而购买价格昂贵的重量级物流设备，或选用使用寿命不长的物流设备，或非标准物流设备，都可能会带来经济上的不合理。

6．一机多用原则

一机多用原则是指物流设备具有多种功能，能适应多种作业的能力。企业配置和选择一机多用的物流设备，可实现一机同时适宜多种作业环境的连续作业，有利于减少作业环节，提高作业效率，并减少物流设备台数，便于物流设备管理，从而充分发挥物流设备潜能，获得经济效益。例如，叉车因具有装卸和搬运两种功能而得到极为广泛的应用。再如，多用途门座起重机，通过集装箱吊具、吊钩、抓斗等多种取物装置的调换，可适用于装卸集装箱、钢材和超长超大重件等件杂货及煤和矸石等散装货物。企业在配置与选择物流设备时，要优先考虑一机多用的物流设备。

此外，企业配置物流设备还要遵循环保性原则，要求物流设备噪声低，污染小，具有较好的环保性。

二、物流设备配置、选择的前期准备工作

物流设备选购的关键是要看什么设备最适合本企业的作业需求，一定要从企业自身实际出发进行选购。

1．了解企业设备规划的要求

设备规划是企业根据生产经营发展总体规划和本企业设备结构的现状而制定的，用于提高企业设备结构合理化程度和机械化作业水平的指导性计划。设备规划主要包括设备更新规划、设备改造规划、新增设备规划。科学的设备规划能减少购置设备的盲目性，使企业的有限投资保证重点需要，从而提高投资效益。

设备规划的编制依据主要有：企业经营发展的需求，现有设备的技术状况，有关安全、环境保护、节能等方面法规的要求，国内外新型设备的发展和科技信息，可筹集用于设备投资的资金等。企业在确定配置方案之前，要根据设备规划，确定需购置或更新的物流设备，再根据要求进行物流设备配置。

2．进行市场调查收集有关资料，并分析比较

企业应收集的有关资料主要包括：

（1）经济资料。货物的种类及其特性、货运量、作业能力、货物流向等是最主要的经济资料，它们直接影响着物流设备的配置与选择。企业不仅要掌握目前

和近期的情况，还需摸清其远景发展或变化趋势。

（2）技术资料。它包括物流设备技术性能现状及发展趋势、主要生产厂家技术水平状况、使用单位对设备技术评价等。这是从整体上把握物流设备技术状况的重要数据和资料。

（3）自然条件资料。它主要包括货场仓库条件、地基的承受能力、地基基础、作业空间等资料。

企业应对调查所得的资料做必要的整理、审查、核实以及分析研究。

3．拟定物流设备配置的初步方案

所选设备是做什么的？这是企业在开始确定设备方案之前必须准确回答的问题。缺乏对设备作业需求的充分说明和设备应该具备的最佳能力的描述，将会导致企业所选设备不匹配的后果。对于同一类货物，同一作业线，同一个物流作业过程，可以选用不同的物流设备。准备详细的设备方案来满足已确定的作业要求。例如，企业选择货架设备时，首先要制订的设备方案是以托盘货架还是以悬臂式货架为分类依据；然后，在设备规划与选择过程中再制订更详细的规格形式，如镀锌还是表面喷塑工艺。企业在拟定初步方案时，应提出多个配置方案，然后按照配置原则和作业要求确定配置物流设备的主要性能，分析各个初步方案的优缺点，进行初步选择，去劣存优，最后保留两三个较为可行的方案，并估算其投资，计算出物流设备生产率或作业能力以及初步的需要数量。

4．物流设备配置方案的技术经济评估与方案确定

为了比较各种配置方案，企业必须进行技术经济评价，以便选择一个最有利的方案。对于设备方案的经济评估，首先是成本计算。成本分为投资成本和年运行成本。投资成本是物流设备的采购费用，年运行成本是使用物流设备过程中发生的费用。典型的年运行成本项目包含物流作业人员的工资、设备维护费用、税和保险费等。一旦设备方案的相应寿命周期成本计算完毕，就应计算设备方案的现值。折旧、税赋计算和企业所得税是经济分析的重要方面。定性因素确定后，企业需要将所有因素按重要程度赋予权数，然后针对不同方案进行评分。

企业在确定配置方案时，具体方案中如出现不可比因素，应将不可比因素作一些换算，尽量使比较项目有可比性。常用的技术经济评价方法有投资回收期法、净现值比较法、综合效率有效度法等。

5．物流机械和设备选型的步骤

企业选定方案后，接下来的工作是确定所需设备的详细规格，这个阶段的重要工作是说明设备需求的详细规格及接触供应商，设备规划过程的最后步骤是准备物流设备系统招标书。

模块二 物流设备管理

（1）预选。预选在广泛收集物流设备市场货源情报的基础上进行。货源情报的来源主要包括：产品样本、产品购销指南、产品目录、广告、展销会以及销售人员收集到的情报等。企业收集货源情报后，对其进行分类汇编，从中筛选出可供选择的机型和厂家。

（2）细选。企业的调查人员对预选出来的机型和厂家进行调查、联系和询问，详细了解物流设备的各项技术性能参数、质量指标、作业能力和效率，生产厂商的服务质量和信誉，使用单位对其设备的反映和评价，货源及供货时间、订货渠道、价格、随机附件及售后服务等情况。调查人员将调查结果填写在设备货源调查表上，并经分析比较，从中选择符合要求的两三个厂家作为联系目标。

（3）选定。企业对选出的厂家进行联系，必要时派专人作专题调查和深入了解，针对有关问题：如设备性能情况、价格及优惠条件、交货期及售后服务条件、附件、图样资料、配件的供应等，同厂家进行协商谈判，并作出详细记录。然后由企业有关部门进行可行性论证，选出最优的机型和厂家作为第一方案，同时准备第二、第三方案以应付订货情况变化的需要，经主管领导及部门批准后定案。

对于比较复杂的系统需求，借助专业的物流规划顾问是世界范围内的通行做法。

能力训练项目2

广东某物流企业汽车使用情况

广东一中央物流企业下属的物流分公司，在2004年由于企业发展的需要，购买了一批五十铃运输车辆，通过整合后新成立了一个车队，新成立的车队和原来的车队平分新购买的五十铃运输车辆。新成立的车队在物流分公司运行不到一年的时间，该中央物流企业广东省分公司决定成立广东省物流总公司，物流总公司的运输车辆和人员由该企业下属的广州地区单位和直属单位整合而成，物流分公司在2004年新成立的车队和人员全部被划分到广东省物流总公司。

广东省物流总公司成立后直接参与了社会物流企业的竞争，三年后该总公司由于种种原因出现严重亏损，为此，该总公司缩小经营范围，原属物流分公司的运输车辆和人员基本重新划回物流分公司。在进行资产移交的过程中发现，2004年同一批购买的五十铃运输车辆，由于使用和管理不同，出现了截然不同的两种情况，一种情况是车辆的残旧不堪，设备故障率高，一种是新貌不改，运行正常稳定，设备故障率低。

▶ 讨论

为什么同时购买的一批五十铃运输车辆，在经过相同的使用年限后，车辆状况会有两种截然不同的表现？请结合物流设备管理的有关理论进行分析。

理论环节 2

◑ 物流设备的使用与维护保养管理

物流设备的正常使用是指在规定的工作条件下，物流设备从事物流作业，发挥其规定效能的工作过程。物流设备使用管理是从采购、验收、投入使用到报废的全过程管理，包括设备组织管理、技术管理、安全管理、经济管理等具体内容。

一、物流设备使用管理的基本要求

物流设备使用管理的基本要求是：保持设备处于良好的技术状态，进行合理的生产组织，充分发挥物流设备的效能，安全、优质、高效、低耗地完成所担负的作业任务，并取得最佳的经济效益。

物流设备在使用过程中，由于受到工作环境条件、使用操作方法、工作持续时间、工作量、工作负荷等因素的影响，使其应有的功能和技术状态不断发生变化而劣化。为控制这种变化过程，除要创造物流设备适宜工作的环境条件外，正确使用物流设备是控制设备技术状态变化和延缓工作能力下降的先决条件。

二、物流设备的正确使用

物流设备的正确使用包括技术合理和经济合理两个方面。技术合理是按有关技术文件规定的设备性能、使用说明书、操作规程、安全规则、维护保养规程以及不同的工作状况、工作环境、自然条件下的使用要求正确操作设备。经济合理是在设备性能允许的范围内，通过合理的组织管理，充分发挥设备的效能，以高效、低耗获得较高的经济效益。

1. 物流设备正确使用的衡量指标

评价物流设备是否得到正确使用，可从以下三方面的指标加以考察：高效率、经济性、故障率。

（1）高效率。物流设备的作业能力是否得到充分发挥是衡量设备是否正确使用的主要因素之一。在物流作业流水线或综合机械化组合中，至少应保证主要物流设备的作业能力得到充分发挥。

（2）经济性。物流设备的使用经济性是要求物流设备在完成一定工作量的作业时所需的运行成本最低，它包括物流设备的日常消耗品费用、养护费、人工操作费等。不同的物流设备，不同的作业性质，应有相应的使用经济性指标。

（3）故障率。物流设备的故障率是指在规定的使用寿命内发生故障的概率。引起设备故障的主要原因除设备的自然磨损和老化外，还有人为因素、维护保养、使用环境条件等方面。制定合理的设备操作规程及维护保养制度，并严格执行，是降低设备故障率，保持设备技术状态完好和延长使用寿命的重要手段。

2．保证物流设备正确使用的措施

保证物流设备正确使用的措施主要有：

（1）严格按规程操作设备。操作规程规定了物流设备的正确使用方法和注意事项，对异常情况应采取的应急处理措施及异常事故的报告制度。

（2）实行使用设备的各级技术经济责任制。该制度要求操作者按规程操作，按规定交接班，按规定进行维护保养。班组、车间、生产调度部门和企业领导都应对设备正确使用承担责任，不允许安排不符合设备规范和操作规程的作业任务。

（3）严格使用程序管理。对重要设备采取定人定机、教育培训、操作考核和持证上岗。建立严格交接班制度，严肃处理设备事故。

（4）实行设备养护的奖励制度。设备考评的好坏直接决定责任人的工作业绩和工资收入。

3．物流设备正确使用的注意事项

正确、合理地使用物流设备能减轻设备的自然损耗，使其保持良好的工作性能，充分发挥设备效能并延长设备使用寿命。全体人员都应树立关心设备、爱护设备的观念。物流设备的使用应做好以下工作：

（1）健全组织保障体系，做好设备安装工作。在使用前要严格按质量标准安装设备，安装后要经试运转验收合格才能投入使用。

（2）合理安排设备的工作量负荷。在安排设备工作量时，要根据设备本身的性能参数和物流作业任务量，经科学的计算，合理确定设备工时定额。不同设备，其性能、结构、效率、使用范围、工作条件和能力都不相同，所以在安排工作量时既要充分发挥设备的效能，提高设备利用率，又要防止设备的过度疲劳和磨损，更不能超负荷使用。

（3）加强对操作人员的规范管理，做到正确使用设备。设备操作人员、使用人员必须熟知设备性能、操作和使用程序。这要求对操作使用人员进行技术培训并严格考核。合格的操作人员必须做到"四会四懂"，即会使用、会维护保养、会检查、会排除故障；懂性能、懂结构、懂原理、懂用途。

（4）完善设备使用的技术保障工作。要及时提供规格、质量符合要求的燃油、润滑油、液压油、各种配件等日常消耗品和替换件，保证物流设备正常运行。

三、物流设备的维护保养管理

良好的设备维护保养能有效减少设备故障及修理次数，延长设备的使用寿命。维护保养是指对设备进行清洁、润滑、调整、防腐、检查等一系列工作的总称，其目的是减少设备磨损，及时发现和处理设备运行中出现的异常现象。

（一）物流设备保养管理的基本内容

尽管物流设备的结构、性能和使用方法不同，设备维护保养工作的具体内容也不完全相同，但设备维护保养工作的基本内容是一致的，即清洁、安全、润滑、防腐、检查。清洁是指各种物流设备要清洁，做到无灰、无尘、整齐，保持良好的工作环境；安全是指设备的安全保护装置要齐全，各种装置不漏水、不漏油、不漏气、不漏电，保证安全，不出事故；润滑是指对设备各运动摩擦部位要定时、定点、定量加注润滑油，保证运动部件得到正常的润滑，减少摩擦磨损，保证运转顺畅；防腐是要防止设备腐蚀生锈，提高设备运转的可靠性和安全性。

（二）物流设备的点检

检查设备的目的是判断和确定设备的技术状态是否在规定范围内，据此做出继续使用、采取预防措施或停机修理的结论。物流设备的点检是一种现代先进的设备检查制度，是对影响设备正常运行的一些关键部位进行经常性检查和重点控制的方法。

1．设备点检的含义

设备的点是指预先规定的设备关键部位或薄弱环节。设备的检是指通过人的五官或运用检测的手段进行检查，及时准确地获取设备部位（点）的技术状况或劣化的信息，及早预防维修。进行设备点检能减少设备维修工作的盲目性和被动性，及时掌握并消除故障隐患，提高设备完好率和利用率，提高设备维修质量，并节约费用。

2．设备点检的类别

设备点检的类别主要有日常点检、定期点检和专项点检。

（1）日常点检是指设备点检人员每日通过感官检查设备运行中的关键部位的声响、振动、温度、油压等，并将检查结果记录在点检卡中。

（2）定期点检是指时间周期长短按设备具体情况划分，有一周、半月、一月、数月不等。定期点检除凭感官外还要使用专用检测仪表工具。定期点检主要是针对重要设备,要检查其性能状况、缺陷、隐患以及设备的劣化程度,为设备的大修、项修方案提供依据。

(3) 专项点检是指有针对性地对设备某些特定项目的检测,要使用专用仪器工具,在设备运行中进行。

3. 设备点检的方式

设备点检的方式主要有:①运行中检查;②停机检查,其中包括停机解体检查和停机不解体检查;③凭感官和经验检查;④使用仪表仪器检查。某设备的点检方法一经确定,点检人员不能随意自行改变。

4. 设备点检的步骤

(1) 确定设备的检查点。设备的检查点往往是设备的关键部位或薄弱环节,检查点一经确定,轻易不要变动,并要长期积累历史检查数据和资料。

(2) 确定点检路线。检查点确定后,要根据设备的分布和类型等具体情况组成一条点检路线,并明确点检前后顺序。点检路线确定后,也不许轻易变动。

(3) 确定点检标准。设备的点检标准要根据设备的各种资料并结合实际经验来制定,其标准要定量化,便于检查。

(4) 确定点检周期。设备的各自性能不同、特点不同、寿命不同,点检周期也不同。因此要根据实际情况,分别制定各设备的点检周期,以保证设备按时接受检查。设备点检人员必须有高度的责任心和技术水平,切实做好点检工作。点检人员对检查信息记录要准确、简明、全面、规范。设备点检工作完成后,必须妥善保存、归档,以便今后工作所用。

做好点检工作,对今后设备的修理工作有重要作用,要加强领导,定期检查、考核,使点检工作真正起到成效。

(三) 物流设备的维护保养

物流设备的维护保养可采用日常保养和定期保养相结合的二级保养制度。

1. 物流设备的日常保养

物流设备的日常保养是全部维护工作的基础。它的特点是经常化、制度化。一般日常保养包括班前、班后和运行中维护保养。参加日常维护保养的人员主要是操作工人。

在物流设备的日常使用过程中,要注意观察设备运转情况和仪器、仪表的工作情况,通过声音、气味等发现异常情况。物流设备不能带病运行,如有故障,应停机及时排除,并做好故障排除记录。日常保养的内容大部分在物流设备的外部,其具体内容有:搞好清洁卫生;检查物流设备的润滑情况,定时、定点加油;紧固易松动的螺钉和零部件;检查物流设备是否有漏油、漏气、漏电等情况;检查其防护、保险装置及操纵机构是否灵敏可靠，零部件是否完整等。

2．物流设备定期保养

物流设备的定期保养是指在物流设备运行一定间隔时间后由操作人员和保养人员按规范有计划地进行的强制性保养，是对物流设备的全面性维护工作，是使其能经常保持良好技术状态的预防性措施。

（1）定期保养的特点。定期地对设备进行保养，可使设备运转情况得到及时改善，消除可以避免的磨损和损坏，减缓设备的劣化趋势，延长设备修理周期，减少修理工作量。定期保养的特点体现在以下几方面。

1）定期保养是状态维修的基础。物流设备在使用过程中由于存在运动、摩擦、内部应力等物理、化学变化过程，必然导致技术状态的不断劣化，并且通过机械零部件松动、温升异常、异响等现象表现出来。以状态为基础的维修管理模式是通过点检、保养、检测等手段及时采集上述现象的信息，进行分析后作出维修决策，实施有针对性的维修。执行定期保养是推行状态维修的基础。

2）定期保养具有强制性。定期保养贯穿于物流设备运行的全部过程中，使设备运转状态得到及时改善，保养伴随着设备运行全过程，是必须进行的强制性工作。

3）定期保养具有全面性。物流设备是由各个零部件组合而成的，各部件运转状态的正常与否直接对整机的技术状态产生影响，必须实施全面性的定期保养。但实施全面性定期保养的项目不宜过多，应根据具体设备的复杂程度和结构特点，以影响安全的零部件和装置为重点，以重点兼顾全面，达到对物流设备全面保养的目的。

（2）定期保养的基本内容。定期保养的基本内容主要有：①对设备进行清洁和擦洗；②检查、调整、紧固各操纵、传动及连接机构的零部件；③对各润滑点进行检查、注油或清洗换油；④调整和检查安全保护装置，保证其灵敏可靠；⑤更换已磨损的零部件；⑥使用相应的检测仪器和工具，按规范对主要测试点进行检测，并做好检测记录。

四、物流设备的故障维修管理

设备维修管理是指依据企业的生产经营目标，通过一系列的技术、经济和组织措施，对设备寿命周期内的所有设备物质运动形态和价值运动形态进行的综合管理工作。

（一）设备的故障规律

设备的故障规律是指设备从投入使用直到报废为止的全过程中设备故障的

发展变化规律。设备的典型故障强度曲线如图 2-1 所示。因为它形似浴盆,所以也称为浴盆曲线。

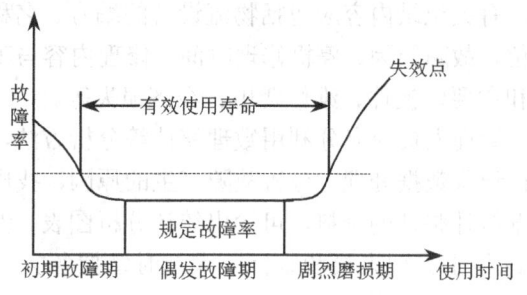

图 2-1 设备的典型故障强度曲线

浴盆曲线可分为三个阶段。第一阶段称为初期故障期,指设备安装调试过程至移交生产试用阶段。造成早期故障的原因主要是由设计、制造上的缺陷,包装、运输中的损伤,安装不到位、使用工人操作不习惯或尚未全部熟练掌握其性能等原因所造成的。设备处于早期故障期,故障率开始很高,通过磨合运行和故障排除,故障率逐渐降低并趋于稳定;此段时间的长短,随产品、系统的设计与制造质量而异。第二阶段称为偶发故障期,在这一阶段设备已进入正常的运转阶段,设备的故障率最低,而且稳定,大部分故障属于维护不好和操作失误而引起的偶发故障,这是设备的最佳状态期或称正常工作期,这个区段称为有效使用寿命。第三阶段称为剧烈磨损期,由于设备随着使用时间的延长,各零部件因磨损、疲劳、老化、腐蚀逐步加剧而丧失机能,使设备故障率逐渐上升。维护保养的作用就在于使设备技术状态缓慢变化,使浴盆曲线更趋水平,并使剧烈磨损期尽可能晚一些出现,即无故障工作时间尽可能长一些。

设备故障率的三个阶段,真实地反映出设备从磨合、调试、正常工作到大修或报废故障率变化的规律。准确地找出关键点可延长偶发故障期,避免过剩修理。设备故障可分为可预防和不可预防两大类,若可预防的设备故障多,则说明设备的预防维修工作没有到位,若不可预防的设备故障多,说明设备本身的可靠性差,技术档次不高。

(二)物流设备故障管理的内容

设备故障管理的目的是在故障发生前通过设备状态的监测与诊断,判别设备有无劣化情况,以发现故障隐患,及时进行预防维修,从而控制故障的发生;在故障发生后,及时分析原因,采取措施排除故障或改善设备,防止故障的再发生。物流设备故障管理的内容主要有:

(1)掌握异常信息。物流设备管理人员通过感官检查和利用各种专用故障状态监测仪器对设备进行状态监测,掌握设备关键部位和易产生故障部位的异常现象或故障征兆等信息，如振动、噪声、温度变化等。

（2）收集故障资料。管理人员应做好物流设备故障资料的记录和收集工作，存入专业档案保管。有关记录内容应包括物流设备的编号、名称、型号规格、故障发生的机构或部位、故障原因、停机修理时间、修理内容与工艺措施、所用工艺设备、工时材料和主要修换件、维修费用、经济损失等。

（3）信息处理。管理人员应充分利用数理统计等分析方法，如直方图、因果图、控制图等，进行记录数据处理，分析故障产生的原因，找出故障规律，制定故障处理对策。根据统计整理的资料，可绘出统计分析图表。例如，单台设备故障动态统计分析表既便于管理人员和维修工人及时掌握各类型设备发生故障的情况，又能在确定维修对策时有明确目标。

（4）故障处理与信息反馈。由设备技术人员针对故障现场实际情况，提出故障处理和维修方案，并及时组织力量处理故障，向主管部门和设计制造部门反馈有关信息。

（三）物流设备的修理管理

设备故障的发生、发展过程都有其客观规律，研究故障规律对制定维修对策以及建立更加科学的维修体制都是十分有利的。

修理的作用是恢复物流设备已失去的工作能力，使设备恢复到良好的技术状态。设备的修理不同于设备的维护保养，修理的主要目的是修复和更换已经磨损或腐蚀的零部件，使设备恢复其技术性能和使用性能，保证发挥其正常功能。对于自然有形磨损的修理称为正常修理；对于事故性损坏的修理称为非正常修理。修理是恢复物流设备功能的有效措施，是有形磨损的局部补偿，也是物流设备管理的一个重要内容。

1. 物流设备修理方式

物流设备修理方式主要有事后修理、改善修理和预防修理等。

（1）事后修理。物流设备在发生故障而丧失其基本功能后进行的修理称为事后修理，又称故障修理。它一般为非计划性修理，适用于利用率低、修理复杂程度低、能及时提供备件、实行预防修理在经济上不合理的中小型物流设备，如中小型起重机等。事后修理是比较原始的设备维修制度。目前，除在小型、不重要设备中采用外，已被其他设备维修制度所代替。

（2）改善修理。根据故障记录和状态监测结果，在修复故障部位的同时对设备性能或局部结构加以改进，根除故障根源的措施，称为改善修理。改善修理适用于设备某些结构的原设计制造不合理的情况，目的在于提高和改善局部结构或系统的可靠性和维修性。

（3）预防修理。预防修理是指设备维修以预防为主，在设备运用过程中做好维护保养工作，根据设备的工作环境、零部件及控制系统的工作状况，依靠监测信息事先编制修理计划和修理项目及相应的工艺方案，在设备发生故障之前有计划地进行修理。预防修理可分为定期修理和定检定项修理。

1）定期修理是以时间为基础或以工作时数为基础，不考虑零部件磨损规律的修理方式。其特点是具有周期性，人力、备件等资源可事先预计，并可作长期计划安排。定期修理适用于连续或多班作业场合、使用频繁、平时难以停机修理的物流设备。

2）定检定项修理是以设备运行技术状态为基础的预防修理，又称针对性修理或状态监测修理。它用人工或仪器对设备工作状态进行监测和诊断，通过数据分析处理，了解并掌握设备或零部件的劣化程度、故障隐患，选择适当的时机安排修理工作。这种修理方式的特点是针对性强，可有计划地排除故障，使设备经常处于完好技术状态，并有效地提高零部件、结构件等的物质寿命。这种修理方式适用于大中型物流设备，如门座式起重机、岸边装箱装卸桥等。

以上修理方式各有优缺点，企业可根据自己的物流作业特点、各类物流设备的特性、故障规模、修理费用、停机损失、资金、修理效果等情况分别加以择优选用。

2．物流设备的修理类别

物流设备工作能力的下降和技术状态的劣化是逐渐发生，而设备的修理却是间断发生。根据修理内容和工作量的不同，修理作业可以划分成不同的类别。大修、项修、小修三者都具有恢复物流设备技术性能和使用性能的功用，但具体的工作内容和范围各不相同。大修是整机全面性恢复的修理，项修是局部性调整与恢复的修理，小修是排除故障性的修理。

（1）大修。设备大修是旨在全面恢复设备工作能力的修理工作，其特征为全部或大部分拆卸分解，修复基准件，更换或修理所有不宜继续使用的零件；整新外观，使设备精度、性能等达到或接近原出厂水平。为了改进和提高设备工作能力，可以对需要改进的部位（部件或项目）或整机，结合大修进行现代化改装。

（2）项目修理简称项修。这里的项目是指设备部件、装置或某一项设备输出参数。项目修理是在设备运行状态管理的基础上，针对设备技术状态的劣化程度，尤其是在已判明故障的情况下所采取的有针对性的修理活动。其特点是修理内容明确，针对性强，可节省修理时间、人力、物力和费用，效果较好。

（3）小修指工作量较小的修理。小修的工作内容除日常保养和定期保养的全部内容之外，还要根据物流设备的磨损规律，进行机、电检修，对故障部分进行分解、检查、调整和修理。小修属局部修理，目的在于排除故障，恢复局部功能。

物流设备的大修、项修、小修都应以技术状态监测为基础，以提高修理的计划性、准确性和经济性，减少不必要的拆卸或过剩修理。

阅读材料

物流设备的更新、技术改造和报废

物流设备在使用过程中，由于各零部件的磨损、老化、腐蚀等原因，在使用到一定的寿命期限时其技术性能和使用性能必然会下降，使维护费用增加，必须根据不同的情况，采取修理、更换、改造的补偿措施。

一、物流设备的磨损

物流设备在寿命期内，无论在使用还是闲置，在其形态上都会产生变化而逐渐损坏，物流设备物质形态的这种逐渐变化造成的损耗，称为有形磨损。

1．设备磨损的分类

广义的磨损概念，除通常所说的摩擦磨损外，还包括设备零部件的老化、贬值、陈旧等。设备的磨损一般分为有形磨损和无形磨损。

有形磨损是指设备实体上的磨损，又称物质磨损。物流设备使用过程中在外力的作用下，其零部件会发生摩擦、振动、冲击和疲劳，以致设备的实体发生磨损，这种有形磨损即称为使用磨损。使用磨损结果的一般表现为：设备零部件尺寸、几何形状改变，设备零部件之间公差配合性质改变，导致工作精度和性能下降，甚至零部件损坏，引起相关其他零部件损坏而导致事故。影响使用磨损发展程度的主要因素有：设备的质量，负荷程度，操作工人的技术水平，工作环境，维护修理质量与周期等。物流设备寿命期内，由于自然力量的作用或因保管不善而造成的锈蚀、老化、腐朽，甚至引起工作精度和工作能力的丧失，即称为自然磨损。这种磨损无论在设备使用还是闲置中容易失去正常的维护，因此设备闲置中的自然磨损比使用中更明显。

物流设备的无形磨损是指设备实体看不见的磨损，又称精神磨损，可分为两种形式：①因设备生产厂劳动效率提高，原材料、动力消耗减少，生产相同型号设备的再生产价值降低，使设备原有价值降低；②由于不断出现性能更加完善、生产效率更高的设备，使原有设备无形中变得陈旧、落后，要提前报废。一般来说，技术进步越快，无形磨损也越快。

2．设备磨损的补偿

为保持物流设备的正常运行，并使其处于良好的技术状态，必须对物流设备的磨损及时予以补偿。设备的磨损形式不同，所采取的补偿磨损的方式不同。一般补偿可分为局部补偿和完全补偿。设备有形磨损的局部补偿是修理；设备无形磨损的局部补偿是现代技术改造；有形磨损和无形磨损的完全补偿则是更新。

二、物流设备的更新

1. 物流设备更新的概念和方式

物流设备更新是指以技术性能更完善、经济效益更显著的新设备代替原有技术上不能继续使用，或经济上不宜继续使用的旧设备。物流设备更新可分为简单更新和技术更新两种方式。

简单更新是指用相同型号的新设备替换原来使用的陈旧设备的方式，又称为原型更新。它只能完全补偿原用设备的有形磨损，并不能提高设备本身的技术水平。因此这种方式一般适用于原用设备严重磨损，已无修复价值，并且又无适宜的新型设备能替代的情况。

技术更新是指用结构更完善、性能更先进、作业效率更高、能源和原材料消耗更少的新型设备替换原用的陈旧设备。技术更新又称为新型更新。它不但能完全补偿设备的有形磨损，也能补偿设备的无形磨损，提高设备自身的技术水平。技术更新应是设备更新的主要方式，是企业技术发展的基础。

2. 物流设备更新时机的选择

物流设备更新时机的选择要以物流设备寿命时间长短为依据。由于计算依据的不同，物流设备的寿命周期可分为物质寿命、技术寿命、经济寿命。

物流设备的物质寿命，又称自然寿命或物理寿命，是指物流设备实体存在的时间长短，即物流设备从投入使用直到报废所经历的时间。虽然对物流设备合理使用、正确维护可以延长其物质寿命，通过修理可以局部或全部恢复物流设备的使用性能，但物流设备的物质寿命并不是无止境的，对物流设备的每次修理并不能使之完全恢复到初始的最佳状态。

物流设备的技术寿命，是指物流设备在技术上有存在价值的时期，即设备从开始使用直到技术落后而被淘汰所经历的时间。技术寿命取决于设备无形磨损的速度。科技发展加快了设备更新换代的速度，使设备技术寿命趋于缩短。要延长物流设备的技术寿命，就必须用新技术对物流设备加以改造。

物流设备的经济寿命是依据物流设备的使用费用最经济来确定的使用期限，通常是指物流设备平均使用费用最低的年数。超过该年数，如不进行改造或更新，物流设备使用费用就会大幅度增加，影响企业经济效益。因此，物流设备的经济寿命终了时，也就是物流设备的最佳更新期。

3. 物流设备更新的分析和论证

为使物流设备得到及时更新，要根据企业物流作业要求和设备特性、使用状况和现实情况作分析论证，其主要依据有：①以国家规定的机械报废条件为主来选择更新对象，属于定性分析方面；②进行更新后的经济效果比较，属于定量分析方面。

物流设备的更新对象包括以下几个：

(1) 役龄过长、技术经济性能差的物流设备。物流设备的役龄是指物流设备投入使用的年限。设备超过了规定的使用年限,其有形磨损和无形磨损都相当大,难以恢复应有的功能,并造成设备维持费用大量超支,这样的设备是更新的主要对象。

(2) 大修次数过多或修理后技术状况仍不能恢复的物流设备。设备每经过一次大修,其性能保持性就会下降一次,运行和修理等维持费用增大,大修周期也会缩短。过多的大修不仅经济上不合理,而且会阻碍技术进步。一般物流设备超过三次大修时应考虑更新。

(3) 先天性制造质量低劣的物流设备。对一些制造质量低劣的物流设备,使用性能和维修性能都较差,难以改善其性能,又无改造修理的价值,应作为更新对象。

(4) 严重浪费能源的物流设备。有些物流设备在制造时就存在耗能高的缺陷,不仅对企业经济效益不利,而且违背国家节能的方针。对耗能高而又难以改造或无改造价值的设备,应果断地进行更新。

(5) 技术落后或相对陈旧的物流设备。有些物流设备技术落后,不仅劳动生产率低,劳动条件也较差,安全性不能满足物流作业要求,严重影响操作人员或周围人员安全。这些设备经过分析论证后应予以更新。

(6) 严重污染环境的物流设备。这些设备使用中将对周围环境造成极大的危害,如难以采取改造措施或经济上不合算时,应予以更新。

三、物流设备的技术改造

物流设备技术改造是指根据物流作业的需要,应用现代科学技术成就和先进经验,改变现有设备的局部结构,以补偿设备的无形磨损和有形磨损。提高设备的使用性能和技术水平的方法。

物流设备的技术改造是在原有基本功能不变的情况下,改造原机结构,以提高其技术性能和使用性能,其主要内容有:

1) 改造或更新物流设备的动力装置,提高设备的技术性能和作业效率。

2) 加装节能装置或改善耗能装置,以降低能源消耗,降低使用费用。

3) 增加安全装置或改造原机结构,提高物流设备的安全性和环保性,保证设备的运行安全,并防止或减少污染。

4) 改造或增加必要装置,扩充物流设备的功能,做到一机多用。

5) 对物流设备的薄弱环节进行改造,以提高设备的可靠性和耐用性。

6) 改进原机结构,更换某些装置或总成,统一机型,以利维修和配件的供应。

在进行物流设备技术改造时应注意以下问题。

1) 要从实际出发,充分考虑企业人力、物力、财力条件,合理确定技术改造项目,并制定切实可行的技术改造规划,将有限的资金、技术等资源用在重点和关键设备的技术改造上。

2)物流设备的技术改造既要考虑经济上的合理性,又要考虑技术上的可行性,即通过经济论证后还必须进行技术可行性分析。

3)要统揽全局,统筹安排,把当前的与长远的技术经济效益相结合,既要看到当前取得的技术经济效益,也要估计到较长时期的技术经济效益。

4)物流设备的技术改造要实行专业队伍和广大职工积极参与相结合。既需要有精通技术的专家,也要注意培养技术人才,充分发挥企业职工特别是设备操作人员、管理人员的积极性,大力开展技术革新和技术协作活动。

四、物流设备的报废

物流设备经长期运行使用,不断磨损、老化,生产效率、安全性、可靠性不断下降,凡满足下列情况之一者,可办理设备报废。

(1)经长期使用或发生重大、特大事故,基础件已严重损坏,修理后其技术性能也不能达到生产工艺要求的。

(2)设备老化,技术性能落后,耗能高(超过定额标准20%以上),效率低,经济效益差的。

(3)维修费用过高(一次大修超过原值50%以上),继续使用经济上不合算的。

(4)机型已淘汰,性能低劣,又不能降级使用的。

(5)主要零、部件无法补充而长期失修的。

(6)严重污染环境,危害人身安全与健康,进行改造又不经济的。

设备报废后,要认真处理残体,回收残值。对于危险性和危险性大的设备,按一般报废程序办理外,还需办理报废申报与注销手续。

经检验评定判废的设备,由检验单位出具书面报告,同时报送该设备使用登记的安全监察机构。设备报废后,使用部门应将该设备使用证、使用登记表、检验报告及时向原使用登记的安全监察机构办理报废注销手续。原使用登记的监察机构确认后在上述文件上加盖报废和注销标记,并收回设备的使用证和注册铭牌。及时销毁报废设备,防止流失而给社会构成事故隐患。

小　结

本模块主要介绍了物流设备管理的基本内容,包括物流设备的选择、使用、维修保养、更新及技术改造、报废等。重点是物流设备的选型原则,物流设备的配置与使用。通过有关物流企业物流设备选择及使用的案例训练,加深学生对物流设备管理的基本知识的理解,并训练学生物流设备选型的初步能力和物流设备的基本管理能力。

核心知识点

物流设备管理、物流设备的选型原则、典型故障维修规律、物流设备磨损形式

复习题

1．物流设备配置与选型的原则有哪些？
2．什么是物流设备点检？它一般包括哪些步骤？
3．物流设备的磨损形式有哪些？分别采用什么补偿方式？
4．什么是故障强度曲线？它有哪些特点？它在实际应用中有哪些意义？
5．设备更新的方法有哪些？

实践题

假如你是一家新成立的资产型物流企业的设备部门经理，请制定一个可行的设备管理方案。

模块三　物流设施与应用

能力目标

物流设施配置的分析能力

知识目标

1. 掌握物流设施的含义
2. 了解港口、铁路、航空、公路运输设施、物流中心及其设施，并能说明其各类设施的作用
3. 了解周边地区的各类运输枢纽的基本情况
4. 掌握物流中心的设施设备类型的配备

能力训练项目 1

上海西北保税物流中心案例

2010年9月上海西北物流园区保税物流中心举行封关运作仪式，这将标志着保税中心项目正式启用。它对于普陀区在"十二五"期间初步建成国际商贸港核心功能框架，对于上海乃至全国的物流产业布局和发展，对于上海国际贸易中心、国际航运中心的建设都具有非常重大的意义。

上海西北综合物流园区是上海市唯一的陆路口岸型的物流园区。上海西北物流园区保税物流中心位于上海西北物流园区功能区槎浦基地内，是上海西北物流园区的主要功能性项目，于2004年11月11日申请设立；2005年4月开工，一期工程于2007年5月完成；2008年12月26日经海关总署、财政部、国家税务总局、国家外汇管理局批复同意正式设立；2009年10月22日通过正式验收。

保税物流中心毗邻沪宁、沪嘉高速公路和204、312国道以及铁路上海西站，地处上海的西大门，是连接市中心城区和外省市的陆上交通枢纽，是华东、华中、

华南各地区向上海扩散、上海对外辐射的交接点和必经之处。

项目一期占地面积 204 亩（1 亩=666.67 平方米），建筑面积 17 万平方米，包括 13 座多层物流仓库、1 座单层危化品仓库以及关内办公楼、关外商务楼和海关商检办公楼；二期占地面积 163 亩，规划建筑面积 12 万平方米。该项目为全封闭监管区，集信息服务、通关手续、退税监管、仓储保管、分拨配送、物流对接、运输整合、商贸交易等综合性物流服务于一体，兼具保税物流功能、虚拟口岸功能、陆路口岸功能。

西北综合物流园区已完成了各项建设以及管委会机构设置、招商引资、配套设施完善、口岸部门入驻等工作。为实现陆港和海港、空港物流产业的联动，形成高水平的国际物流功能平台，该保税物流中心将与浦东外高桥物流园区紧密合作，推动项目在封关后实现新的发展。

（资料来源：http://info.jctrans.com/news/yq/2010921923211.shtml）

▶ 讨论
1. 上海西北物流园区保税物流中心的选址有何优势？
2. 结合上述资讯，谈谈物流设施的建设对现代物流的发展有何影响？

理论环节 1

物流设施概述

一、物流设施的概念

现代物流的发展离不开其先进的设施、设备。物流设施是为满足物流需要而建立起来的机构、系统、组织、建筑等，统称物流设施。物流设施主要包括港口、码头、货场、航空港、仓库、自动化立体仓库、物流基地、物流中心、配送中心等。物流基础设施是在供应链的整体服务功能上和供应链某些环节上满足物流组织与管理需要的、具有综合或单一功能的场所或组织的统称。

二、物流基础设施的类型及作用

仓储和运输是物流的两大支柱，其中运输解决路线的问题，仓储完成节点的作用。在整个物流链中节点的作用日益突出，近年来兴起的物流中心建设就是一个有力的佐证。

物流基础设施具有物流组织功能、物流发展功能和通过物流带动经济发展的功能。企业基于供应链管理所产生的物流需求在空间分布上具有相对集中或分散组织的特征，从满足其物流需求的角度，可把物流基础设施分为专门化设施与专业化设施。

专门化设施是指在特定区域，因具有上下游业务关系和产品生产过程联系的企业相对集中，或作为一定区域货流较为集中的节点地区，需提供满足集中物流组织管理要求的专门化设施，包括物流园区、物流中心、配送中心等，以便在特定区域实现供应链集中管理的功能。

专业化设施是指处在供应链的不同环节，在不同的空间位置上对供应链有支持作用，满足供应链管理要求的单个功能，或以单个功能为主，兼具其他辅助功能的专业化设施，该类设施具有按照自身服务对象需要进行布局和功能设置的特点，这些设施包括各种运输方式的运输枢纽、场站、仓储设施等。

运输枢纽是在两条或两条以上运输线路的交汇、衔接处形成的、具有运输组织、中转、装卸、仓储、信息服务及其他辅助服务功能的综合性设施。服务于同一种运输方式的运输枢纽称为单式运输枢纽，如单一的航空机场、火车站、港口、公路客货运中心等；服务于两种或两种以上运输方式的运输枢纽称为复式运输枢纽。

运输枢纽可按以下几种方法分类：①按地理位置分为陆路运输枢纽（如北京、郑州等）、滨海运输枢纽（如上海、大连等）、通航江河岸边运输枢纽（如长江干流上从宜宾到上海共有13个这类运输枢纽）；②按承担的客货运输业务分为中转枢纽（如郑州等）、地方性枢纽（如本溪、鞍山等）、混合枢纽（如兰州、成都等）；③按运输方式的组合分为铁路—公路枢纽、水路—公路枢纽、水路—铁路—公路枢纽、综合运输枢纽（如上海、北京等）；④按交通运输干线与场站空间形态，分为终端式枢纽（如乌鲁木齐、青岛等）、伸长式枢纽（如兰州等）、辐射式枢纽（如郑州、徐州等）、辐射环形枢纽（如北京等）、辐射半环形枢纽。运输设施的合理发展所营造的多式联运、集装箱运输、运输网络等综合运输环境和运输效率，是物流组织实现高效率、低成本和优质服务的根本。

仓储是物流领域的一个中心环节，主要包括储存、保养、维护、管理等活动，仓储的基本功能包括物资的保管功能、供需功能、运输能力平衡功能、配送功能等。

物流中心是社会物流网络中处于主要位置的节点，但不是所有物流节点都能称为物流中心，物流中心必须是具有较大规模的物资集散或转运地点。属于物资集散类型的如大型物资仓库，属于转运类型的如港口码头、空港等。只有现代物流中心的中转和集散功能支持，才能放大物流基础设施的功用，切实降低物流的成本，改善物流状况，提高物流效率。现代物流中心在社会流通领域占有重要部分，是整个物流网络的支撑所在，不仅对优化物流网络起着重要作用，而且对整个社会的流通基础设施发挥着衔接、协调、枢纽的作用。

要发挥物流园区、物流中心、配送中心以及运输场站、仓储设施等在区域性及城市物流组织上的功能,提高单个基础设施的经营发展能力,通过开展运输网络化经营,合作和分工,提高基础设施的网络化服务能力,构建高效率的基础设施体系。

能力训练项目2

新加坡港案例

新加坡港(如图3-1所示)是全球最大的海洋转口运输中心之一,拥有完整的港口及海事服务,全球范围的海港网络及全面的物流服务方案,它也是亚太地区的邮轮中心。迄今至少有250家船公司将新加坡与全世界123个国家和地区的600多个港口相连接,每天都有船只从新加坡港开往全世界各个主要港口。新加坡邮轮中心已成为世界各大邮轮公司在东南亚的枢纽港,年均接待约700万名来自世界各地的游客,多次被评为"最有效率码头经营者"及蝉联"最佳国际客运周转港口"。

新加坡港务集团被世界公认为是全球首屈一指的综合性海港与物流服务公司,是"亚洲最佳集装箱码头经营者"大奖的常年获得者,先后13次获得亚洲货运业奖(AFIA)殊荣,新加坡港口也先后14次被选为"亚洲最佳海港"。

新加坡港务集团在新加坡本土共经营四个集装箱码头,即布拉尼码头、巴西班让码头、丹戎巴葛码头和岌巴码头。四个码头年均处理全球集装箱转口总量的25%,以及全球集装箱总量的7.4%。新加坡港务集团(PSA)到2010年泊位由41个增加到52个,并已投资近4亿新加坡元(约合2.45亿美元)用于更新设备和提高码头作业技术,比如购买了价值1.6亿新加坡元(约合9 007万美元)的RTG(轨道式场地龙门吊)。巴西班让码头也已投入12台超巴拿马型岸边桥吊,可起吊22排集装箱,适用于9 000TEU的集装箱船。新加坡一直在进行港区扩建并不断优化集装箱桥吊等设备,到2018年新加坡的集装箱吞吐量有望达到5 000万TEU。其下属的海事私人有限公司,是首屈一指的海事服务供应机构,在新加坡、中国香港、东南亚、中东和非洲提供了一系列的海事服务,包括引航、远洋与码头拖船、国际打捞和紧急反应、重型起重机、海上运输和海事咨询等服务。

新加坡港务集团在20世纪80年代首创了新加坡港务集团计算机综合码头作业系统(CITOS),这是一个企业资源策划系统,能协调并整合整个港口的运作;其开发的另一个系统是海港网络(PORTNET),它是新加坡唯一可将全新加坡的海事业者通过网络联系起来的电子商务系统,已进入世界港口电子信息管理的先进行列。

模块三 物流设施与应用

新加坡港正面临多方面的挑战：首先，东南亚的国家和地区开始使用自己的港口处理自己的货物，以致原本由新加坡港口处理的主干集装箱运输航线货物大批"流失"；其次，数量相当可观的转口集装箱货物也随之流失，而转口集装箱货物在新加坡的集装箱吞吐总量中所占份额相当高。

（资料来源：http://www.shk.gov.cn/shhkkw/infodetail/? Info ID=52ed0774-19f7-4a20-8943-8d8c5dee995a）

➡ 讨论

1. 新加坡港口有何地理优势？
2. 新加坡港口有哪些基本设施、设备？分析它们与其经营业务的关系。
3. 新加坡港应如何应对所面临的挑战？

理论环节 2

⚓ 港口设施、铁路设施、航空港设施

一、港口

港口是位于江、河、湖、海沿岸，具有一定面积的水域、陆域，以及水陆联运设备和条件，供船舶靠泊、装卸货物、上下旅客及取得给养的场所。港口是水陆交通的集结点和枢纽，是工农业产品和外贸进出口物资的集散地。最原始的港口是天然港口，有天然掩护的海湾、水湾、河口等场所供船舶停泊。随着商业和航运业的发展，天然港口已不能满足经济发展的需要，需兴建具有码头、防波堤和装卸设备的人工港口。自 19 世纪初出现了以蒸汽机为动力的船舶之后，船舶的吨位、尺度和吃水日益增大，需建造人工深水港池和进港航道，同时陆上交通尤其是铁路运输将大量货物运抵和运离港口，促进了港口建设的发展。

我国改革开放以来，沿海港口建设重点围绕煤炭、集装箱、进口铁矿石、粮食、陆岛滚装、深水出海航道等运输系统进行，特别加强了集装箱运输系统的建设，在大连、天津、青岛、上海、宁波、厦门和深圳等港建设了一批深水集装箱码头。根据《全国沿海港口布局规划》，我国港口将形成煤炭、石油、铁矿石、集装箱、粮食、商品汽车、陆岛滚装和旅客运输 8 个运输系统的布局。在该规划中，我国沿海港口布局的具体方案为，根据不同地区的经济发展状况及特点、区域内港口现状及港口间运输关系和主要货类运输的经济合理性，将全国沿海港口划分为环渤海、长江三角洲、东南沿海、珠江三角洲和西南沿海 5 个港口群体，强化群体内综合性、大型港口的主体作用，形成 8 个运输系统的布局。在各港口群体中，津冀沿海港口群以天津北方国际航运中心和秦皇岛港为主，包括唐山、黄骅等港口组成，主要服务于京津、华北及其西向延伸的部分地区。

(一)港口的分类

1. 基本港与非基本港口

(1)基本港。基本港是指运价表上班轮公司的船一般要定期挂靠的港口,大多数是位于中心的较大口岸,港口设备条件较好,货载多而稳定。基本港口不限制货量,运往基本港口的货物一般为直达运输,无需中途转船,但有时也因货量太少船方决定中途转运,由船方自行安排并承担转船费用。运费按基本港口运费率向货方收取,不得加收转船附加费或直航附加费,并应签发直达提单。

(2)非基本港。凡基本港口以外的港口都称为非基本港口。非基本港口一般除按基本港口收费外还需另外加收转船附加费,达到一定货量时则改为加收直航附加费。例如,新几内亚航线的侯尼阿腊港(HONIARA),便是所罗门群岛的基本港口;而基埃塔港(KIETA)则是非基本港口。运往基埃塔港口的货物运费率要在侯尼阿腊运费率的基础上增加转船附加费。

2. 其他分类

港口按所处位置分类,有河口港、海港和河港等;按用途分类,有商港、军港、渔港、避风港等;按货物进口是否需要报关分为报关港与自由港。

(1)河口港。河口港建在江、河入海口的江、河岸线上,为内河和海上运输服务。一般有大城市作依托,水陆交通便利,内河水道往往深入内地广阔的经济腹地,承担大量的货流量,世界上许多大港都建在河口附近,如鹿特丹港、伦敦港、纽约港、圣彼得堡港、上海港等。河口港的特点是,码头设施沿河岸布置,离海不远而又不需建防波堤,如岸线长度不够,可增设挖入式港池。

(2)海港。海港位于海岸、海湾或潟湖内,也有离开海岸建在深水海面上的,为海上运输服务。位于开敞海面岸边或天然掩护不足的海湾内的港口,通常需修建相当规模的防波堤,如我国的大连港、青岛港、连云港、基隆港,意大利的热那亚港等。供巨型油轮或矿石船靠泊的单点或多点系泊码头和岛式码头属于无掩护的外海海港,如利比亚的卜拉加港、黎巴嫩的西顿港等。潟湖被天然沙嘴完全或部分隔开,开挖运河或拓宽、浚深航道后,可在潟湖岸边建港,如广西北海港,也有完全靠天然掩护的大型海港,如东京港、香港港、悉尼港等。

(3)河港。河港建在内陆水域中,包括江、河、湖和水库或人工运河等岸线处,包括湖泊港和水库港。湖泊港和水库港水面宽阔,有时风浪较大,因此同海港有许多相似处,如往往需修建防波堤等。俄罗斯古比雪夫、齐姆良斯克等大型水库上的港口和中国洪泽湖上的小型港口均属此类。

(二)港口的组成

港口由水域和陆域所组成,港口平面图如图3-1所示。港口陆域用于构筑码头、设置装卸机械、布置库场和港区道路以及港口有关管理与服务设施等。码头用于船舶靠泊作业，供货物装卸和旅客上下。每艘船的靠泊码头长度为一个泊位。

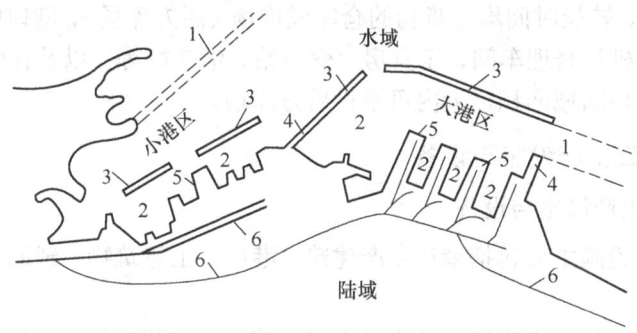

图 3-1　港口平面图
1—进港航道　2—港池　3—岛堤　4—突堤　5—码头　6—铁路

1．水域

港口的水域通常包括进港航道、锚泊地和港池。它要求有足够的深度和面积，水面基本平静，流速和缓，以便船舶的安全操作。

（1）进港航道。它要保证船舶安全方便地进出港口，必须有足够的深度和宽度、适当的位置、方向和弯道曲率半径，避免强烈的横风、横流和严重淤积，尽量降低航道的开辟和维护费用。当港口位于深水岸段，低潮或低水位时天然水深已足够船舶航行需要时，无需人工开挖航道；如果不能满足上述条件而要求船舶随时能进出港口则须开挖人工航道。人工航道分单向航道和双向航道。大型船舶的航道宽度为 80～300 米，小型船舶的为 50～60 米。

（2）锚泊地。它是指有天然掩护或人工掩护条件能抵御强风浪的水域，船舶可在此锚泊、等待靠泊码头或离开港口。如果港口缺乏深水码头泊位，也可在此进行船转船的水上装卸作业。内河驳船船队还可在此进行编、解队和换拖（轮）作业。

（3）港池。它是指直接和港口陆域毗连，供船舶靠离码头、临时停泊和调头的水域。港池按构造形式分，有开敞式港池、封闭式港池和挖入式港池。港池尺度应根据船舶尺度、船舶靠离码头方式、水流和风向的影响及调头水域布置等确定。开敞式港池内不设闸门或船闸，水面随水位变化而升降。封闭式港池池内设有闸门或船闸，用以控制水位，适用于潮差较大的地区。挖入式港池在岸地上开挖而成，多用于岸线长度不足，地形条件适宜的地方。

2．陆域

陆域是指港口供货物装卸、堆存、转运和旅客集散之用的陆地面积。陆域上有进港陆上通道（铁路、道路、运输管道等）、码头前方装卸作业区和港口后方区。前方装卸作业区供分配货物，布置码头前沿铁路、道路、装卸机械设备和快速周转货物的仓库或堆场（前方库场）及候船大厅等之用。港口后方区供布置港内铁路、道路、较长时间堆存货物的仓库或堆场（后方库场）、港口附属设施（车库、停车场、机具修理车间、工具房、变电站、消防站等）以及行政、服务房屋等。为减少港口陆域面积，港内可不设后方库场。

（三）港口生产设施与设备

1. 港区生产设施与设备

港区生产设施主要包括港口生产建筑、港口水工建筑物、辅助生产建筑、港区作业调度室等。

港口生产建筑是指水运企业进行主要工艺过程的建筑物，如码头、仓库、库场、客运站、铁路、公路，以及船坞、船台、轮机车间、船体车间等。

港口水工建筑物一般包括防波堤、码头、修船和造船水工建筑物。进出港船舶的导航设施（航标、灯塔等）和港区护岸也属于港口水工建筑物的范围。港口水工建筑物的设计，除应满足一般的强度、刚度、稳定性（包括抗地震的稳定性）和沉陷方面的要求外，还应特别注意波浪、水流、泥沙、冰凌等动力因素对港口水工建筑物的作用及环境水（主要是海水）对建筑物的腐蚀作用，并采取相应的防冲、防淤、防渗、抗磨、防腐等措施。码头线的布置有多种形式，与岸线平行的称为顺岸码头，常用于河港；与岸线正交或斜交的，称为突堤码头，常用于海港。

辅助生产建筑是指为水运企业辅助生产服务的建筑物，如船舶维修站、维修基地、巡逻船、引水船等工作船基地、燃料供应站、给排水系统、输配电系统等。

港区作业调度室是指港口日常装卸作业、生产的指挥中心。

港口设备主要有：陆上设备包括间歇作业的装卸机械设备（门座式、轮胎式、汽车式、桥式及集装箱起重机、卸车机等）、连续作业的装卸机械设备（带式输送机、斗式提升机、压缩空气和水力输送式装置及泵站等）、供电照明设备、通信设备、给水排水设备、防火设备等；港内陆上运输机械设备包括火车、载重汽车、自行式搬运车及管道输送设备等；水上装卸运输机械设备包括起重船、拖轮、驳船及其他港作业船、水下输送管道等；对专业化码头，通常设有专门的装卸机械，如煤炭装船码头有装船机，集装箱码头前方有集装箱装卸桥，后方有重型叉车。

2. 港口集疏运设施

港口集疏运设施包括港区道路、港口铁路、港口铁路专用线、码头铁路线等。港内线路要短捷、顺畅，减少交叉。

（四）港口技术特征

港口技术特征主要有港口水深、码头泊位数、码头线长度、港口陆域高程等。

（1）港口水深。港口水深是港口的重要标志之一，表明港口条件和可供船舶

模块三 物流设施与应用

使用的基本界限。现代港口供大型干货海轮停靠的码头水深 10~15 米,大型油轮码头 10~20 米。

（2）码头泊位数。码头泊位数根据货种分别确定。除供装卸货物和上下旅客所需泊位外,在港内还要有辅助船舶和修船码头泊位。

（3）码头线长度。码头线长度根据可能同时停靠码头的船长和船舶间的安全间距确定。

（4）港口陆域高程。港口陆域高程根据设计高水位加超高值确定,要求在高水位时不淹没港区。港区扩建或改建时,码头前沿高程应和原港区后方陆域高程相适应,以利于道路和铁路车辆运行。同一作业区的各个码头通常采用同一高程。

阅读资料 1

铁路发展资料

希腊在至少两千年前已有马拉的车沿着轨道运行。1804 年英国的 Richard Trevithick 发明了第一台蒸汽机车；第一台取得成功的蒸汽机车是 1829 年 George Stephenson 建造的"火箭号"；1820 年,英格兰的史托顿与达灵顿铁路成为第一条成功的蒸汽火车铁路。此后铁路成为世界交通的领导者近一个世纪,直至飞机和汽车发明。

1892 年首条电气化铁路启用。第二次世界大战后以柴油和电力驱动的列车逐渐取代蒸汽列车。1960 年起多个国家均建置高速铁路,而货运铁路已连接至港口。全球 236 个国家和地区中有 144 个设有铁路运输,其中约 90 个国家提供客运铁路服务。铁路依然是世界上载客量最高的交通工具。

中国的第一条铁路是吴淞铁路（1876 年）。1949 年中国铁路里程为 2.18 万公里,到 2003 年年底中国铁路只有 7.3 万公里,50 多年只增长了 5 万公里。

2005 年 1 月 7 日通过的《中长期铁路网规划》,明确了我国铁路网中长期建设目标：到 2020 年,全国铁路营业里程达到 10 万公里,主要繁忙干线实现客货分线,复线率和电气化率分别达到 50%,运输能力满足国民经济和社会发展需要,主要技术设备达到或接近国际先进水平。

（资料来源：http://baike.baidu.com/view/19293.htm）

二、铁路与铁路枢纽

（一）铁路

铁路运输是一种陆上运输方式,以机车牵引列车在两条平行的铁轨上行走。

但广义的铁路运输还包括磁悬浮列车、缆车、索道等非钢轮行进的方式，或称轨道运输。铁路运输的各种设施与设备是组织运输生产的物质基础，主要由线路、机车车辆、信号设备和车站组成。

1. 铁路的组成

铁路线路承受机车、车辆和列车的重量，并引导它们的行走方向，是运行的基础。铁路线路是由路基、桥隧建筑物（包括桥梁、涵洞、隧道等）和轨道（包括钢轨、轨枕、连接零件、道床、防爬设备和道岔等）组成的一个整体工程结构。

路基是铁路线路承受轨道和列车载荷的基础结构物，有路堤、路堑和半路堑三种基本形式。当铺设轨道的路基面高于天然地面时，路基以填筑的方式构成，这种路基称为路堤。当铺设轨道的路基面低于天然地面时，路基以开挖方式构成，这种路基称为路堑。为保持路基经常处于干燥、坚固和稳定的状态，路基上设有一套完整的排水设备：①排除地面水的设施，如纵向排水沟、侧沟和截水沟等设施；②排除地下水的设施，为了拦截地下水，降低地下水位，采用渗沟和渗管排水设施。

桥隧建筑物包括桥梁、涵洞、隧道等。铁路隧道是修建在地下或水下并铺设铁路供机车车辆通行的建筑物。据其所在位置可分为山岭隧道、水下隧道和城市隧道，修建最多的是山岭隧道。

路基、桥隧建筑物修成之后，即可在上面铺设轨道。轨道是一个整体性工程结构，经常处于列车运行的动力作用下，其作用为：①直接承受车轮传来的巨大压力，并把它传给路基及桥隧建筑物；②起着机车车辆运行的导向作用。

轨道（图3-2）由钢轨、轨枕、连接零件、道床、防爬设备和道岔（图3-3）等组成，各部分均应有足够的强度和稳定性，才能保障列车按规定的最高速度，安全、平稳和不间断地运行。铁路有关图片如图3-4、图3-5所示。

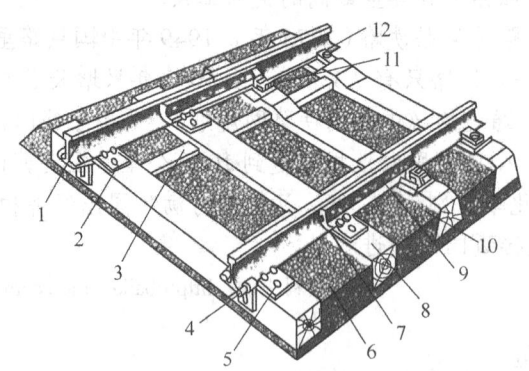

图3-2 轨道的基本组成

1—钢轨 2—垫板 3—防爬撑 4—防爬器 5—普通道钉 6—道床 7—双头夹板 8—木枕
9—螺栓 10—混凝土轨枕 11—扣板式中间连接零件 12—弹片式中间连接零件

模块三 物流设施与应用

图3-3 道岔

图3-4 铁路隧道

图3-5 铁路站场

2. 铁路等级

铁路的主要技术标准包括铁路等级、正线数目、限制坡度、最小曲线半径、牵引种类、机车类型、车站分布、到发线有效长度和闭塞类别等。

铁路等级是根据铁路线在铁路网中的作用、性质和远期客货运量,以及最大轴重和列车速度等条件,对铁路划定的级别。设计铁路时首先要确定铁路等级,铁路的技术标准和设备类型要根据铁路等级选定。世界各国划定铁路等级的依据不尽相同,铁路等级划分可根据单项指标和多项指标进行。这些指标包括铁路自身的技术特征和参数,设计线在铁路网中的地位和意义,以及设计线担负的客货运量等。

我国铁路共划分为三个等级,即Ⅰ级、Ⅱ级和Ⅲ级,具体见表3-1。

表3-1 铁路等级一览表

等级	在路网中的意义	远期年客货运量/百万吨
Ⅰ级铁路	起骨干作用	≥20
Ⅱ级铁路	起骨干作用	<20
	起联络、辅助作用	≥10
Ⅲ级铁路	为某一区域服务,具有地区运输性质	<10

注:1. 远期指交付运营后第10年。
  2. 年客货运量为重车方向的货运量与客车对数折算的货运量之和。每天1对旅客列车按1.0×10^6吨/年货运量折算。

3. 铁路的分类

铁路主要分为国家铁路、地方铁路、合资铁路、专用铁路、铁路专用线等。

(1) 国家铁路。国家铁路是指由中国国务院铁路主管部门管理的铁路,简称国铁。对国家铁路的管理实行高度集中、统一指挥的运输管理体制,把国家铁路的一部分业务管理权交给了国务院铁路主管部门。

(2) 地方铁路。地方铁路是指由地方人民政府管理的铁路。主要是由地方自行投资修建或者与其他铁路联合投资修建,担负地方公共旅客、货物短途运输任务的铁路。

(3) 合资铁路。合资铁路是指由不同部门合资建设的铁路。"七五"末期广东省政府与铁道部合作组建了三茂铁路公司,共同出资建成了我国第一条中央与地方合资的铁路。"八五"期间先后有达成、广大、广梅汕、邯济、合九、石长、横南、金温等13个合资铁路项目开工建设,并建成了合资铁路中最长的集通铁路以及连接亚欧第二条铁路大陆桥的重要组成部分北疆铁路以及连接海南岛的粤海铁路。

(4) 专用铁路。专用铁路是指由企业或者其他单位管理,专为本企业或本单位内部提供运输服务的铁路。专用铁路大都是大中型企业投资修建,自备机车车辆,用来完成企业自身的运输任务。一些军工企业、森林管理部门为运输生产需要修建了一些专用铁路。

（5）铁路专用线。铁路专用线是指由企业或者其他单位管理的与国家铁路或者其他铁路线路接轨的岔线。铁路专用线与专用铁路都是企业或者其他单位修建的主要为本企业内部运输服务的，两者不同的是，专用铁路一般自备动力与运输工具，在内部形成运输生产的一套系统的运输组织，而铁路专用线则仅是一条线，其长度一般不超过 30 公里，其运输动力使用的是与其相接轨的铁路的动力。铁路专用线也是铁路运输网的组成部分。目前铁路运输的大宗物资大多是在铁路专用线装车；有的铁路专用线还开展共用，吸引铁路专用线周围的运量，既起到货物集散的作用，也起到了货物蓄水池的作用。

此外还有区域铁路和重载铁路等。区域铁路又称区间通勤铁路、通勤铁路线或通勤铁道线，是一种提供市中心商业区及城市郊区的铁路运输系统，乘客众多和集中。重载铁路用于运载大宗散货的总重大、轴重大的列车、货车行驶或行车密度和运量特大的铁路。一般火车单列运输量为 2 000～3 000 吨，而重载火车单列运输量在 5 000 吨以上，总重可达 1 万～2 万吨，轴重可达 30 吨，行车密度可达 1 万吨/千米，运输的大宗散货主要为煤炭、矿石、散粮等。

4．中国铁路主要干线及铁路提速

我国铁路已基本形成以北京为中心，以四纵、三横、三网和关内外三线为骨架，连接着众多的支线、辅助线、专用线，可通达全国的省市区的铁路网。四纵是指京广线、京九线、京沪线、北同蒲—太焦—焦柳线；三横是指京秦—京包—包兰—兰青—青藏线、陇海—兰新线、沪杭—浙赣—湘黔—贵昆线；三网是指东北铁路网、西南铁路网和台湾铁路网；关内外三线是指京沈线、京通线和京承—锦承线。

发展高速列车，是振兴设备制造业的重点领域。通过对既有的线路、桥涵等基础设施进行了大面积的提速改造，积极推进机车车辆牵引供电、通信信号、调度指挥等技术设备的现代化，近年来铁路多次提速运行，取得明显的经济效益。我国铁路六次大提速：

第一次：1997 年 4 月 1 日，开行最高时速 140 公里的 40 对快速列车和 64 列夕发朝至车。

第二次：1998 年 10 月 1 日，最高时速达到 140～160 公里。

第三次：2000 年 10 月 21 日，重点是亚欧大陆桥陇海、兰新线、京九线和浙赣线。

第四次：2001 年 11 月 21 日，实施新列车运行图，全国铁路实行联网售票。

第五次：2004 年 4 月 18 日，开行 19 对直达特快列车，部分列车时速 200 公里。

第六次：2007 年 4 月 18 日零点起正式付诸实施。这次提速铁路客货运输能力将分别再增加 18%和 12%以上，特别是在主要干线开行时速 200 公里及以上动车组、大面积开行 5 000 吨级货物列车和一大批先进技术设备投入运用,标志着我国铁路既有线提速水平已经跻身世界先进行列。

在既有线提速上向客车要速度,向货车要重量,向客车货车同时要密度,以占世界铁路营业里程 6%的平台,创造了世界铁路换算周转量 25%的业绩;在繁忙干线客货混跑、行车密度很大的情况下,密集开行时速 200 公里及以上动车组列车;充分利用繁忙干线,用足两翼线路,实现客货兼顾、两翼分流,全面提升路网运输的整体效率;缩短列车追踪间隔时间,增加列车开行密度;压缩货车周转时间,提高车辆使用效率;提高列车牵引重量,实施货运重载运输。

视野拓展 1

我国首条无砟铁路轨道完成综合试验

2004 年 9 月铁道部决定在遂渝铁路建设我国首条无砟轨道试验段,正线全长 13.16 公里。2007 年 1 月 10 日完成综合试验,试验结果显示动车组实验时速达到 232 公里,其平稳性、舒适度达到优级,测试数据均在安全标准之内。常规铁路都在小块石头的基础上,再铺设枕木或水泥钢轨,但这种铁路不适于列车高速行驶。遂渝试验段首次突破大跨桥上铺设无砟轨道限区,首次铺设无砟轨道道岔,首次掌握无砟轨道采用谐振式轨道电路传输特性技术,首次成区段建成无砟轨道铁路。我国首条无砟轨道设计和建造技术达到世界先进水平。无砟轨道是高速铁路工程技术的发展方向。

(资料来源:http://2006.chinataiwan.org/web/webportal/W5270913/Uyyping/A417014.html)

(二)铁路枢纽

铁路运输是以铁路机车、车辆和铁路线路为基本设备,以铁路车站为运输生产基地的实现旅客和货物运输任务的系统。为保证行车安全和提高线路通过能力,铁路线路上每隔一段距离需设置一个车站。车站把线路分隔成若干长度不等的区段,每一区段称为区间,车站是相邻两个区间的分界点。众多区间和车站相互连接,构成广阔的铁路网。国家对铁路运输的两大基本要求是安全和正点,而安全是正点的基本保证。

铁路枢纽是指在铁路各线交会处或与其他交通线路的连接处,以铁路车站(编组站、客运站、货运站)和连接这些车站的联络线、迂回线、进出站线路及其他分界点等技术设备构成的铁路综合设施。铁路枢纽的功能是使各向铁路线相互沟通,与其他运输方式顺畅衔接,其主要作业内容是组织各向列车的到发和通过、客货的集散和中转、车辆改编以及货物承运与换装等。铁路枢纽通常设有编组站、客运和货运站,有时也可由一个站办理各种作业。在各站之间以联络线连接,在枢纽范围内引入车站的进出站线路。

铁路枢纽使铁路线相互沟通，形成四通八达的铁路网，并在枢纽内集中配置众多线路、车站、机务段、车辆段、供电段、跨线疏解设施及通信信号设备，合理使用各种技术设备，顺利完成大量客流、货流和车流的集散与中转工作。除枢纽内各种车站办理的有关作业外，在货物运转方面，有各铁路方向之间的无改编列车和改编列车的转线，以及担当枢纽地区车流交换的小运转列车的作业。在旅客运转方面有直通、管内和市郊旅客列车的作业。在货运业务方面，办理各种货物的承运、装卸、发送、保管等作业；此外，还要供应运输动力、进行机车车辆的检修等作业。

铁路枢纽示意图如图3-6所示。

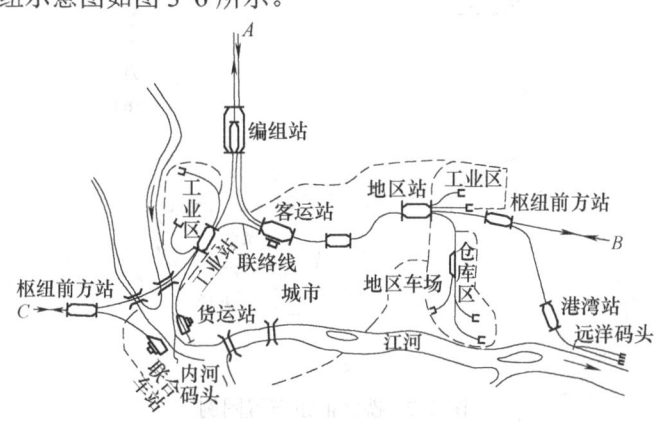

图3-6 铁路枢纽示意图

铁路枢纽在铁路运输中有十分重要的地位，它所完成的作业量在整个铁路运输工作中占有很大比重。例如，武汉铁路枢纽日均装车800辆左右，约占分局装车总数的50%，日均卸车2 300辆左右，约占分局卸车总数的78%，日均解编车数多达18 000辆，使用调车机车和小运转机车多达50多台。而苏联铁路仅在十个大型枢纽中就完成了其全路近18%的调车工作量和15%以上的卸车工作量，车辆在枢纽内的停留时间约占其全路货车周转时间的10%。正确组织铁路枢纽工作对保证铁路的畅通和整个运输工作的均衡性、节奏性，以及加速货车周转、降低运输成本都具有非常重要的作用。

铁路枢纽内需配备成套的技术设备。例如，铁路线路包括引入线路、联络线、环线、工业企业专用线等；车站包括客运站、货运站、编组站、工业站、港湾站等；疏解设备包括铁路线路与铁路线路的平面和立交疏解、铁路线路与城市道路的立交桥和道口以及线路所等；其他设备包括机务段、车辆段、客车整备所等。根据铁路枢纽范围内专业车站和铁路线路在总图结构上的特征，并结合一定的车流条件，可有多种形式的枢纽图形。当在铁路网上，需要修建几个专业车站以及连接这些车站的联络线、进站线路等设备时，即形成了三角形、十字形、顺列式、并列式、环形、混合形和尽端式铁路枢纽等。中国大型铁路枢纽常布置成环形、半环形图式和混合式图式,中小型枢纽则采用顺列式和一站式布置较多。

图3-7为铁路枢纽布置图例。

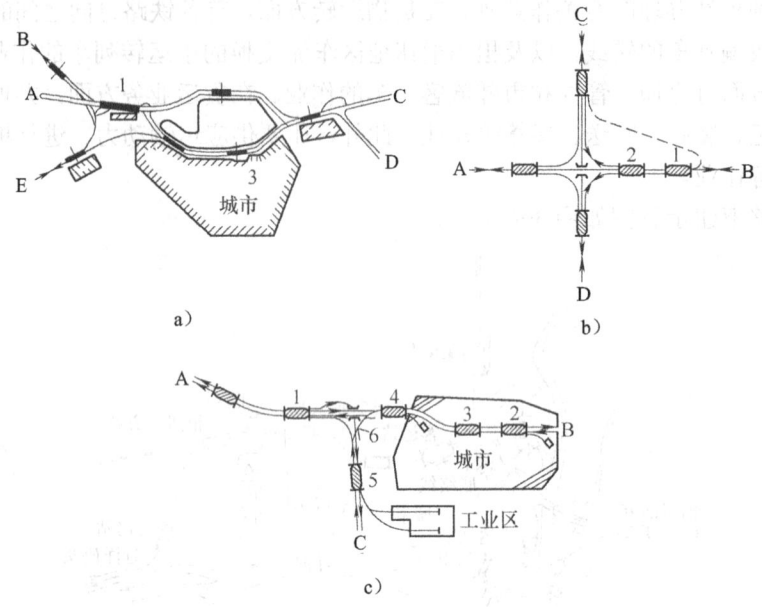

图3-7 铁路枢纽布置图例
a) 并列式枢纽 b) 十字形枢纽 c) 三角形枢纽
1—编组站 2—地区编组站 3—客运站 4、5—货运站 6—连接线

阅读资料2

全国十大铁路枢纽

我国铁路枢纽约有500多个,一般是全国或省区的政治、经济、文化中心或工业基地和水陆联运中心等,具有代表性的铁路枢纽有:

1. 北京铁路枢纽

北京铁路枢纽是连接八个方向的全国最大的铁路枢纽。有京广、京沪、京九、京沈、京包、京通等铁路呈辐射状通向全国,并有国际列车通往朝鲜、蒙古和俄罗斯。

2. 天津铁路枢纽

天津铁路枢纽是北方最大的海陆交通中心,京沈、京沪两大铁路在此交会,并与塘沽新港相连,是北京的外港和门户。

3. 上海铁路枢纽

上海铁路枢纽是东部沿海地区最大的枢纽站。既是京沪线和沪杭线的终点,又是我国远洋航运和沿海南北航线的中心，客流量和货运量极大。

4．哈尔滨铁路枢纽

哈尔滨铁路枢纽是连接五个方向的东北北部最大的铁路交通中心，有哈大、滨洲、滨绥、滨吉等干线在此会合。过境运输量很大，主要是木材、粮食、煤炭和大豆等。

5．郑州铁路枢纽

郑州铁路枢纽地处我国中原地带，陇海、京广两大干线在此相交，沟通了东西南北十几个省的货物，是全国铁路网的"心脏"。

6．武汉铁路枢纽

武汉铁路枢纽是京广、襄汉、汉九（江）铁路和长江、汉水航运交汇的交通中心，素有"九省通衢"之称，以水陆中转联运为其特色。

7．沈阳铁路枢纽

沈阳铁路枢纽是连接五个方向的东北南部最大的铁路交通中心。有哈大、京沈、沈丹、沈吉等干线交会，过境运输量为东北之冠。

8．广州铁路枢纽

广州铁路枢纽是我国华南的水陆交通中心，京广、广深铁路与珠江航运在此会合。黄埔港是广州的外港，经这里的海内外旅客和进出口货物流通量很大。

9．兰州铁路枢纽

位于全国的几何中心，有陇海、兰新、包兰、兰青四条铁路干线在此交会，客货周转量很大，是直接内地与边疆的要冲，战略地位十分重要。

10．重庆铁路枢纽

重庆铁路枢纽在成渝、襄渝、川黔、遂渝、渝怀五条铁路干线以及长江和嘉陵江航线的交汇处，是西南地区最大的水陆联运中心。

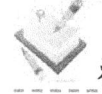

视野拓展 2

武广高铁时速达 394 公里

2009 年 12 月 9 日，武广铁路客运专线成功试运行，从广州南站发车至武汉站，用时不到 3 个小时。其间"和谐号"动车组跑出 394.2 公里时速，创造了两车重联情况下的世界高速铁路最高运营速度。武广铁路客运专线历时四年建设，北起武汉站，途经咸宁、岳阳、长沙、株洲、衡阳、郴州、韶关、清远等城市，南到广州南站，线路全长 1 068.6 公里。武广客运专线全线基本采用无砟轨道（主要为德国的雷达 2 000 型轨道，部分采用日本的板式轨道，共 948.218 公里），一次铺设跨区间无缝线路，全线采用国产"和谐号"高速动车组，列车时速达 350 公里，行车密度可达3分钟一列。武广客运专线列车为"D"字头的高速列车。

作为"十一五"重点工程的武广客运专线设计时速350公里，是我国自主知识产权、世界一流水平的全新客运专线，也是我国目前建设里程最长、技术标准最高、运行速度最快的铁路客运专线。目前只有日本、德国等少数发达国家能建设，也是世界上一次建成里程最长的高速铁路。全线总投资1 000多亿元，跨越湖北、湖南、广东三省。

（资料来源：http://finance.21cn.com/shjj/2009/12/10/7160263.shtml）

三、航空港

（一）机场及其设施

航空港是航空运输的经停点，也称航空站或机场，是可供飞机起飞、降落、滑行、停放的场地和有关的建筑物及设施的总称。随着航空港功能的多样化，港内除配有装卸客货的设施外，一般还配有商务、娱乐中心、货物集散中心，满足往来旅客的需要，同时吸引周边地区的生产、消费。机场可分为三大类：①军用机场；②民用机场；③既供军用又供民用的军民合用机场。

使用各类航空器从事除了军事性质以外的所有的航空活动称为民用航空。民用航空分为商业航空和通用航空。

商业航空也称航空运输，指以航空器进行经营性的客货运输的航空活动。它既是商业活动，又是运输活动，这种航空活动是交通运输的一个组成部门，与铁路、公路、水路和管道运输共同组成国家的交通运输系统。

通用航空是指除商业航空之外的民用航空的其余部分，通用航空范围十分广泛，可大致分为工业航空、农业航空、航空科研和探险活动、飞行训练、航空体育运动、公务航空、私人航空等。通用航空在我国主要指前面5类，后两类在我国才开始发展，但一些航空强国中公务航空和私人航空所使用的航空器占通用航空的绝大部分。

机场是保证飞机安全起降的基地和空运旅客、货物的集散地。它包括飞行区、客货运输服务区和机务维修区三部分。

（1）飞行区。它是指为保证飞机安全起降的区域，内有跑道、滑行道、停机坪和无线电通信导航系统、目视助航设施及其他保障飞行安全的设施，在航空港内占地面积最大。

跑道供航空器起降，滑行道是航空器在跑道与停机坪之间出入的通道，停机坪是供飞机停留的场所。

指挥塔或管制塔是航空器进出航空港的指挥中心；助航系统是为辅助安全飞行的设施，包括通信、气象、雷达、电子及目视助航设备。飞行区上空划有净空区，是规定的障碍物限制面以上的空域，地面物体不得超越限制面伸入。限制面根据机场起降飞机的性能确定。

（2）客货运输服务区。它也被称为航站区，是为旅客、货主提供地面服务的区域，主体是候机楼，此外还有客机坪、停车场、进出港道路系统等。货运量较大的航空港专门设有货运站。客机坪附近配有管线加油系统。航站区通常会使用各种航空集装设备进行货物运输和装卸，航空集装设备主要有航空集装箱、软门集装箱、系列集装板拖车、升降平台车等。机场货物的装运如图3-8所示。

图3-8 机场货物的装运

（3）机务维修区。它是飞机维护修理和航空港正常工作所必需的各种机务设施的区域。区内建有维修厂、维修机库、维修机坪和供水、供电、供热、供冷、排水等设施，以及消防站、急救站、储油库、铁路专用线等。航空油料的储存和飞机加油设施，机场的消防和急救设施，以及供水、供电、供热、供冷、污水污物处理、有线通信、地面交通等公用和市政设施，对每个民航运输机场都是不可缺少的。

机场消防安全是航空运输经营管理的重要内容。国际民航组织对消防救援的要求是：消防队接到报警应在2分钟内到达跑道尽端，到达跑道尽端以外1 000米的时间不得多于3分钟；当第一辆消防车抵达后，需在1分钟内将最初的火势强度减少90%。故在设计和建造机场时必须把消防站设在对机场任何部位飞机火灾的施救都适中的位置上；消防站应配备有加速快、越野性强、载运量大和喷射率高的专用机场消防车。

（二）航空港分类及布局要求

航空港可按不同标准进行分类：按下垫面性质分为陆上航空港和水上航空港；按设备情况分为基本航空港和中途航空港；按所处位置分为干线航空港和支线航空港；按单位时间（天）的起飞次数分为特级机场（101次/天以上）、一级机场（51～100次/天）、二级机场（21～50次/天）、三级机场（11～20次/天）和四级机场（10次/天以下）。

我国民航机场按照所服务的航线和规模大致可分为三类：①连接国际、国内航线密集的大型枢纽机场，如北京首都国际机场、上海虹桥国际机场、广州白云国际机场、上海浦东国际机场是中国主要的国际门户机场。国际航空港需经政府核准，空港内配有海关、移民、检疫和卫生机构。②以国内航线为主、空运量较为集中的国内干线机场，这类机场主要是指省会、自治区首府、重要工业、旅游、开放城市的机场。③地方航线或支线机场，这类机场大多分布在各省、自治区地面交通不太方便的地方，机场规模一般较小，等级较低。国内航空港仅供国内航线的航空器使用，除特殊情况外不对外国航空器开放。

世界上较大的航空港有英国伦敦希思罗航空港、法国巴黎戴高乐航空港、美国芝加哥国际航空港等。我国最大的航空港是北京国际航空港。

航空港的布局应满足以下要求：①有充分的机场用地，合理设置跑道位置；②充分考虑不同类型机场的要求；③充分考虑自然条件，尤其是气候和地基条件，满足其净空要求；④与城市有合理的距离，飞机的起飞既不影响城市，又不能与城市相距很远，并有便利的交通条件。

（三）航线及民航发展

飞机飞行的路线称为空中交通线，简称航线。飞机的航线不仅确定了飞机飞行具体方向、起讫点和经停点，而且根据空中交通管制的需要规定了航线的宽度和飞行高度，以维护空中交通秩序，保证飞行安全。飞机航线的确定除了安全因素外，取决于经济效益和社会效益的大小。

我国的国际航线创建于20世纪50年代初，从1971年国际民航组织通过决议承认中华人民共和国政府的代表为中国唯一合法的代表后，我国民航的国际航线有了较大的发展。截止到2008年年底，我国民航定期航线航班达到1532条，其中国际航线达297条，形成了一个国内四通八达、干线与支线相结合以及连接世界主要国家和地区的航空运输网络。

我国国际航线基本可分为东线、西线和南线，其分布有以下特征：①国际航线以北京、上海、广州为中心，通过乌鲁木齐、昆明、厦门、深圳、大连、沈阳、哈尔滨等航空港向东、西、南三面辐射；②国际航线的主流呈东西向，向东连接日本、韩国、北美，向西连接中东、欧洲，是北半球中纬度航空圈带的重要组成部分；③我国的国际航线是亚太地区航空运输网络的重要组成部分，与南亚、东南亚、澳大利亚等有密切的联系。

2008年，我国境内民用航空通航机场共有158个（不含香港和澳门，下同），其中定期航班通航机场152个。定期航班通航城市150个。2008年，全国各机场共完成旅客吞吐量40576.2万人次，完成货邮吞吐量883.4万吨。航空运输总周转量、旅客周转量在国际民航组织缔约国的排名继续保持第二位。

模块三 物流设施与应用

图 3-9 是 2007 年全球十大货运机场排名。

2007 年全球 10 大货运机场排名榜			
名次	机场	货量/万 t	±%
1	孟菲斯（美国）	384	+4
2	香港（中国）	377.2	+4.5
3	安克雷奇（美国）	282.6	+0.6
4	仁川（韩国）	255.5	+9.4
5	上海浦东（中国）	249.4	+15.5
6	东京成田（日本）	225.2	−1.2
7	法兰克福（德国）	216.9	+1.9
8	路易斯维尔（美国）	207.8	+4.8
9	巴黎戴高乐（法国）	200.5	+6.4
10	迈阿密（美国）	192.2	+5
资料来源：ACI			

图 3-9　2007 年全球十大货运机场排名

目前我国一些效益好的大型机场大都位于重要的政治文化中心、经济金融中心、制造贸易中心、旅游名胜地区以及交通网络中枢城市，而经济落后的偏远地区的中小型机场则惨淡经营，中国机场业发展显著不均衡。在境内外上市的机场有首都机场（中国香港上市）、上海机场、白云机场、厦门机场、深圳机场、海口美兰机场等，均位于中心大城市及沿海城市，航空客货运发展潜力较大。

我国机场主要仍采用传统运营模式，非航空收入比例明显偏低，收入结构不甚合理，国内航线结构基本上以城市对式为主，缺乏富有综合经营能力的机场专业化管理模式，机场与航空公司存在一定的业务交叉竞争，经营分工有待于进行规范化、机场信息化、网络化、智能化，主要机场设施建设较发达国家和地区明显落后。中国加入 WTO 经济圈，国内外客流、物流量的增长将促使中国航空物流设施服务事业进入新的进程。

阅读资料 3

主要航空港资料

1. 北京首都国际机场

北京首都国际机场是中国地理位置最重要、规模最大、设备最齐全、运输生产最繁忙的大型国际航空港，是中国民航最重要的航空枢纽，是中国民用航空网络的辐射中心，并且是当前中国最繁忙的民用机场，也是中国国际航空公司的基地机场。

北京首都国际机场是中国国内唯一拥有三条跑道的国际机场，机场原有东、西两条4E级双向跑道，长宽分别为3 800×60米、3 200×50米，并且设有 II 类仪表着陆系统。

最新建成的3号航站楼和第三条跑道，位于机场东边，2008年建成并投入使用，能承载空中客车A380等新型超大型客机起降。3号航站楼启用后首都机场的旅客吞吐的设计总量为8 200万人次。

2002年北京首都国际机场旅客吞吐量2 715.97万人次，以第26位的排名首次跻身国际机场协会世界前30大最繁忙机场行列。2006年旅客吞吐量4 865.48万人次，排名世界第9位，首次跻身世界前十大最繁忙机场行列。

（资料来源：http://www.bcia.com.cn/）

2．广州白云国际机场

广州白云国际机场始建于20世纪30年代，是国内三大航空枢纽机场之一。

2004年8月5日总投资198亿元的广州新白云国际机场正式投入运营，这是我国首个按照中枢机场理念设计和建设的航空港。广州新白云机场占地面积为15平方公里，航站区按满足2010年旅客吞吐量2 500万人次要求设计，一期航站楼面积为32万平方米，有两条平行跑道，其中东跑道长3 800米、宽60米，设二类进近着陆系统；西跑道长3 600米、宽45米，设一类进近着陆系统。飞行区按4E标准建设，可供目前全球最大型客机空中客车A380起降，一期工程共设有46个近机位和20个远机位，停机坪总面积达86万平方米，设施设备达到国际先进水平。机场与33家航空公司建立了业务往来，已开通超过120条国内外航线，保障机型近30种，是中国南方航空集团公司和深圳航空公司的基地机场。2005年旅客吞吐量超过2 300万人次。

新机场2期工程已启动，终端规划三条跑道，满足年旅客吞吐量8 000万人次，货邮250万吨。新机场货运仓库8.32万平方米，附属设施2.9万平方米，可对货物进行自动、半自动化处理。新机场建立了完善的现代化综合信息系统，引进了世界最先进的行李分拣系统和五级快速安检系统等，智能化、信息化的设施，对各项目资源进行优化组合配置，有效保障机场运行信息的实时共享。

（资料来源：http://baike.baidu.com/view/376992.htm）

3．香港国际机场

香港国际机场（简称HKIA，IATA代码：HKG，ICAO代码：VHHH）（图3-10）于1998年7月6日正式启用，是中国香港唯一的民航机场，也称为赤鱲角国际机场（常简称为CLK）；由香港机场管理局负责管理及运作，是国泰航空、港龙航空、香港航空、香港快运航空、华民航空及甘泉航空的基地机场；设96个停机坪，每年可处理旅客5 000万人次及货物400万吨。现有89家航空公司每日提供约750架次定期客运及全货运航班，来往香港及约150个遍布全球的目的地；每周平均有约31架次不定期的客运和货运航机来往香港。

图3-10　香港国际机场

2006年香港国际机场以乘客量计是亚洲第3繁忙机场，全球排名14；以货运量计是全球第二（仅次于美国孟菲斯国际机场）。2006年乘客流量4 445万人次，货运量358万吨，飞机升降280 000班次。多次获得全球最佳机场殊荣，被Skytrax评为五星级机场。

（资料来源：http://baike.baidu.com/view/62207.htm）

4．奥黑尔国际机场

美国芝加哥市内有3个重要机场：中央国际机场，奥黑尔国际机场，中途机场。其中城西北的奥黑尔国际机场是美国面积最大、客运最繁忙的机场，年旅客流量达3 000万～4 000万人次，它是全美最大两家航空公司的主要中心机场，占地达7 700英亩（1英亩=4 046.856平方米），拥有七条跑道和一个庞大的候机楼。

（资料来源：http://baike.baidu.com/view/821843.htm）

能力训练项目3

日本东京物流基地案例

东京的道路以市中心为圆心，呈同心圆的环状公路，一环一环地向外拓展，与市区的高速公路交织成发达的交通网络。城市从里到外散布着各种产业的大量批发商、经销商，商流与物流混成一体，成为造成交通混杂、车辆空驶率高、城市功能低下的最大原因。为改变这种状况，日本政府从1965年起着手将流通机能从市中心分离出去。由政府统一规划、集资，在东京近郊的东南西北部分别建设了葛西、和平岛、阪桥和足立四个现代化的流通基地。流通基地内除商务交易大楼外，还建有大型仓库团和公路货物集散中心等设施。

和平岛流通基地位于东京南部，建在填海造地的基地上，西靠东京湾港区码头，南邻羽田机场，附近有高速公路和城市环状公路，是东京的水、陆、空交通枢纽。整个流通中心占地50万平方米，耗资572亿日元，建造了13.4万平方米的流通性综合仓库、14.8万吨冷库、能停靠433辆载货汽车同时装卸作业的22万平方米公路货物集散中心和由7万平方米商务交易馆及35万平方米物流大楼组成的商业流通中心，商品年处理量达700万吨，对整个东京地区以及全日本的商品流通起着举足轻重的作用。

商业流通中心占地面积15万平方米，总建筑面积41.2万平方米。建筑物的容积率为270%、覆盖率为60%。流通中心的展示厅建筑面积1万平方米，各种国际研讨会、新产品发布会常在此举办。两幢物流大楼各17.4万平方米，大楼之间为宽24米的中央干道。物流大楼是六层钢筋混凝土结构的建筑物，长312米、宽90米、高33米，每层建筑面积达2.9万平方米，底层层高均4.6米，设计荷载为1.8吨/平方米。大楼的平面设计呈双向对称型，南北两端各布置货车上下楼坡道，坡道平面呈"回"字形，出入分道、单向行驶，车道宽7.5米，坡度为1:10，可上5吨以下货车；5吨以上大型货车在底层装卸货物用货梯上下运输。

大楼两侧设有8米的外廊式车道，由于采用货车上楼的方案，使大量车流得以分散在各层楼面，且方便楼层用户，减少了装卸环节，提高了经济效益。整个大楼共有客梯4台、1.5吨客货两用梯8台、3吨货梯8台（叉车可直接驶入货梯轿厢内装卸托盘）。物流大楼的每个楼面划分成8个单元，每个单元使用面积为2 000平方米，各有1.5吨和3吨货梯1台，供租用单位使用。流通中心商品年处理量200万吨，每年出入车辆数为载货汽车6 000辆、客车2 000辆。

（资料来源：http://www.js5656.com/News/readnews.asp?NewsID=230）

讨论

1. 东京物流基地有何地理优势？
2. 东京周边的公路设施有何特点？
3. 分析其商业流通中心的布局与设计思路。

模块三 物流设施与应用

理论环节 3

公路与公路枢纽

公路的修建在不断提高技术和更新建筑材料。最早的土路易建但易坏，欧洲较早出现碎石路，再后出现了砖块路；近代在碎石上铺浇沥青是公路史上一大突破。中国自古有驿站、驿路，但第一条较先进的公路是1906年铺设的广西龙州至镇南关的公路。

一、公路

公路运输主要承担短途运输和无铁路可通的长途货物运输，它在我国货运中占的比重最大。

1. 公路及其组成

连接城市、乡村和工矿基地之间，主要供汽车行驶并具备一定技术标准和设施的道路称为公路。公路是一种线型工程构造品，主要由路基、路面、涵洞、隧道等基本构造物和其他辅助构造物及设施组成。

路基宽度与公路的横向的路幅宽度相同，路幅宽度为中间的路面宽度与两侧的路肩宽度之和。高速公路的路基宽度一般为21.5～26.0米。

路面是在路基上用坚硬材料铺筑供汽车行驶的层状结构物，直接承受车辆的行驶作用力。路面一般分为面层、基层、垫层和土基。为了保证车辆一定的行驶速度和安全等，公路路面要具有一定的强度、平整度和必要性的粗糙度。公路路面在整个道路造价中占主要部分。

高速公路（图3-11）在郊外大多为4或6个车道，在城市和市郊大多为6或8个，甚至更多。路面现多采用磨光值高的坚质材料（如改良沥青），以减少路表液面飘滑和射水现象。路缘带有时用与路面不同颜色的材料铺成。硬路肩为临时停车用，也需用较高级材料铺成。在陡而长的上坡路段，当重型汽车较多时，还要在车行道外侧另设爬坡车道。必要时，每隔2～5公里在车行道外侧加设宽3米、长10～20米的专用临时停车带。

按照有关技术规定，凡单孔跨径小于5米或多孔跨径之和小于5米的称为涵洞，大于这一规定值

图3-11 高速公路

的称为桥梁（图3-12）。桥梁有梁式桥、拱桥、吊桥、钢构桥和斜拉桥等多种类型。公路的隧道（图3-13）一般设置在公路线型的平坡和直线部分，也可设在不设超高的大半径平曲线上。隧道较长时需设置照明、通风、消防及报警等其他应急设施。

图3-12 桥梁

图3-13 公路的隧道

2．公路等级与分类

公路按交通量、使用任务和性质可分为高速公路、一级公路、二级公路、三级公路和四级公路五个等级，公路等级表见表3-2。

表3-2 公路等级表

公 路 等 级	特点及在交通网中的地位	年平均昼夜交通量/辆
高速公路	具有分隔带、多车道、出入口受限制、立体交叉的汽车专用道，专供汽车分道行驶，具有特别重要的政治、经济意义	25 000 以上
一级公路	汽车分道行驶并且部分出入口受限制、部分立体交叉，连接重要的政治、经济中心	5 000～25 000
二级公路	连接政治、经济中心或较大工矿区等地的干线公路，或运输任务繁忙的城郊公路	2 000～5 000
三级公路	沟通县及县以上城市的一般干线公路	200～2 000
四级公路	沟通县、乡、村的支线公路	200 以下

注：按各种车辆折合成载货汽车的年平均昼夜交通量，以载重汽车为标准单位，其他车种需进行折算。
折算系数以载重汽车（包括大货车、重型汽车、胶轮拖拉机）为1，带挂车载重汽车（包括公共汽车）为1.5，小汽车（包括吉普车、摩托车）为0.5。

公路根据其作用及使用性质，分为国道、省道、县道、乡道以及专用公路。

国道是指具有全国性政治、经济意义的主要干线公路，包括重要的国际公路、国防公路、连接首都与各省、自治区、直辖市首府的公路，连接各大经济中心、港站枢纽、商品生产基地和战略要地的公路。国道中跨省的高速公路由交通部批准的专门机构负责修建、养护和管理。

我国的国道是由以下公路组成：①北京通往各省、直辖市、自治区的政治、经济中心和30万人口以上城市的干线公路；②通向各港口、铁路枢纽、重要工农业生产基地的干线公路；③大中城市通向重要对外口岸、开放城市、历史名城、重要风景区的干线公路；④具有重要意义的国防公路。目前，在全国范围内，以70条国道为骨架，辅以地方干线公路（省道）和普通公路，形成了全国公路网。

国道的编号根据国道的地理走向分为三类：①以北京为中心的放射线国道，其编号为1××，如北京到沈阳的干线公路，编号101。这类国道共有12条，其中通向东北的3条、华北2条、华东1条、中南2条、西北1条。112线是以北京为中心的环线。目前这类国道主要为三级和四级公路。②南北走向国道（纵线国道）。其编号为2××，如鹤岗到大连的干线公路，编号为201国道，山海关到广州的干线公路为205国道。最长的纵向国道是锡林浩特到雷州半岛南部的海安，编号为207线。这类国道主要以三级和四级公路为主。③东西走向的国道（横线国道），编号为3××，如绥芬河到满洲里的公路为301国道，杭州到沈家门的公路为329国道。路线等级主要为三级和四级。最长的横向国道为上海到聂拉木的317国道，也是国道中最长的一条。

省道是指具有全省（自治区、直辖市）政治、经济意义，并由省（自治区、直辖市）公路主管部门负责修建、养护和管理的公路干线。

县道是指具有全县（县级市）政治、经济意义，连接县城和县内主要乡（镇）、主要商品生产和集散地的公路，以及不属于国道、省道的县际间公路。县道由县、市公路主管部门负责修建、养护和管理。

乡道是指主要为乡（镇）村经济、文化、行政服务的公路，以及不属于县道以上公路的乡与乡之间及乡与外部联络的公路。乡道由人民政府负责修建、养护和管理。

专用公路是指专供或主要供厂矿、林区、农场、油田、旅游区、军事要地等与外部联系的公路。专用公路由专用单位负责修建、养护和管理。也可委托当地公路部门修建、养护和管理。

3．高速公路概况

公路运输具有门到门直达运输的灵活性，尤其适宜于客运和鲜货、集装箱的零担运输。这种功能高速公路更为突出。有些发达国家在较长运距的运输中，公路比铁路的效率高、运量大、成本低。

高速公路在运输速度方面有很大的提高，如日本名神高速公路建成后比原有公路节约旅程时间约75%。高速公路比其他公路肇事率和死亡率也低得多。各国高速公路里程一般只占公路总里程的1%～2%，但其所担负的运输量占公路总运输量的20%～25%。高速公路造价高，用地多；但行车速度高，通行能力大，交通事故率小，故其投资费用一般只要7～10年即可由于其所节约的行车费用（包括燃料消耗、轮胎磨耗、汽车修理和养路费支出等）和运行时间以及所减少的行车事故而得到补偿。图3-14是高速公路桥。

目前，全世界已有80多个国家和地区拥有高速公路，通车总里程超过了23万公里。

第一名是美国，美国于1937年开始修筑宾夕法尼亚州收税高速公路，长257公里。2007年高速公路总长度为8.873万公里，已完成以州际公路为核心的高速公路网，连接了美国所有5万人以上的城镇。

第二名是中国，截至2008年年底，高速公路已经超过了6万公里。1988年10月31日，上海至嘉定18.5公里高速公路建成通车，此后我国高速公路建设突飞猛进，1999年突破1万公里，跃居世界第四位；2000年达到1.6万公里，跃居世界第三；2001年达到1.9万公里，跃居世界第二；2004年8月底突破了3万公里，比世界第三的加拿大多出近一倍。

第三名是加拿大，共修建了1.65万公里高速公路，且不征收车辆通行费，路上也没有收费站、检查站；第四名是德国，2007年拥有1.140万公里高速公路，目前，德国5万人以上的城市及5万人以下城市的90%通了高速公路；第五名是法国，2007年拥有1.030万公里高速公路，拥有全世界最发达的公共交通系统。

图3-14 高速公路桥

二、公路枢纽

公路枢纽是公路运输办理货运业务、仓储保管、车辆保养修理及为用户提供相关服务的场所，一般包括货运站、停车场（库）、保修厂（站）、加油站及食宿站等。

模块三　物流设施与应用

公路枢纽是具有运输组织管理、中转换装、装卸储运、多式联运、信息交换和生产生活辅助服务等基本功能的公路运输新型的物流服务系统。国家公路运输枢纽是位于重要节点城市的国家级公路运输中心，与国家高速公路网共同构成国家最高层次的公路运输基础设施网络，由客运枢纽站场和货运枢纽站场组成，提供公共交通运输服务。国家公路运输枢纽由提供与周边国家之间、区域之间、省区之间以及大中城市之间公路客货运输组织及相关服务的客货运输站场组成，注重与重要铁路枢纽、航空枢纽、主要港口等其他交通枢纽的有效衔接。

阅读资料4

2007年交通部公布了《国家公路运输枢纽布局规划》，共确定179个国家公路运输枢纽，其中12个为组合枢纽，共计196个城市。该布局规划中的国家公路运输枢纽覆盖了所有直辖市、省会城市和计划单列市及地级城市137个，覆盖60%地级以上城市，遍及84%国家开放口岸，涉及所有沿海主要港口，在分布上，东部地区61个、中部地区56个、西部地区62个。该网络还覆盖了78%的国家AAAA级旅游景点，为公众旅游、休闲出行创造了便利。

规划建设国家公路运输枢纽是建立现代综合交通运输体系的基础条件。国家公路运输枢纽覆盖城市的地区生产总值约占全国国内生产总值的87%；该网络覆盖了84%的国家开放口岸、56%的陆路边境口岸和98%的国家级经济技术开发区，加大了长三角、珠三角、环渤海等经济发达地区的枢纽覆盖密度，179个国家公路运输枢纽中，有61个位于东部地区、56个位于中部省区、62个位于西部省区，充分考虑了支持西部大开发、振兴东北老工业基地、促进中部地区崛起等战略的需要。此外，该网络覆盖了100%的沿海主要港口和93%的内河主要港口、全部的大中型枢纽机场、所有特等火车站和铁路集装箱中心站以及68%的一等火车站，有助于充分发挥公路运输的集疏作用，进一步提高综合交通运输的整体效率。

在全国确定的179个国家公路运输枢纽中，广东省共有广州、佛山、深圳、东莞、汕头、湛江、珠海、江门、茂名、梅州、韶关、肇庆。其中广（州）佛（山）、深（圳）莞（东莞）为组合枢纽；山东省有济南、青岛、烟台、日照、威海、滨州、德州、菏泽、聊城、临沂、济宁、泰安、淄博、潍坊14城市被列入；云南省列入的有昆明、曲靖、大理、景洪、瑞丽、河口6个国家公路运输枢纽，其中昆明、曲靖、大理、景洪为全省重要节点城市，瑞丽、河口为重要口岸城市。

近期，各枢纽城市将重点建设综合客运枢纽站场、集装箱中转站、现代物流园区（中心）、公路快速客货运输站场以及信息服务系统。

（资料来源：http://politics.people.com.cn/GB/1026/6192197.html）

能力训练项目 4

海尔国际物流中心案例

1．海尔国际物流中心概况

海尔国际物流中心（图 3-15）容积为 148 米×120 米×20 米=355 200 立方米；该中心包括原材料自动化仓库和成品件自动化仓库。

图 3-15　海尔国际物流中心

（1）原材料自动化仓库情况见表 3-3。

表 3-3　原材料自动化仓库情况表

存储物料	采购的零部件等原材料
单元货物	1 200 毫米×1 000 毫米×1 560 毫米
单元重量	1 500 千克
货位数量	12（排）×74（列）×11（层）=9 768 个
高　　度	20 米

（2）成品件自动化仓库情况见表 3-4。

表 3-4　成品件自动化仓库情况表

存储物料	冰箱、空调、小家电等制成品
单元货物	2 100 毫米×1 200 毫米×2 000 毫米
货位数量	16（排）×74（列）×8（层）=9 472 个

2．物流中心主要硬件设备组成

物流中心主要硬件设备见表 3-5。

表 3-5　物流中心主要硬件设备情况表

	原材料库	制成品库
高层货架	12（排）×74（列）×11（层）=9 768 个	16（排）×74（列）×8（层）=9 472 个
巷道堆垛起重机	共 6 台 载重量：1000 千克 高　度：20 米	共 4 台（双深） 载重量：1200 千克 高　度：20 米

3．物流中心软件系统

物流中心拥有入出库输送机系统、AGV（激光引导无人搬运车）自动搬运系统、自动化控制系统、计算机监控和管理系统、大屏幕摄像监控系统、语言对讲调度系统、无线条码识别系统各 1 套。

（资料来源：http://www.56products.com/zxzx/wlal1.asp?id=49）

▶ 讨论
1. 海尔国际物流中心设施有何特点？
2. 海尔国际物流中心先进的设施设备能带来什么优势？

理论环节 4

物　流　中　心

一、物流中心的概念

物流中心（Logistics Center）指从事物流活动的场所或组织，是组织、协调、衔接、控制物流活动，具有一定规模的、多功能的、集约化的物流集散处。物流中心应基本符合下列要求：主要面向社会服务，物流功能健全，完善的信息网络，辐射范围大，品种少、批量大，存储、吞吐能力强，统一经营、管理。作为现代物流方式和优化销售体制手段的物流中心，是将收货验货、储存保管、装卸搬运、拣选、分拣、流通加工、配送、结算、信息处理等作业有机地结合起来，形成多功能、集约化和全方位服务的物流枢纽。物流中心示意图如图 3-16 所示。

物流中心是进行商品流通必要的基础设施，许多新型企业，特别是高科技制造企业、全球分销企业及全球第三方物流企业建设了许多物流中心，不少跨国公司在全球的产品分销仅靠一个物流中心，物流中心是决定公司成败的战略性业务实体。

《中华人民共和国物流术语标准》针对我国物流业的发展情况，把物流中心定义为：接受并处理下游用户的订货信息，对上游供应方的大批量货物进行集中储存、加工等作业，并向下游进行批量转运的设施和机构。

物流基地、物流中心、配送中心是三种不同规模层次的物流节点。它们的主要区别体现在：①从规模来看，物流基地是巨型物流设施，其规模最大，物流中心次之，配送中心最小。②从流通货物来看，物流基地的综合性较强，专业性较弱。物流中心在某个领域综合性、专业性较强，具有这个领域的专业性。配送中心则主要面向城市生活或某一类型生产企业，其专业性很强。③从节点功能来看，物流基地的功能十分全面，存储能力大，调节功能强。物流中心的功能健全，具有一定的存储能力和调节功能。而配送中心的功能较为单一，以配送功能为主，存储功能为辅。

图 3-16　物流中心示意图

二、物流中心的功能

物流中心的主要功能包括运输、仓储、装卸搬运、包装、流通加工、物流信息处理等。物流中心从理论上说可以具备如下一些基本功能：

（1）运输功能。物流中心需拥有或租赁一定规模的运输工具，具有竞争优势的物流中心不只是一个点，而是一个覆盖全国的网络。物流中心首先应为客户选择满足客户需要的运输方式，然后具体组织网络内部的运输作业，在规定的时间内将客户的商品运抵目的地。

(2) 储存功能。物流中心要有仓储设施，要通过仓储环节保证客户市场分销活动的开展，同时尽可能减少储存成本。

(3) 装卸搬运功能。公共型物流中心应配备专业化的装载、卸载、提升、运送、码垛等装卸搬运机械，以提高装卸搬运作业效率，减少作业对商品造成的损毁。

(4) 包装功能。物流中心的包装作业通过对销售包装进行组合、拼配、加固，形成适于物流和配送的组合包装单元。

(5) 流通加工功能。为方便生产或销售，公共物流中心常与某些制造商或分销商长期合作，为其完成一定的加工作业。物流中心必须具备的基本加工职能有贴标签、制作并粘贴条码等。

(6) 物流信息处理功能。物流中心对在各物流环节各种物流作业中产生的物流信息实时采集、分析、传递，并向货主提供各种作业明细信息及咨询信息。

从一些发达国家的经验看物流中心还具有以下增值性功能：结算功能（不只是物流费用的结算，还有替货主向收货人结算货款等）、需求预测功能（根据物流中心商品进货、出货信息来预测未来一段时间内的商品进出库量，预测市场需求）、物流系统设计咨询功能（为货主设计物流系统，替货主选择和评价运输商、仓储商及其他物流服务供应商）、物流教育与培训功能等。

物流中心的功能设计应该遵从经济学上的"成本—收益假设"，应提供什么功能，要进行成本—效益分析，提供增值性服务是现代物流中心赢得竞争优势的必要条件。以上两类功能中，基本功能需要经验和实力，增值功能需要智慧和远见。每个物流中心的功能集合不会完全一样，有的物流中心可能只提供6项基本功能中的部分功能，但这些功能特别强大。一个物流中心应有其核心功能，且其功能应根据情况向上、向下延伸，在实际设计中最关键的是要确定如何根据情况向上、向下延伸及延伸的范围。

物流中心可分为公共型物流中心与自用型物流中心。与自用型物流中心相比，公共型物流中心面对的客户更加广泛，公共型物流中心需要的物流设施应有一定规模，从功能设计上可只提供一种或少数几种具有明显竞争优势的主要物流服务，也可提供综合性的配套物流服务，大型物流中心的功能必须具有综合性和配套性的特点。我国非常需要公共型的物流中心，它不仅可以提高物流服务的专业化水平，而且有利于提高物流行业的资源利用效率。在我国建设公共型物流中心具有广泛的市场潜力。

三、物流中心的设施

一个物流中心没有必要也不可能配备能处理所有商品的物流设施和设备，就算是公共型的物流中心也有分工越来越细的趋势,设施设备的配置除了要考虑需求外,还要考虑物流作业规模及作业批量等因素。物流中心能处理的商品种类总是有一定限制的。例如,国外有专门的服装物流中心、电器物流中心、食品物流中心、干货物流中心、生鲜商品物流中心、图书物流中心等,有的甚至是专门处理某一更小类别商品的物流中心。

在预定的区域内合理布置好各功能模块相对位置非常重要,合理布置以有效地利用空间、设备、人员和能源,最大限度地减少物料搬运,简化作业流程,缩短生产周期,力求投资最低,为职工提供方便、舒适、安全和卫生的工作环境。

(一)库房

(1)结构形式。库房的建设可根据实际要求并结合建筑设计规范采用相应的结构形式。目前流行的库房结构形式为门式钢架结构和拱形彩板结构。

(2)库房层数。库房可采用单层与多层库房,与库房的结构形式相匹配,主要有货架式和托盘式,以便于理货分拣。

(3)库房净高。库房净高与结构形式及所存取的货物类型有关,一般单层高架库房的净高应不小于7米,如采用门式钢架结构,考虑钢结构特点及经济性,净高取8.10米,采用拱形彩板库房,净高为8.12米较适合。

(4)库房面积。库房的长度和宽度由库房所存储的货物类别、搬运方式及建筑构造选型等因素确定,库房的长宽比例应适当,一般采用矩形,长度为宽度的3倍左右较合适。

(二)货场及道路设计

(1)道路宜采用水泥混凝土面层或沥青混凝土面层,水泥混凝土路面设计年限应采用30年基准值,其抗折强度设计值不应小于4.5兆帕。

(2)水泥混凝土路面板体分块一般采用矩形,横向尺寸应与道路行车道宽度(3.00米、3.50米、3.75米、4.00米)相一致,纵向尺寸不宜大于4米;混凝土板体的面积不宜大于16平方米。

(3)货场的宽度不宜小于30米,当长度超过200米时中间应布置横向主干道。

(4)装卸货场的横坡不应小于0.4%。

(5)有门式起重机的储存货场的纵坡不应大于0.2%,横坡宜为0.6%~0.8%,要考虑起重机的行车和作业的安全;无门式起重机的储存货场坡度,当采用纵坡排水时纵坡不宜小于0.8%,横坡不宜大于0.5%;采用横坡排水时纵坡不宜大于0.2%,横坡不宜小于0.8%。

立体仓库布置图如图3-17所示。

模块三　物流设施与应用

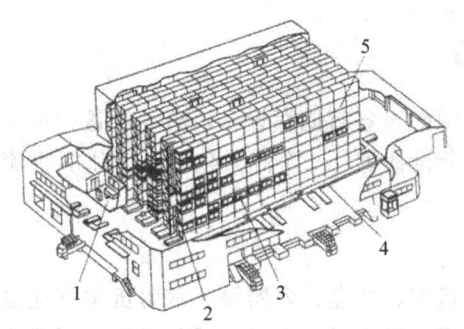

图 3-17　立体仓库布置图

1—控制室　2—堆垛机　3—货物　4—输送机　5—高层货架

（三）装卸货平台

装卸货平台的设计是整个设施流程设计的重要组成部分。

（1）装卸货平台位置的选择。平台的位置应充分考虑生产流程及操作的需要，尽量缩短搬运工具/车辆的行驶距离以减少物料搬运成本。平台布置有合并式（装货与卸货在同一平台）和分离式（装货与卸货在不同平台）。合并式平台常用于物流量不大的小型库房。物料在厂房的一端进入生产线，生产程序结束于另一端的厂房多设置分离式平台，以最大限度地缩短物料在厂房内流动的距离。

（2）平台外围区域的设计。平台外围区域指装卸平台至围栏区或障碍物区之间可供货车使用的区域，包括装卸货时用于泊车的装卸区及调动货车进出装卸区所必须经过的调动区。平台外围区域的大小取决于泊车位中心线距离、货车长度及货车的转弯角度。

（3）装卸货平台高度的确定。平台的高度必须与使用平台的货车匹配，首先应确定使用该平台的货车底板高度的范围，通常货车所需平台高度在120～140厘米之间。平台高度调节板安装在平台前端，以消除平台与货车之间的空隙和高度差，便于叉车将货物直接运送上货车或卸下货物。使用平台高度调节板可解决高度差问题，但要避免形成的坡度过大。

图 3-18、图 3-19 是装卸货平台相关图片。

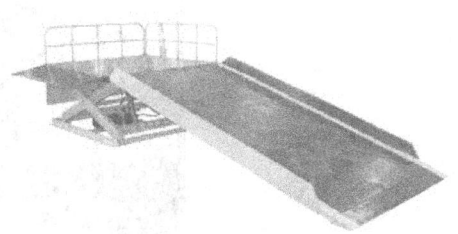

图 3-18　集装箱用装卸货液压升降平台　　　图 3-19　装卸货平台设备

四、物流中心的设备

一般物流中心常用的设备有储存设备、搬运设备和输送设备等,此外还有计量、养护、消防及安全设备等。一个高效化、合理化的物流中心,配备合适的设备非常重要。

(一)储存设备

储存设备一般有货架、托盘、容器等。常用货架有托盘货架(存取方便,但其储存密度低;适用于品种中量、批量一般的储存,通常在 6 米以下)、倍深式托盘货架(储位密度增加一倍,但存取方便性略差,须采用倍深式叉车)、驶入式货架(储存密度好,但存取性差,适合少量品种大量储存,最高可达 10 米)、驶出式货架(前后均可安排存取通道,可实现先进先出管理)、旋转式货架(操作简单,存取作业迅速,适用于电子元件、精密机械等少批量多品种小物品的储存及管理)、轻型货架(与托盘货架相同,但结构轻量化,适用于储存箱品和散品等重量轻、体积小的物品,货架高度一般在 4 米以下)。图 3-20 为托盘货架。

图 3-20 托盘货架

(二)搬运设备

搬运作业是物流配送中心的主要作业之一。常用的搬运设备是以搬运车辆为主,可以分为两类:①重载较长距离搬运的叉车系列;②轻载短距离搬运的手推车系列。图 3-21 为托盘货架作业。

图 3-21 托盘货架作业

（三）输送设备

输送机有水平和垂直搬运之分，也有整箱和托盘之分。决定输送机的主要参数是搬运物的尺寸、最大重量，单位时间的搬运量等。在物流中心中使用最普遍的输送机是单元负载式输送机和立体输送机。输送机的单元负载有托盘、纸箱或固定尺寸的物品。单元负载式输送机包括滚筒式、带式和链条式三种类型。这些输送机主要用于固定路径的输送。图 3-22 为立体仓库里的货架与输送设备。

图 3-22　立体仓库里的货架与输送设备

（四）仓储养护设备

仓储养护系统由通风设备、减湿设备等构成，用以调节、控制仓库的温湿度条件。仓储养护设备是指抽风机、去湿机、空调器、风幕机和排气扇等，主要是保养库存商品和库房通风、去湿、降温。

通风系统可分为自然通风和机械通风。在机械通风系统中，迫使空气在通风管网中流动的机器称为通风机。通风机按其工作原理可分为离心式通风机和轴流通风机。使用通风机必须充分依据库外空气的温湿度条件进行操作，当库外绝对湿度小于库内时，差距越大，抽风的效果就越好；差距小则效果不显著。

空气的减湿方法很多，目前在仓库中常用的方法有吸湿剂减湿、通风减湿和冷却减湿。常用的吸湿剂有带孔隙的硅胶、活性氧化铝、氯化钙等。通风减湿可用自然通风法和机械通风法。冷却减湿有空气的干式冷却法和空气的湿式冷却法。冷冻减湿机（图 3-23）由制冷系统和风机等组成，其优点是效果可靠、使用方便，缺点是投资和运行费用较高，对仓库的密封要求比较高。

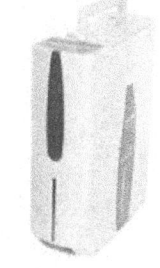

图 3-23　冷冻减湿机

空气幕是利用特制的空气分布器喷出一定温度和速度的幕状气流,借以封住门洞,以维持室内的一定气象条件。空气幕可分为侧送式、下送式和上送式。在密封的库房使用风幕,对库内保温隔潮有利,可以防止在敞开库门时潮湿空气侵入库内。风幕机(图 3-24)通过用机械鼓动的风力,从一条狭长的缝隙中向下排风,形成一道严密的空气"幕帘"。

图 3-24 风幕机

(五) 仓储安全设备

仓储安全设备通过对仓库环境、物资质量等实现控制,保证仓库安全。仓储安全设备主要有火灾自动报警设备、自动喷水灭火系统、防盗报警设备等。

火灾自动报警装置由火灾探测器和火灾报警器组成。火灾探测器根据探测方式的不同可分为点型火灾探测器和线型火灾探测器;按探测火灾参数的不同,可分为感温、感烟(图 3-25)、感光、图像、气体、声音和复合式等类型。火灾报警控制器(图 3-26)可分为区域火灾报警控制器和集中火灾报警控制器。

自动喷水灭火系统指由洒水喷头、报警阀组、水流报警装置等组件,以及管道、供水设施组成的自动灭火系统。它可划分为湿式、干式、预作用式和雨淋式四种类型。

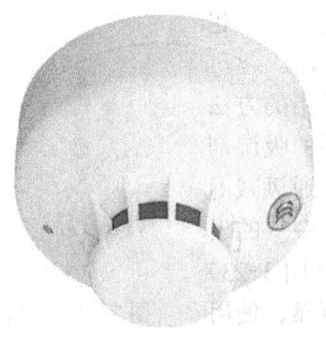 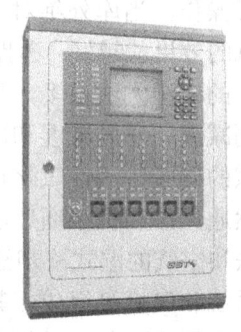

图 3-25 感烟火灾探测器　　　　图 3-26 火灾报警控制器

灭火器的作用是用来扑灭各种初期火灾，按携带方式不同可分为手提式、背负式和推车式灭火器；按驱动灭火剂喷出的压力形式不同，可分为储气瓶式、储压式、化学反应式灭火器等；根据所充填的灭火剂不同，可分为干粉灭火器、二氧化碳灭火器、卤代烷（哈龙）灭火器、泡沫灭火器、清水灭火器等。

防盗报警系统主要由防盗报警传感器和防盗报警控制器构成，前者设在保护现场，后者放在值班室。系统的组成方式一般可分为单机报警器、有线报警系统、无线报警系统和混合式报警系统。常用防盗报警传感器有断线式传感器、人体感应传感器、光电式传感器、微波传感器、开关传感器、闭路电视和电缆。图3-27为防盗报警系统示意图。

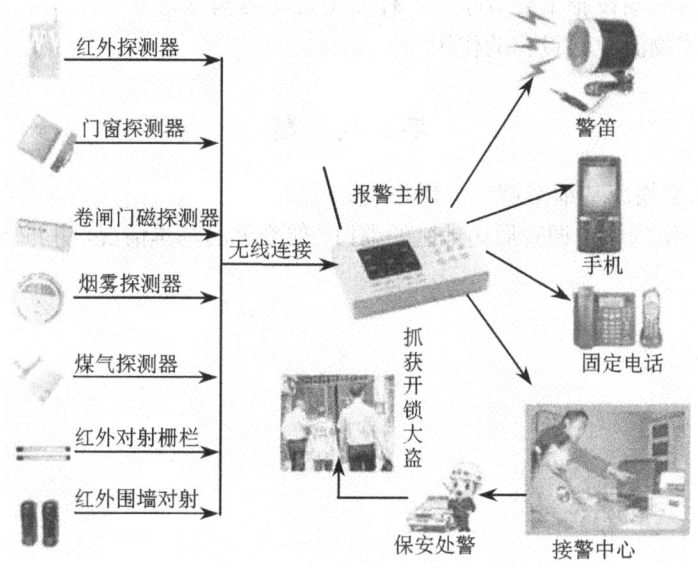

图3-27 防盗报警系统

除上述设施设备外，物流中心还有其他设施，包括给排水系统、避雷接地设施和环境保护设施等。

小 结

本模块以案例驱动形式，介绍物流设施的概念与分类，港口、铁路与铁路枢纽、航空港、公路与公路枢纽、物流中心等的设施，并引入各类物流设施的图片与相关资讯资料，使学生对各类物流设施的应用有较深刻的印象与了解，通过案例讨论使学生在了解各类物流设施的基础上，具备一定的应用能力。

核心知识点

港口、铁路、铁路枢纽、航空港、公路、公路枢纽、物流中心

复 习 题

1. 什么是物流设施？简述物流设施的分类及其作用。
2. 港口有哪些物流设施？它们分别有何作用？
3. 铁路枢纽有何作用？
4. 航空港主要有哪些物流设施？
5. 公路运输设施主要有哪些？什么是公路运输枢纽？
6. 简述物流中心设施的作用。

实 践 题

1. "东京物流基地案例"分析报告。
2. 以小组为单位调查周边地区的港口、航空港的基本情况，并进行课堂交流。

模块四 运输设备与应用

能力目标

运输设备选择与应用的初步能力

知识目标

1. 了解各类运输设备
2. 了解各类运输设备在物流运作中的作用
3. 掌握各类运输设备的应用、发展趋势
4. 能正确选择合适的运输设备

能力训练项目 1

商品车运输技术案例

随着汽车市场由卖方转向买方，客户的要求也随之提高。乘用车的"零公里销售"形式已被广泛采用。实现"零公里销售"的运输方式主要有水路运输、铁路运输、公路运输三种。

1．水路运输

水路运输虽然货物在途时间较长，中转环节较公路运输多，但其运价最低，尤其是中、长途运输，且货损率低，安全性好，对于大批量商品汽车运输，水路运输具有明显的优势。客户对运输在途时间要求不高时，更适宜水路运输。

水路运输方式主要有两种：①集装箱运输；②滚装船运输。由于集装箱运输成本比滚装船运输成本高，没有成为主流。通过港口中转的汽车基本上是滚装船运输。滚装船运输在汽车工业发达的国家如日本、美国及欧洲各国已广泛应用。

2．铁路运输

铁路运输的时间稳定，途中货损率低，批量大，可以充分发挥铁路运输集中到发、重点组织的优势。铁路运输在运输效率和运输安全上都具备相当明显的优势,也缩短了商品车的在途时间,大大降低物流成本。

3．公路运输

除水路运输、铁路运输外,公路运输是商品车运输的主要方式。公路运输采用拖挂方式向销售地运送轿车、微型车等,可一次运送多辆,降低运输成本。

商品车运输车种类多种多样:按牵引方式分为单车式、半挂式和全挂式三种;按运输车辆遮挡形式分为裸装式、半遮挡顶棚式和全封闭式三种。

公路运输与铁路运输相比较,由于前者摆脱了铁轨的限制,也不受时间约束,更适合进行面到面、点到面、面到点、点到点的直接运输。减少了许多中转过程,适合数百公里以内的中、短距离运输。

（资料来源:http://auto.sina.com.cn/news/2007-05-19/1712276251.shtm）

▶ 讨论

1. 案例中涉及的运输设备有哪些？你对它们有多少了解？
2. 商品车为何选择这些运输方式及运输设备来运输？

理论环节 1

公路运输设备

运输是人和物的载运及输送。按运输工具和运输设备的不同,运输主要分为公路运输、铁路运输、水路运输、航空运输、管道运输五种运输方式。多式联运是指连续运输活动中采用了两种或两种以上运输方式的联合运输方式。集装箱运输是以集装箱为货物运输单元的现代化运输方式,可方便、快捷地实现多式联运。

运输设备是指在运输线路上或具有相似性能的几何体上,用于装卸货物并使它们发生水平位移的各种设备。按运行方式不同,运输设备可分为公路运输设备、铁路运输设备、水路运输设备、航空运输设备、管道运输设备等。

公路运输是主要使用汽车,也使用其他车辆（如人、畜力车）在公路上进行货客运输的一种方式。公路运输主要承担近距离、小批量的货运和水运、铁路运输难以到达地区的长途、大批量货运及铁路、水运优势难以发挥的短途运输。公路运输灵活性强,公路建设期短,投资较低,易于因地制宜,对收到站设施要求不高,可以采取"门到门"运输形式,即从发货者门口直到收货者门口,而不需转运或反复装卸搬运。公路运输也可作为其他运输方式的衔接手段。公路运输的经济半径,一般在 200 公里以内。由于公路运输有很强的灵活性,近年来在有铁路、水运的地区,较长途的大批量运输也开始使用公路运输。

一、汽车概述

汽车是有自主动力源，主要在公路上行驶的陆上运输工具，是公路运输设备的核心。汽车有四个或四个以上的车轮，不依靠轨道和架线，能在陆地上自行驱动行驶，具有高速、机动、使用方便等优点，主要供人乘用或载运货物，经改装也可用于起重、消防、救护等特种用途。

汽车自 19 世纪诞生以来，已经走过了一百多年。汽车工业也造就了多位巨人，他们一手创建了通用、福特、丰田、本田等著名汽车公司。

（一）汽车的基本构造

汽车的总体构造由发动机、底盘、车身和电气设备四部分组成。图 4-1 为汽车总体结构图。

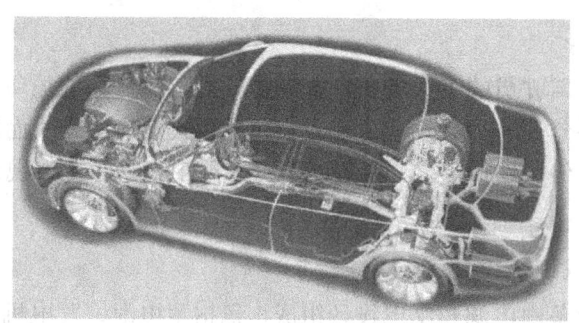

图 4-1　汽车总体结构图

1．发动机

发动机是汽车的动力装置，它是将某一种形式的能量转换为机械能的机器。现代汽车所使用的发动机多为内燃机，内燃机是把燃料燃烧的化学能转变成热能，然后再把热能转变成机械能的机器，这种能量转换过程是在发动机气缸内部进行的，即

$$燃料化学能 \rightarrow 热能 \rightarrow 机械能$$

按燃料分，汽车上使用的内燃机主要有汽油机和柴油机。现今汽车广泛采用往复活塞式内燃机。

发动机总体构造由两大机构（曲柄连杆机构和配气机构）和五大系统（供给系统、点火系统、冷却系统、润滑系统、起动系统）组成。柴油机是压燃的，不需要点火系统。

2．汽车底盘

汽车底盘的作用是接受发动机的动力，保证汽车按驾驶员的意愿正常行驶。

汽车底盘通常由传动系统、行驶系统、转向系统、制动系统组成，如图4-2所示。

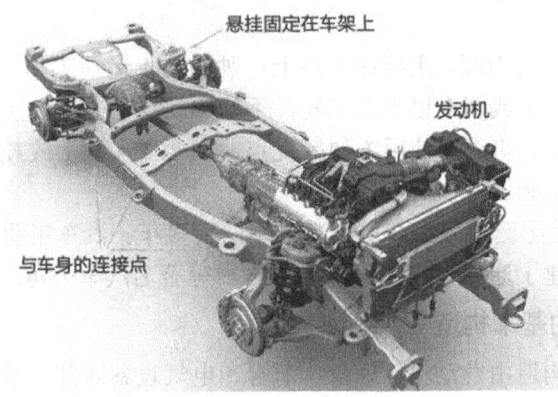

图4-2 汽车底盘

3．汽车车身

汽车车身是驾驶员的工作场所，也是装载乘客和货物的场所。汽车车身结构按受力情况主要分为非承载式、半承载式和承载式三种。一般而言，非承载式车身用在货车、客车和越野车上，承载式车身一般用在轿车上，现在一些客车也采用这种形式。

4．汽车电气设备

汽车电气设备由电源和用电设备组成，包括蓄电池、发电机、起动系统、点火系统及汽车的照明、信号装置和仪表等，现代汽车上还大量采用了各种微机控制系统和人工智能装置。

（二）汽车的主要性能参数

1．汽车的使用性能

汽车的使用性能是指汽车能够适应使用条件而表现出最大工作效能的能力。评价汽车的使用性能的指标有动力性、燃油经济性、行驶安全性、使用方便性、操纵稳定性、舒适性、可靠性、维修适应性、通过性、环保性等。

（1）汽车的动力性指标可用最高车速、加速能力和爬坡能力三个指标来评定。

（2）汽车的燃油经济性是指汽车在一定的使用条件下，以最小的燃油消耗量完成单位运输工作的能力。我国及欧洲用升/百公里为单位，其数值越大，表明汽车的燃油经济性越差，可用于对相同载重量的汽车进行燃油经济性的比较和评价；另一个常用指标是升/（百吨·公里），货车采用，可对不同载重量的汽车进行燃油经济性的比较和评价，其数值越小，表明燃油经济性越好。此外，美国采用英里/美加仑，同排量汽车，其数值越大，表明燃油经济性越好。

(3) 汽车的行驶安全性包括主动安全性和被动安全性。汽车的动力性和制动性是汽车高速行驶的两个关键性能。

(4) 汽车的操纵稳定性包含操纵性和稳定性。

(5) 汽车的舒适性是指汽车行驶时，对路面不平度的隔振特性。路面不平度激起的振动引起的附加动载荷将加速有关零件的磨损，缩短汽车的使用寿命。

(6) 汽车的通过性是指汽车以足够高的平均速度通过不良道路、无路地带和克服障碍的能力。

(7) 汽车的环保性考察汽车运行时对周围环境产生不利影响程度，主要有废气排放污染和噪声污染两大方面。汽车排放污染主要有三个排放源：①由发动机排气管排出的燃料燃烧后的废气；②曲轴箱排放物；③燃料蒸发排放物。按照噪声产生的过程，汽车噪声源大致可分为与发动机转速有关的声源和与车速有关的声源。

2．汽车的质量参数

汽车的质量参数主要有整车设备质量、厂定最大总质量、最大装载质量、最大轴载质量等，车辆装载时绝不允许超过车辆的额定最大装载质量。

轴载质量（轴荷）是指汽车满载时各车轴对地面的垂直载荷。国家标准《道路车辆外廓尺寸、轴荷及质量限值》（GB1589—2004），以及国家标准《机动车运行安全技术条件》（GB7258—2004）均规定："二轴货车的最大允许轴荷不得超过 10 吨；客车及三轴以上（含三轴）货车的最大允许轴荷不得超过 10 吨。"

汽车总质量是指设备齐全时的汽车自身质量与按规定装满客（包括驾驶员）、货时的载质量之和，也称满载质量，即，总质量=自身质量（整备质量）+载质量

装载质量是指汽车在硬质良好路面上行驶时所允许的额定载质量。当汽车在碎石路面上行驶时，载质量应有所减少（约为好路面的 75%～80%）。

3．汽车的尺寸参数

汽车的尺寸参数主要有车长、车宽、车高、轴距、轮距、前悬、后悬、最小离地间隙、接近角、离去角、转弯直径、通道圆与外摆值等。《道路车辆外廓尺寸、轴荷及质量限值》（GB1589—2004）和《机动车运行安全技术条件》（GB7258—2004）均对我国道路车辆的极限尺寸作了规定："货车、乘用车及二轴客车的长度不大于 12 米，宽度不大于 2.5 米，高度不大于 4 米。"我国货运车辆货厢内部尺寸尚未有统一规范，在选择车辆时，其内部尺寸的选择要考虑与流通容器之间的配合关系，以有效利用车厢的面积和容积。

二、汽车的分类

（一）按用途分类

旧的国家标准 GB3730.1—1988《汽车和半挂车的术语和定义车辆类型》将国产汽车分为 8 类。新标准 GB/T3730.1—2001 将在我国道路上行驶的国产汽车、挂车和汽车列车按用途进行了分类。该标准与联合国欧洲经济委员会的 ECE.R.E3 标准一致，它将汽车分为乘用车和商用车辆两大类，其中乘用车又分为轿车类和其他乘用车类（包括多用途车和运动用车）；商用车辆又细分为客车、半挂牵引车、货车（包括专用作业车）。

1．乘用车

乘用车是指在其设计和技术特性上主要用于载运乘客及其随身行李（或临时物品）的汽车，包括驾驶员座位在内最多不超过 9 个座位。乘用车共有 11 种：普通乘用车、活顶乘用车、高级乘用车、小型乘用车、敞篷车、舱背乘用车（前六种叫做基本乘用车，俗称轿车）和旅行车、多用途乘用车（MPV）、短头乘用车、越野乘用车（SUV）、专用乘用车。

通常将乘用车简单分为轿车类和其他乘用车类（包括多用途车和运动用车）。

2．商用车辆

商用车辆是指在设计和技术特性上用于运送人员和货物的汽车，并且可以牵引挂车，乘用车不包括在内。商用车辆分为客车、半挂牵引车和货车三大类。

（1）客车。它是指在设计和技术特性上用于载运乘客及其随身行李的商用车辆，包括驾驶员座位在内座位数超过 9 座。客车有单层的或双层的，也可牵引一挂车。客车分为小型客车、城市客车、长途客车、旅游客车、铰接客车、无轨电车、越野客车、专用客车 8 种。

（2）半挂牵引车。它是指设备有特殊装置用于牵引半挂车的商用车辆，如图 4-3 所示。

图 4-3 半挂牵引车

(3) 货车。它是指一种主要为载运货物而设计的商用车辆。货车分为普通货车、多用途货车、全挂牵引车、越野货车、专用货车、专用作业车等几种。

GB/T15089—2001 将机动车及挂车分为 L 类、M 类、N 类、O 类和 G 类五种。L 类机动车是指两轮或三轮机动车；M 类机动车是指至少有四个车轮并且用于载客的机动车；N 类机动车是指至少有四个车轮并且用于载货的机动车；O 类机动车是指挂车，包括半挂车；G 类机动车是指 M 类和 N 类的越野车。通常将 M 类、N 类、M 类与 O 类组合、N 类与 O 类组合、G 类机动车都称作为汽车。

专用作业车是指具有特殊结构，主要用于特殊用途的汽车，如救护车、消防车、押钞车、洒水车、邮政车、电视转播车、水泥搅拌车等。

（二）按结构分类

(1) 汽车按总体结构分为单车和列车。单车是汽车的基本形式，常用 4×2、6×4、4×4、6×6 等符号表示驱动特点。前一个数字代表车轮总数（双胎并装仍算一个车轮），后一数字表示驱动轮数。汽车按驱动方式分为前轮驱动汽车、后轮驱动汽车、全轮驱动汽车，如所有车轮均为驱动轮即称为全轮驱动汽车。列车是由牵引车或单车拖带挂车或半挂车组成。

(2) 汽车按所用动力装置主要分为内燃机汽车（含汽油机、柴油机）、电动汽车、燃气涡轮机汽车，此外还有太阳能汽车等。常见的复合动力装置为内燃机和蓄电池。

(3) 汽车按行走方式分为轮式汽车、履带式汽车、半履带式汽车。

(4) 汽车按发动机的位置分为前置发动机汽车、后置发动机汽车、中置发动机汽车。

(5) 汽车按发动机的位置和驱动方式分为前置发动机前轮驱动汽车（FF）、前置发动机后轮驱动汽车（FR）、后置发动机后轮驱动汽车（RR）、中置发动机后轮驱动汽车（MR）、前置发动机四轮驱动汽车（FA）。

（三）公安机关管理分类

2004 年以前，公安机关按照我国汽车工业标准和管理需要，将汽车分为大型汽车和小型汽车两大类。2004 年以后，公安机关根据 GB7258—2004《机动车运行安全技术条件》、GB/T3730.1—2001《汽车和挂车类型的术语和定义》、道路交通安全法等，在进行汽车（新车）登记时，按汽车的规格将汽车分为载客、载货、三轮汽车、低速货车 4 类；按汽车的结构将汽车分为载客、载货和其他 3 类。

三、货运汽车的选择

货运车辆的选择是指根据货物的种类、特点及动力批量等对车辆的类型和主要使用性能等进行合理选择。选配车辆的基本原则是技术上先进、经济上合理、生产上适用、维修上方便。

(一) 车辆类型的选择

货运车辆类型的选择主要根据货物的特性、包装的类型和形状来确定。普通货车能满足一般货物的运输要求，专用货车能满足特殊货物的运输需要。正确选择合适的车辆，是保证运输质量、降低运输成本和提高运输效率的有效手段。随着高速公路及现代物流业的发展，专用汽车的需求量逐年递增。

以下是在物流领域车辆选配的常见车型。

1．普通栏板式货车

普通栏板式货车具有整车重心低、载重量适中的特点，适合于装运百货和杂品，如图4-4所示。

图4-4 栏板式货车

2．厢式货车

厢式货车是具有独立的封闭结构车厢或与驾驶室连成一体的整体式封闭结构车厢，配备有专用设施的汽车。其本身有防雨、隔绝功能，装车后不需再做苫盖等技术处理，且货物置于车厢中，能防散失、盗失，安全性较好，虽然其自重较重，无效运输比例较高，但仍然被广泛地使用。其种类有：

（1）厢式货车按货厢高度分为低货厢、高货厢两种，低货厢的货台上在车轮位置有凸起，对装车有影响，高货厢车底座为平板，虽不大适合人力装卸，但车上堆垛无障碍。

（2）厢式货车按开门方式分为后开门式（图4-5），侧开门式，两侧开门式、侧、后双开门式（图4-6），顶开式和翼式等。后开门式厢式货车适用于后部装卸，适于手车、手推车等进入装卸，车后部与站台接靠后，占用站台位置较短，有利于多车辆装卸，但如果后有挂车，则无法开门装卸。侧开门式厢式货车适用于边部装卸，适于叉车作业，货车侧部与站台相接后，占用站台长度较长。顶开式厢式货车适用于起重机吊装，翼式厢式货车适用于两侧同时装卸。

图 4-5 厢式货车（后开门式）

图 4-6 厢式货车（侧、后双开门式）

3．自卸汽车

自卸汽车是指装有由本身发动机驱动的液压举升机构，能将车厢卸下或使车厢倾斜一定角度（自动后翻或侧翻），货物依靠自重能自行卸下的专用汽车，如图 4-7、图 4-8 所示。类似自卸汽车，按车体附设装置不同有带起重机的货车、带尾部自动升降板的货车、车厢分离式的货车、翻卸式及车身倾斜式货车等。这些车力求使汽车运输和装卸有机结合，可在没有良好装卸设备的地点依靠本车附设设备进行装卸。自卸汽车是矿山和建筑工地上物流运输的理想车种。

图 4-7 侧翻式自卸车

图 4-8 后翻式自卸车

4．罐式汽车

罐式汽车装置有罐状的容器，并且通常带有工作泵，密封性好，用于运输液体、气体或粉状物质等，如图 4-9 所示。

图 4-9　罐式汽车

5．冷藏保温车

冷藏保温车是指装有冷冻或保温设备的厢式货车，通过制冷装置为货物提供最适宜的温度和湿度条件，用来满足对温度和湿度有特殊要求的货物运输需要，如图 4-10 所示。

图 4-10　冷藏保温车

6．集装箱运输车

集装箱运输车（图 4-11）是指专门用来运输集装箱的专用汽车。它主要用于港口码头、铁路货场与集装箱堆场之间的运输。集装箱运输车简化了装卸作业，节省包装费用，减少货损货差，降低了运输成本。随着经济的快速发展，集装箱运输车的发展前景广阔。

图 4-11　集装箱运输车

7．汽车列车

物流专用运输汽车中最常见的运输设备是汽车列车。汽车列车是指一辆汽车（货车或牵引车）与一辆或一辆以上挂车的组合。货车或牵引车是汽车列车的驱动车节，称为主车；被主车牵引的从动车节称为挂车。采用汽车列车运输是提高

模块四 运输设备与应用

经济效益最有效且简单的技术手段，它具有快速、机动灵活、安全等优势，可方便地实现区段运输、甩挂运输、滚装运输。汽车列车的运输效率较高，每百吨公里的燃油消耗一般比单车低40%。

牵引车是专门用于牵引挂车或半挂车。挂车有两种：全挂车（图4-12）和半挂车。挂车的总质量由它自身承受的称为全挂车；挂车的总质量一部分由牵引车承受的称为半挂车。半挂车的主要类型如图4-13～图4-21所示。汽车列车主要有全挂汽车列车（是由汽车或牵引车和全挂车组成的汽车列车，全挂车多用普通载货汽车牵引，如图4-22所示）、半挂汽车列车（是由牵引车和半挂车组成的汽车列车，应用广泛，如图4-23～图4-28所示）、双挂汽车列车（是由牵引车和两辆挂车组成的汽车列车，如图4-29所示）和特种汽车列车（指具有特殊结构或装有专用设备的汽车列车，如图4-30所示）。

图4-12 全挂车

图4-13 平板式半挂车

图4-14 集装箱专用半挂车

图4-15 栏板式半挂车

图4-16 仓栅运输半挂车

图 4-17 液化气体运输罐式半挂车

图 4-18 粉粒物料运输罐式半挂车

图 4-19 厢式半挂车

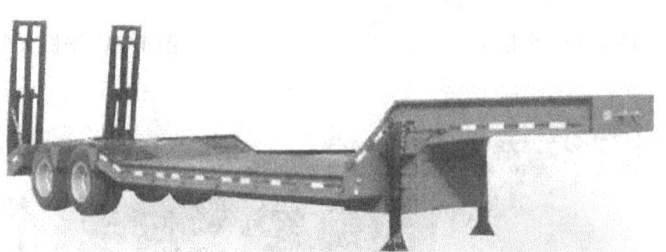
图 4-20 凹梁式半挂车

图 4-21 自卸半挂车

模块四 运输设备与应用

图 4-22 全挂汽车列车

图 4-23 平板半挂汽车列车

图 4-24 凹梁式半挂汽车列车

图 4-25 自卸式半挂汽车列车

图 4-26 栏板式半挂汽车列车

图 4-27 罐式半挂汽车列车

图 4-28 商品车运输半挂汽车列车

图 4-29 双挂汽车列车

图 4-30 特种汽车列车

（二）发动机的选择

发动机性能的好坏直接影响汽车的使用性能，根据发动机的特性曲线可以合理地选用和评价发动机。评价发动机性能的指标主要有动力性指标（有效转矩、有效功率及升功率等）和经济性指标（有效燃油消耗率）。

（三）车辆使用性能的选择

汽车的使用性能是指汽车能适应使用条件而表现出最大工作效能的能力。它既是评价和选择汽车的主要标准,又是正确使用汽车的基本依据。

(四) 汽车的质量参数的选择

汽车的质量参数的选择主要指根据企业的运输货物量的需求而选择合适的装载质量参数,车辆装载时不允许超过车辆的额定最大装载质量,而大材小用则是浪费。

(五) 汽车尺寸参数的选择

对于货运汽车来说,尺寸参数选择主要考虑要有效利用货车货厢的面积和容积,其内部尺寸的选择应考虑与流通容器之间的配合关系。

资料显示,重型车(图4-31)比中型车运输效率高2～4倍,运输成本低80%～85%,而半挂车与单车相比,运输效率又可提高30%～50%,运输成本下降30%～40%,油耗降低20%～40%。因此,高速运输应以重型车为主,尤其应以高效率、低成本的重型专用汽车为主。目前国内物流

图4-31 重型车

用车中载重约5吨、时速五六十公里的中型车占很大比重,这其中大部分还是敞篷车,大吨位的重型车、厢式车、半挂车、专用车所占比例较低,一定程度上影响了物流效率的提高和成本的降低。

四、车辆的使用与管理

(一) 车辆的使用

车辆往往在广泛的时空范围内使用,其使用环境复杂,为提高车辆运用效率,延长车辆使用寿命,要根据环境条件的变化合理使用车辆。例如,在一般条件下的使用、在走合期的使用、在低温条件下的使用、在高温条件下的使用、在无路或坏路条件下的使用,均有特定的要求及处理。此外,汽车在山区或高原条件下使用时,由于气压低,易导致发动机充气量不足;经常在坡道上行驶的汽车,上坡时冷却系易开锅,下长坡时制动系易发生热衰退等现象,在这种环境中使用的车辆必须加装特殊的装置。

(二) 车辆管理

车辆管理是指对车辆进行择优选配,正确使用,定期检测,强制维护,视情修理,合理改造,适时更新的一系列活动过程。其总体要求是:为运输和配送提供性能优良、高效低耗的运输车辆,保持和提高运输车辆的先进性与适用性。

车辆管理包括车辆的技术管理和车辆的经济管理。一般将车辆技术状况划分为四个等级：一级完好车、二级基本完好车、三级需修车、四级停驶车。企业的全部车辆的平均技术等级可通过各级别车辆数量加权平均求得。车辆技术经济定额的评价指标主要有：行车消耗定额、轮胎行驶里程定额、车辆维护与小修费用定额、车辆大修间隔里程定额、发动机大修间隔里程限额、车辆大修费用定额、完好车率、小修频率、轮胎翻新率、车辆新度系数、车辆平均技术等级等。

汽车维护保养，指保持和恢复汽车的技术性能，保证汽车具有良好的使用性和可靠性。车辆维护保养根据其运行间隔里程、维护作业内容和运行条件的不同，分为定期维护和非定期维护两大类，定期维护有日常维护、一级维护、二级维护；非定期维护有走合期维护和季节性维护。季节性维护和走合期维护的作业内容一般参照二级维护的要求确定。汽车维护保养的主要工作不外乎清洁、检查、紧定、调整和润滑等内容，但随着科学技术和汽车工业的发展，以计算机为主的各种先进技术在汽车上广泛应用，未来汽车逐渐走向智能化，因而汽车维护内容又被赋予了新的内涵。

车辆修理是为了消除车辆故障，恢复车辆某个总成或个别零件的技术性能，延长车辆使用寿命所采取的技术组织措施。及时、正确地保养会使汽车的使用寿命延长，安全性能提高，既省钱又免去许多修车的烦恼。及时正确地保养汽车是延长汽车使用寿命、保证行车安全的重要一环。

阅读资料！

国Ⅳ标准考验绿色物流

我国于2008年1月1日和7月1日起在全国范围内分别对重型车和轻型车的新车上牌执行国Ⅲ标准。这之后国Ⅳ标准也将逐步推行，这将对物流行业现有的车辆结构及绿色物流的发展产生深远的影响。

北京是国内首座实施机动车国Ⅳ排放标准的城市。2008年3月1日起对销售和注册的轻型点燃式发动机汽车实施国家排放标准《轻型汽车污染物排放限值及测量方法（中国Ⅲ、Ⅳ阶段）》中的第四阶段排放控制要求，并要求安装监测控制氮氧化物排放的车载排放诊断系统，停止销售、注册不符合上述要求的车辆。

上海是第二个提前实施国Ⅳ标准的城市。从2009年11月1日起对所有轻型汽油车以及公交、环卫、邮政车辆，提前实施机动车国Ⅳ标准，并于同年2月发布了《车用柴油》和《车用汽油》地方标准。

珠三角地区从2010年9月1日起执行第四阶段国家机动车污染物排放标准，

机动车需达到国Ⅳ标准方能上牌。虽然目前全国并未大面积实施,但国Ⅳ标准正逐渐从区域走向全国。

执行新排放标准的好处:①可以有效控制机动车排放污染增量。与同类型国Ⅲ标准的车相比,一辆符合国Ⅳ标准的轻型汽车单车污染物排放将进一步降低50%左右,重型汽车单车排放可进一步降低30%左右,颗粒物排放更可降低80%以上。②执行新标准提高了低排放在用车的比例,使在用车排放总体水平下降。③有利于促进污染物排放较高车辆的治理和更新淘汰。④执行新排放标准需要高品质燃油作保障,全面供应高品质燃油后,有利于减少所有机动车的排放污染。

(资料来源:http://www.chinaauto.net/csdt/zlpl/2010-08-03/597673.htm)

能力训练项目 2

汶川地震救灾物资运输综合案例

1. 不惜一切代价,中央运输企业快速投入抗震救灾

2008 年 5 月 12 日汶川地震给国家和人民生命带来了巨大的损失。中航集团、南航集团、东航集团、长航集团、中外运公司、招商局集团等中央运输企业均成立了应急指挥中心,统筹组织抗震救灾工作。

陆路不通,航空运输是震后首选的运输方式。响应党中央、国务院的号召,国有航空公司承担了繁重的救灾物资及人员的运送任务。中航集团在组织下属受灾公司自救的同时,积极投身抗震救灾,截至 2008 年 5 月 19 日 12 时,已执行抗震救灾运送任务 232 架次。南航集团成立了一个由 20 架飞机和 100 名飞行员组成的抗震救灾"机动大队",从广州总部和各分(子)公司所在地,每天动态备份 20 架飞机和 100 名飞行员。哪里需要运输救灾物资和救灾人员,就随时飞往哪里,不计成本,全力支援四川灾区。南航集团还取消了机务、飞行、客舱、保障等岗位领导和员工的休假,坚守一线,全力推进救灾工作。截至 20 日 10 时,南航已执行抗震救灾运送任务 211 架次。东航集团安排运力随时服从抗震救灾需要,地震发生当天就专门备份两架飞机供抗震救灾使用。此后东航集团还紧急调运了 6 架直升机,支援汶川灾区救灾物资的空投。截至 20 日 12 时,东航集团共计投入 68 架飞机执行了 149 架次抗震救灾应急运输飞行。

长航集团紧急调拨运力,快速投入支援震区的物资运输任务。5 月 14 日上午、14 日下午、15 日三艘"新平江"号油轮满载 900 吨汽油分别从九江、汉口、岳阳运往重庆的涪陵、万州。中外运利用集团及其在四川灾区的物流设施,积极参与当地的抗险救灾,并无偿提供一架大型全货机的运力。招商局集团要求各单位积极参加各项救灾工作,特别是要求华建中心、亚太公司等公路企业积极抢修所属的受损公路,所属重庆交通科研设计院积极参加灾区公路抢险工作的勘察、设计等工作,为打通公路运输作出积极的贡献。

随着抗震救灾工作的全面展开,灾区航油保障任务非常严峻,中航油立即启动应急预案,积极与铁道部协调将航油作为救灾物资,确保灾区航油稳定供应。

(资料来源:http://finance.sina.com.cn/g/20080521/11264893078.shtml)

2. 交通运输部全力做好抗震救灾交通保障工作

2008年5月15日,交通运输部向各省级交通主管部门发出紧急通知,要求各单位要继续全力做好四川汶川地震抗震救灾交通保障工作。各省市交通主管部门要争分夺秒开展灾区受阻公路抢通工作。四川省交通主管部门要力争用最短时间打通通往灾区的公路交通,为抗震救灾工作创造条件。

随着公路抢险救灾工作不断推进,作业面的拓展,甘肃省交通主管部门组织必要的技术力量和机械设备沿G213国道南下,尽力打通从沙坝至茂县的公路。各省、自治区、直辖市特别是四川邻近省份的交通主管部门要积极筹备公路抢通所需的工程机械与作业器具,随时做好支援四川的准备。各地尤其是四川、甘肃、陕西等受灾省份交通主管部门、公路管理机构以及高速公路管理单位,要加强公路养护巡查,全力做公路养护保通工作。四川省、甘肃省、陕西省要重点做好从成都沿成雅高速进雅安,再由S210转经小金、马尔康、理县进入汶川,从成都沿成绵高速经绵阳市转安县进入北川、从甘肃兰州沿G213线南下经松潘至茂县、从陕西西安经西汉高速至四川绵阳市到北川等救灾物资运输主通道的养护保畅工作,保证救灾物资和人员顺利通行。

航道管理部门对长江、京杭运河、西江等干线航道加强监测、养护和管理,采取有效措施,确保干线航道畅通、安全。

各受灾地区相邻省份的道路运输管理机构要认真检查落实本省的客货应急备用运力,保障各级应急运输领导机构通信联络24小时畅通。

高度重视并做好抗震救灾的交通安全保障工作。各震区省份要迅速组织桥隧检测机构对本辖区内公路桥梁、隧道的安全隐患和技术状况,进行全面排查,对通往汶川等震中区域的国省干线公路上的桥隧要进行重点检查,对存在的安全隐患要采取快速加固手段。进一步加大超限超载治理力度,严禁超限超载车辆通过桥梁,避免超限超载车辆对受损桥梁形成新的损伤和垮塌次生灾害。

航道管理部门要加强对码头、站房和船闸、航电枢纽等通航建筑物的检查和监测,一旦发现隐患,立即采取应急处置措施并及时上报情况。

(资料来源:http://www.moc.gov.cn/zhuzhan/zhengwudongtai/jiaotongbu/200805/t20080515_487263.html)

3. 广铁员工全力保障抗震救灾运输通道畅通

素有"川黔咽喉"之称的湖南怀化是铁路通往西南的门户,地震发生后,怀化地区震感明显，此刻，有约 16 列旅客列车运行在沪昆、渝怀铁路怀化区段，12 日 15:03 分，广铁集团下达紧急命令：16 列旅客列车立即最近的车站紧急停靠。约 6 000 名工务、电务、供电员工迅速出动对线路、信号、供电设备进行"地毯式"检查，在确认所有行车设备、设施完好无损的情况下，列车开始继续运行。

12 日地震发生后，广铁集团运行在灾区的 8 趟旅客列车近 1 万旅客、受困灾区时间平均达 8 小时，无一名旅客发生意外。

灾害发生后，广铁集团在铁道部的统一部署下立即启动了"地震自然灾害紧急预案"，迅速成立了抗灾抢险指挥部。

5 月 12 日 15 时起，广铁集团近万名职工在焦柳、沪昆、渝怀、京广等主要干线实行 24 小时不间断的巡查。沪昆、渝怀铁路是进入灾区的主要通道，担负线路维护的怀化工务段派出检查人员 1900 人对 1200 公里线路、445 座桥梁、351 座隧道、2 452 座涵渠进行了"地毯式"检查；两列旅客列车迅速在广州、长沙编组待命，600 多名线路抢修人员和两列装载片石、道砟等路料的抢险专列在离灾区最近的怀化地区集结待命，随时准备开赴灾区。

汶川地震造成四川省内的宝成线 13 个车站、广旺线（广元至旺苍）9 个车站的牵引供电网和通信信号电力中断。12 日深夜，铁道部下达命令：怀化机务段 10 台内燃机车、60 名机车乘务员连夜赶赴成都，执行内燃机车摆渡运输。仅一个小时，10 台内燃机车和 60 名机车乘务员就完成了集结任务，经过整整 50 个小时昼夜兼程，14 日晚，10 台内燃机车、60 名机车乘务员到达成都，投入抗震救灾工作。

争分夺秒抢运救灾物资，仅 3 天时间，广铁集团就向灾区开行 22 列救援物资专列，接入中转救灾专列 17 列，运输救援物资达 17 000 多吨。90 辆约 5 000 吨成品油、70 辆医疗救护车、几十万箱矿泉水，还有面粉、帐篷、棉衣等救灾物资源源不断地从广州、长沙、怀化"乘火车"奔赴灾区。

为了保证救灾物资"最快装车、最快发运"，广铁集团确保车辆及时到位、快速编组检测、装载安全稳固、列车及时发出；管内各主要干线随时保证一列敞车、篷车放空运行，以满足随时随地救灾物资运输所需。为了加快救灾物资的装车速度，各车站还为救灾物资进站、装车、取送等开辟"绿色通道"。

（资料来源：http://www.080512.net/html/zaiqubaodao/200805/17-2034.html）

4．美国启用战略运输机向中国运送首批救灾物资

美国派遣两架美军最先进的 C17 军用战略运输机前往中国运送救灾物资。C17 军用运输机（图 4-32）机动性强，可以使用短跑道甚至未完工的跑道起降，因此它可以降落在通常只能起降小飞机的机场。据路透社报道，这批物资包括帐篷、食品、毯子、发电机等，它们将是美国提供的第一批援助中国的物资。

（资料来源：http://bbs.zjfc.edu.cn/thread-4366-1-1.html）

图 4-32 C17 军用运输机

5. 全军军交运输系统已输送救灾部队近 3 万人

记者 2008 年 5 月 14 日从总后军事交通运输部了解到,全军军交运输系统按照军委部署,立即启动军交运输应急机制,截至 14 日 9 时,综合运用铁路、公路、航空运输方式,输送救灾部队 2.9 万余人,运送救灾帐篷、担架等设备器材约 1.2 万套(件),救灾军用食品和物资 800 余吨,燃油 6 380 吨。

(资料来源:http://info.hvacr.hc360.com/2008/05/14121589454.shtml)

➢ 讨论

1. 各类运输设备的特点及其适用情况。
2. 应急运输需要具备什么条件与能力?

理论环节 2

🕐 铁路运输设备、水路运输设备、航空运输设备

一、铁路运输设备

铁路运输是使用铁路列车运送客货的一种运输方式。铁路运输主要承担长距离、大数量的货运,在干线运输中起主力运输作用。铁路运输的优点是速度快,运输不大受自然条件限制,载运量大,运输成本较低。其主要缺点是灵活性差,只能在固定线路上实现运输,需要以其他运输手段配合和衔接。铁路运输经济里程一般在 200 公里以上。

铁路运输设备是指通过铁路轨道运行的各种机车与车辆,铁路运输设备以铁路轨道进行导向,车辆通过自身带凸缘的钢轮沿铁轨内侧行驶。按应用类型的不

同，铁路列车可分为轻轨交通列车、快速轨道交通列车、市郊铁路列车、铁路客货运输列车、高速铁路列车、磁悬浮铁路列车等。

1. 铁路机车

铁路机车是用机车牵引车辆，行驶在铺有钢轨线路的一种现代化运输工具。机车是铁路运输的基本动力，由于铁路车辆不具备动力装置，需把客车或货车连挂成列，由机车牵引沿着钢轨运行。车站上车辆的转线以及货场取送车辆等各项调车作业也由机车完成，因此，必须保证提供足够的牵引性能良好的机车，加强机车的保养与检修工作，对机车的运用进行合理组织。

从原动力来看，机车分为蒸汽机车、内燃机车及电力机车。按用途分为客运、货运和调车机车。客运机车要求速度快，货运机车需要功率大，调车机车要求机动灵活。

（1）蒸汽机车。蒸汽机车（图4-33）是以蒸汽为原动力，通过蒸汽机把燃料的热能转变成机械能来牵引列车的一种机车。在现代铁路运输中，蒸汽机车已逐渐被其他新型牵引机车取代。

图 4-33 蒸汽机车

（2）内燃机车。内燃机车（图4-34）是以内燃机为原动力的一种机车，其热效率可达到30%左右，是各类机车中效率较高的一种。机车的整备时间短，持续工作的时间长，适用于长交路；用水量少，适用于缺水地区；初期投资比电力机车少，而且机车乘务员劳动条件好，便于多机牵引。内燃机车最大的缺点是对大气和环境有污染。铁路上采用的内燃机车大多是柴油机。

图 4-34 内燃机车

（3）电力机车。电力机车（图4-35）的牵引力是电能，机车依靠其顶部升起的受电弓从外部供电系统取得电力,通过机车上的牵引电动机驱动机车运行。电力机车在运营上有良好的经济效果:①可制成大功率机车,运输能力大。②起动快,速度高,爬坡性能好。③不污染空气,劳动条件好。④运营费用低。

图4-35 电力机车

(4)动车组。把动力装置分散安装在每节车厢上,使其既具有牵引力,又可以载客,这样的客车车辆叫做动车。而动车组就是几节自带动力的车辆加几节不带动力的车辆编成一组。带动力的车辆叫做动车,不带动力的车辆叫做拖车。动车组技术源于地铁,是一种动力分散技术。

与用机车拖动普通车相比,动车组可根据某条线路的客流量变化进行灵活编组,实现高密度、小编组发车以及具有安全性能好,运量大,两端都有驾驶室往返不需掉转车头,污染小,节能,自带动力等优点。内燃动车组通常两端是动力车,部分带客室。国内常见的动车组都是这一类,如四方机车车辆股份有限公司、唐山机车车辆厂、戚墅堰机车车辆厂、长春轨道客车股份有限公司生产的动车。电力动车组分为动力集中型和分散型,DDJ1和蓝箭是动力集中型,而春城号和中原之星是动力分散型。

动力分散的动车组有以下显著优点:

1)动力效率较高,特别是在斜坡上。

2)动车组上的动力轴对路轨黏着力的要求较低,每轴的载重较少。因此选用动车组的高速铁路路线,对路线的土木工程及路轨的要求较低。

3)电力动车组有较多的电动机,再生制动能力良好。对于停站较多的近郊通勤铁路、地下铁路,优点特别明显。

4)动车组运转快,占地小,行走市郊的通勤铁路很多都是动车组。轻便铁路、地下铁路使用的几乎全是动车组。

从1998年我国第一列商用动车组(图4-36)在南昌铁路局运营以来,目前已有几十列动车组奔驰在全国万里铁道线上,成为铁路运输一道亮丽的风景。

图 4-36 动车组

(5) 磁悬浮列车。它是依靠电磁吸力或电动斥力将列车悬浮于空中并进行导向,实现列车与地面轨道间的无机械接触,再利用线性电动机驱动列车运行。目前,世界上有 3 种类型磁悬浮技术,即日本的超导电动磁悬浮、德国的常导电磁悬浮和中国的永磁悬浮。

磁悬浮列车(图 4-37)有许多优点:铁轨与车辆不接触,从根本上克服了传统列车轮轨黏着限制、机械噪声和磨损等问题,不但运行速度快,能超过 500 公里/小时,而且运行平稳、舒适,易于实现自动控制;无噪声,不排出有害的废气,有利于环境保护;可节省建设经费;运营、维护和耗能费用低。目前,我国和日本、德国、英国、美国等国都在积极研究这种列车。

图 4-37 磁悬浮列车

2. 铁路车辆

铁路车辆是运送旅客和货物的工具。车辆一般不具备动力装置,需要连挂成列车后由机车牵引运行。铁路车辆包括客车和货车两大类。在物流中应用的铁路车辆主要有:平车、棚车、敞车、保温及冷藏车、罐车、特种车辆等。

(1) 平车。平车(图 4-38)是铁道上大量使用的通用车型,无车顶和车厢挡板,这种车体自重较小,装运吨位可相应提高,且无车厢挡板的制约,装卸较方便,必要时可装运超宽、超长的货物。其主要用于装运大型机械、集装箱、钢材、大型建材等。在平车基础上,采取各种相应的技术措施,发展出集装箱平车(图 4-39)、车载车、袋鼠式车等,对满足现代物流要求、提高载运能力起到很好的作用。

图 4-38 平车

图 4-39 集装箱平车

(2) 棚车。棚车(图4-40)是铁道上主要的封闭式车型,较多是侧滑开门式,采用小型叉车、手推车、手车等进入车厢内装卸,也有车顶设滑动顶棚式,拉开后和敞车类似,可采用起重机从上部装卸。棚车主要装运防雨、防潮,防止丢失、散失等较贵重的物品。

图 4-40 棚车

(3) 敞车。敞车(图4-41)是铁道上主要的一种车型。它无车棚顶,但设有车厢挡板(槽邦),有高槽邦、低槽邦等不同类型。敞车主要装运建材、木材、钢材和散装的矿石、煤炭等货物。

图 4-41 敞车

(4) 保温及冷藏车。保温及冷藏车(图4-42)是指能保持一定温度进行调温及能进行冷冻运输的车辆，以适应冬夏等季节生、鲜食品的运输。

图 4-42　保温及冷藏车

（5）罐车。罐车（图 4-43）是铁道上用于装运气、液、粉等货物的主要专用车型，主要是横卧圆筒形，也有立置筒形、槽形、漏斗形。罐车分为装载轻油用罐车、黏油用罐车、酸类罐车、水泥罐车、压缩气体罐车多种。

图 4-43　罐车

（6）特种车。特种车是装运特殊货物的车型，使用不多，但也有所应用。如长大货物车（如凹型车、钳夹车等）、牲畜装运车、自翻车等。具体车型如图 4-44～图 4-46 所示。

图 4-44　凹型车

图 4-45　钳夹车

图 4-46 自翻车

自翻车具有可倾翻的车厢及下开的侧门，采用滚动轴承或滑动轴承。在车的两侧设有可使车厢左、右倾翻的倾翻缸，当车厢倾翻至 45°时，侧门与地板构成一延续面，将货物卸至远离线路一侧。

3．铁路信号设备

铁路信号设备是铁路信号、联锁设备、闭塞设备的总称。铁路信号技术的发展应逐步实现计算机化、综合化、集成化和智能化。

铁路信号是向有关行车和调车人员发出的指示和命令。联锁设备用于保证站内行车和调车工作的安全和提高车站的通过能力。闭塞设备用于保证列车在区间内运行的安全和提高车站的通过能力。

4．车辆标记

为了对车辆识别和管理，适应全国铁路用计算机联网管理的需要，对运用中的每一辆车进行编码。编码的主要内容为车种、车型、车号。车种编码原则上用该车种汉语拼音名称中关键的一个或两个大写字母表示。其中客车用两个字母（个别用三个），货车用一个字母，具体见表 4-1。

表 4-1 铁路车辆车种、车号编码表

客车				货车			
序号	车种	代码	车号范围	序号	车种	代码	车号范围
1	软座车	RZ	10000～19999	1	棚车	P	3000000～3499999
2	硬座车	YZ	20000～49999	2	敞车	C	4000000～4899999
3	软卧车	RW	50000～59999	3	平车	N	5000000～5099999
4	硬卧车	YW	60000～89999	4	罐车	G	6000000～6309999
5	餐车	CA	90000～94999	5	保温车	B	7000000～7231999
6	行李车	XL	3000～6999	6	守车	S	9000000～9049999
7	邮政车	VZ	7000～9999	7	特种车	T	8065000～8074999
8	代用座车	ZP		8	长大货物车	D	5600000～5699999
9	硬座双座客车	YZS		9	自备车		0000001～0999999

（资料来源：http://col.njtu.edu.cn/zskj/4028/tlys/tlcl/cljbjg8.htm）

车型编码用大写汉语拼音字母和数字混合表示，依次由三部分组成：①车辆所属的车辆编码，用一位大写字母表示，作为车型编码的首部；②车辆的重量系列或顺序系列，用一位或二位数字或大写字母表示；③车辆的材质或结构，用一位或两位大写字母表示。

车号编码采用七位数字代码，因车种、车型不同，使用数字规定了区分范围，同种车辆的车号须集中在划定的码域内，以便从车号编码上反映车辆的车种、车型。一辆车的编码是该车的重要标志，必须涂刷在车辆侧墙上明显的位置。

5．机车与车辆检修

机车的检修和运用是铁路运输工作的重要组成部分。质量良好的检修机车对确保机车的完好状态，经济、合理地运用机车，完成铁路运输任务具有重要意义。我国铁路运输车辆的计划预防检修分为定期检修和日常维修两部分。

客车定期检修的修程为厂修、段修和辅修三部分。货车定期检修的修程为厂修、段修、辅修和轴修四部分。

日常维修工作由列车检修所和站修所等单位承担。列车检修所对经本站中转或到达本站的列车中所有车辆进行检查和修理，同时还负责扣修定检到期的车辆。客车有固定的配属段，并按照规定的区段运行。客车的日常维修工作主要是利用旅客列车终到后、始发前在列车整备所进行，又称为库列检。运行途中的旅客列车上还派有固定的检车乘务员，负责检查车辆和车电设备，以保证车辆技术状态良好。

阅读资料 2

中国铁路运营里程到 2012 年将达到 11 万公里

到 2008 年年底，中国铁路总延展里程已达 16.11 万公里，运营里程达到 8 万公里。到 2012 年，中国铁路运营里程将达到 11 万公里，电气化率、复线率均达到 50%以上，发达完善的铁路网初具规模。

改革开放以来，中国走出了一条中国特色铁路自主创新道路，建立了完全拥有自主知识产权的高速铁路技术标准体系。高原铁路技术创造了世界一流水平，青藏铁路解决了多年冻土、高寒缺氧、生态脆弱三大世界性难题。在引进了时速 200 公里及以上动车组和大功率内燃机车、大功率电力机车技术的基础上进行消化吸收再创新，掌握了关键技术，拥有了自主知识产权。动车组技术在时速 200～250 公里动车组技术上成功搭建了具有自主知识产权和世界一流水平的时速 350 公里动车组技术平台；在时速 350 公里动车组技术平台基础上加快新一代高速动车组和高速检测车研发工作，取得重大进展。

客运专线建设取得重大进展。中国第一条时速 350 公里、具有完全自主知识产权和世界一流水平的京津城际铁路，2008 年 8 月 1 日胜利通车。到 2009 年 8 月底，中国投入运营的动车组已达 222 多组。到 2012 年，将有 1.3 万公里客运专线及城际铁路投入运营，全国投入运营的动车组将达到 800 组以上，覆盖整个快速客运网；基本建成以"四纵四横"为骨架的全国快速客运网，并建成长三角、珠三角、环渤海地区及其他城市密集地区的城际铁路系统。

重载运输技术达到世界先进水平。在大秦铁路大量开行 1 万吨和 2 万吨重载组合列车，在 2002 年运量达到 1 亿吨设计能力的基础上，运量逐年大幅度增长，2008 年达到 3.4 亿吨，2009 年约 3.8 亿吨，创造了世界铁路重载运输的奇迹。

到 2012 年，中国铁路将新增 1.3 万公里区际干线，并建成 1 万公里复线，形成中国横跨东西、纵贯南北的大能力通道网和煤运网络。在大幅度增加客货运输能力的同时，铁路部门狠抓节能减排，铁路以交通行业不到五分之一的能源消耗，完成了全社会二分之一的运输量。

（资料来源：http://china.huanqiu.com/roll/2009-10/605952.html；2009-10-18）

二、水路运输设备

（一）水路运输概述

水运主要承担大数量、长距离的运输，是在干线运输中起主力作用的运输形式。在内河及沿海，水运也常担任补充及衔接大批量干线运输的任务。水运成本低，能进行低成本、大批量、远距离的运输，但运输速度慢，受港口、水位、季节、气候影响较大，一年中中断运输的时间较长。水运包括沿海运输、近海运输、远洋运输和内河运输四种形式。

水路运输设备是指在江、河、湖、海上进行客货运输的各种船舶。运输船舶主要分为客船、货船、客货船和其他特种船舶，此外还有渡船、工程船、工作船等。工程船包括挖泥船、起重船、浮船坞、救捞船、布设船、打桩船等；工作船包括破冰船、领航船、供应船、消防船、测量船、航标船、交通船、浮油回收船、拖船和推船、钻探船、科学考察船、深潜船等。

（二）船舶基础知识

船舶是指能航行或停泊于水域进行运输或作业的工具，按不同的使用要求而具有不同的技术性能、设备和结构形式。

1．船舶的基本构造

船舶由许多部分构成，按各部分的作用和用途，可归纳为船体、船舶动力装置、船舶舾装等三大部分。

2．船舶的主要性能

船舶的主要性能有浮性、稳性、抗沉性、快速性、耐波性、操纵性和经济性等。

3．船舶的主要技术特征

船舶的主要技术特征有船舶排水量、船舶主尺度、船体系数、舱容和登记吨位、船体型线图、船舶总布置图、船体结构图、主要技术设备的规格等。

4．船籍和船旗

船籍指船舶的国籍。商船的所有人向本国或外国有关管理船舶的行政部门办理所有权登记，取得本国或登记国国籍后才能取得船舶的国籍。

船旗是指商船在航行中悬挂其所属国的国旗。船旗是船舶国籍的标志。按《国际法》规定，商船是船旗国浮动的领土，无论在公海或在他国海域航行，均需悬挂船籍国国旗。船舶有义务遵守船籍国法律的规定并享受船籍国法律的保护。

方便旗船是指在外国登记、悬挂外国国旗并在国际市场上进行营运的船舶。公开允许外国船舶在本国登记的所谓"开放登记"国家，主要有利比里亚、巴拿马、塞浦路斯、新加坡、巴拿马及百慕大等国，通过这种登记可为登记国增加外汇收入。

5．船级

船级是表示船舶技术状态的一种指标。在国际航运界，凡注册总吨在100吨以上的海运船舶，必须在某船级社或船舶检验机构监督之下进行监造。每艘船建造完毕，由船级社或船舶检验局进行鉴定，发给船级证书。证书有效期一般为4年，期满后需重新予以鉴定。船舶入级可保证船舶航行安全，有利于国家对船舶进行技术监督，便于租船人和托运人选择适当的船只以满足进出口货物运输的需要，便于保险公司决定船、货的保险费用。

6．船舶载重线

船舶载重线指船舶满载时的最大吃水线。它是绘制在船舷左右两侧船舶中央的标志，指明船舶入水部分的限度。船级社或船舶检验局根据船舶的用材结构、船型、适航性和抗沉性等因素，以及船舶航行的区域及季节变化等制定船舶载重线标志。现在生效的是《1996年国际船舶载重线公约》。载重线标志包括：甲板线、载重线圆盘和与圆盘有关的各条载重线。图4-47为船舶载重线示意图，图中的各条载重线含义如下：

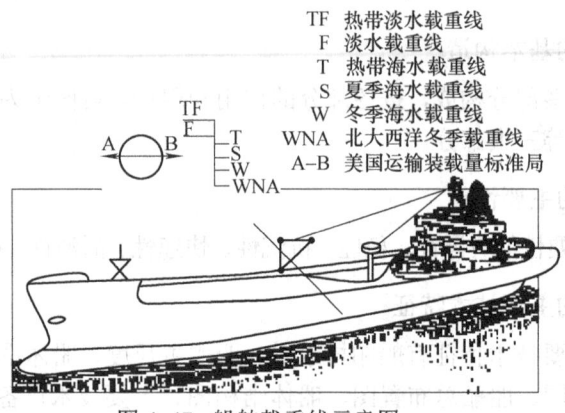

图 4-47　船舶载重线示意图

（1）TF（Tropical Fresh Water Load Line）。它表示热带淡水载重线，即船舶航行于热带地区淡水中总载重量不得超过此线。

（2）F（Fresh Water Load Line）。它表示淡水载重线，即船舶在淡水中行驶时总载重量不得超过此线。

（3）T（Tropical Load Line）。它表示热带海水载重线，即船舶在热带地区航行时总载重量不得超过此线。

（4）S（Summer Load Line）。它表示夏季海水载重线，即船舶在夏季航行时总载重量不得超过此线。

（5）W（Winter Load Line）。它表示冬季海水载重线，即船舶在冬季航行时，总载重量不得超过此线。

（6）WNA（Winter North Atlantic Load Line）。它表示北大西洋冬季载重线，指船长为100.5米以下的船舶，在冬季月份航行经过北大西洋（北纬36°以北）时，总载重量不得超过此线。

标有 L 的为木材载重线。

我国船舶检验局对上述各条载重线分别以汉语拼音首字母为符号，即以"RQ"、"Q"、"R"、"X"、"D"和"BDD"代替"TF"、"F"、"T"、"S"、"W"和"WNA"。

在租船业务中，期租船的租金习惯上按船舶的夏季载重线时的载重吨来计算。

（三）船舶货运常识

货运船舶的重量性能表示船舶装载货物能力的大小。它分船舶排水量和载重量，其计量单位为吨（t）。货船的大小以船舶载重量表示。船舶吨位是船舶大小的计量单位，可分为重量吨位和容积吨位两种。

1．船舶的重量吨位

船舶的重量吨位是表示船舶重量的一种计量单位（以1 000公斤为一公吨，

或以 2 240 磅为一长吨，或以 2 000 磅为一短吨）。目前国际上多采用公制作为计量单位。船舶的重量吨位，又可分为排水量吨位和载重吨位。

（1）排水量吨位。排水量吨位是船舶在水中所排开水的吨数，也是船舶自身重量的吨数。排水量吨位又可分为轻排水量、重排水量和实际排水量。

1）轻排水量，又称为空船排水量，是船舶本身加上船员和必要的给养物品三者重量的总和，是船舶最小限度的重量。

2）重排水量，又称为满载排水量，是船舶载客、载货后吃水达到最高载重线时的重量。

3）实际排水量，是船舶每个航次载货后实际的排水量。

排水量吨位可以用来计算船舶的载重吨。在造船时，依据排水量吨位可知该船的重量；在统计军舰的大小和舰队时，一般以轻排水量为准；军舰通过巴拿马运河，以实际排水量作为征税的依据。

（2）载重吨位。载重吨位表示船舶在营运中能够使用的载重能力。载重吨位可分为总载重吨和净载重吨。

总载重吨是指船舶根据载重线标记规定所能装载的最大限度的重量，它包括船舶所载运的货物、船上所需的燃料、淡水和其他储备物料重量的总和。其计算公式为

$$总载重吨=满载排水量-空船排水量$$

净载重吨是指船舶所能装运货物的最大限度重量，又称载货重吨，即从船舶的总载重量中减去船舶航行期间需要储备的燃料、淡水及其他储备物品的重量所得的差数。

船舶载重吨位可用于对货物的统计，作为期租船月租金计算的依据，也可用作新船造价及旧船售价的计算单位。

2．船舶的容积吨位

船舶的容积吨位是表示船舶容积的单位，又称注册吨，是各海运国家为船舶注册而规定的一种以吨为计算和丈量的单位，可分为容积总吨和容积净吨两种。

容积总吨又称注册总吨，是指船舱内及甲板上所有关闭的场所的内部空间（或体积）的总和，是以 100 立方英尺或 2.83 立方米为 1 吨折合所得的商数。容积总吨的用途很广，它可以用于国家对商船队的统计，表明船舶的大小，用于船舶登记，用于政府确定对航运业的补贴或造船津贴，用于计算保险费用、造船费用以及船舶的赔偿等。

容积净吨又称注册净吨，是指从容积总吨中扣除那些不供营业用的空间所剩余的吨位，也就是船舶可以用来装载货物的容积折合成的吨数。容积净吨主要用

于船舶的报关、结关，作为船舶向港口交纳的各种税收和费用的依据，作为船舶通过运河时交纳运河费的依据。

（四）货船分类

货船是运送货物的船舶的统称。货船的船型很多，大小悬殊，排水量可从数百吨至数十万吨不等。海上货物运输船舶的种类繁多。货物运输船舶按照其用途不同，可分为干货船、油槽船、兼用船等。

1．干货船

根据所装货物及船舶结构、设备的不同，干货船可分为杂货船、（干）散货船、冷藏船、木材船、集装箱船、滚装船、载驳船等。

（1）杂货船。杂货船（图4-48）一般是指定期航行于货运繁忙的航线，以装运零星杂货为主的船舶。杂货船一般都是一部主机，单螺旋桨。它主要用于装载一般包装、袋装、箱装、桶装的件杂货物，其吨位一般较散货船和油船小，远洋的杂货船总载重量为10 000～14 000吨；近洋的杂货船总载重量约为5 000吨；沿海的杂货船总载重量为3 000吨以下（由于货种多，货源不足，装卸速度慢，停港时间长，杂货船的载重量过大会不经济）。许多万吨级的杂货船，因压载的要求，常设有深舱，同时深舱可以用来装载液体货物（动植物油、蜂蜜等）。

杂货船上配有足够的起吊设备，多数以吊杆为主，也有的装有液压旋转吊；船舶构造中有多层甲板把船舱分隔成多层货柜，以适应装载不同货物的需要。为提高杂货船对各种货物运输的良好适应性，能载运大件货、集装箱、件杂货以及某些散货，现代新建杂货船常设计成多用途船。

不定期的杂货船一般为低速船。航速过高对于杂货船很不经济。远洋杂货船船速为14～18节（1节=1海里/时），续航力为12 000海里以上；近洋杂货船的船速为13～15节；沿海杂货船的航速为11～13节。

图4-48 杂货船

（2）散货船。散货船是用以装载无包装的大宗货物的船舶，依所装货物的种类不同可分为粮谷船、煤船和矿砂船。这种船大都为单甲板，舱内不设支柱但设有隔板，用以防止在风浪中运行的舱内货物错位。总载重量5万吨以上的一般不装起货设备。一般习惯上仅把装载粮食、煤等货物积载因数相近的船舶称为散装货船，而把装载积载因数较小的矿砂等货物的船舶称为矿砂船。散货船又可分为以下几类：

1）灵便型散货船。它是指载重量在 2 万～5 万吨的散货船，其中超过 4 万吨的船舶又被称为大灵便型散货船。这些吨位相对较小的船舶具有较强的对航道、运河及港口的适应性，载重吨量适中，且多配有起卸货设备，营运方便灵活。

2）巴拿马型散货船。该型船是指在满载情况下可以通过巴拿马运河的最大型散货船。根据需要调整船舶的尺度、船型及结构来改变载重量，该型船载重量一般在 6 万～7.5 万吨之间。

3）好望角型散货船。它是指载重量在 15 万吨左右的散货船（图 4-49），该船型以运输铁矿石为主，由于尺度限制不可能通过巴拿马运河和苏伊士运河，需绕行好望角和合恩角，我国台湾称之为"海岬"型。由于近年苏伊士运河当局已放宽通过运河船舶的吃水限制，该型船多可满载通过该运河。

4）大湖型散货船。它是指经由圣劳伦斯水道航行于美国、加拿大交界处五大湖区的散货船，以承运煤炭、铁矿石和粮食为主。该型船尺度上要满足圣劳伦斯水道通航要求，该型船一般在 3 万吨左右，大多配有起卸货设备。

图 4-49 好望角型散货船

（3）木材船。木材船（图 4-50）是专门用以装载木材或原木的船舶。这种船舱口大，舱内无梁柱及其他妨碍装卸的设备。船舱及甲板上均可装载木材。为防甲板上的木材被海浪冲出舷外，在船舷两侧一般设置不低于一米的舷墙。

（4）冷藏船。冷藏船（图 4-51）是专门用于装载冷冻易腐货物的船舶。船上设有冷藏系统，能调节多种温度以适应各舱货物对不同温度的需要。冷藏船的货舱实际上是冷藏库，根据不同货种，冷藏舱的温度可在-25～15℃进行调整。冷藏船还可按不同的冷藏温度细分为保温运输船（如专门运输水果、蔬菜的）、冷冻船（如专门运输鱼、肉的）。冷藏船的吨位较小，航速较高。

图 4-50 木材船

图 4-51 冷藏船

近年来,为提高冷藏船的利用率,出现一种能兼运汽车、集装箱和其他杂货的多用途冷藏船,吨位可达 2 万吨左右。冷藏船航速高于一般货船,万吨级多用途冷藏船的航速每小时超过 20 海里。

(5)集装箱船。集装箱船又称为箱装船、货柜船或货箱船,是一种专门装运集装箱的船舶,其全部或大部分船舱用来装载集装箱,往往在甲板上或舱盖上也可堆放集装箱。集装箱船的货舱口宽而长,货舱的尺寸按装箱要求规格化,集装箱船具有装卸效率高、经济效益好等优点。集装箱船航速较快,大多数船舶本身没有起吊设备,一般停靠专用的货运码头,需要依靠码头上的起吊设备进行装卸,其效率可达每小时 1 000~2 400 吨,比普通杂货船高 30~70 倍。它已被现代船运业普遍采用。

集装箱船按船型可分为全集装箱船、部分集装箱船和可变换集装箱船三种。

1)全集装箱船是指专门用以装运集装箱的船舶。它与一般杂货船不同,其货舱内有格栅式货架,装有垂直导轨,便于集装箱沿导轨放下,四角有格栅制约,可防倾倒。集装箱船的舱内可堆放 3~9 层集装箱,甲板上还可堆放 3~4 层,如图 4-52 所示。

2)部分集装箱船,仅以船的中央部位作为集装箱的专用舱位,其他舱位仍装普通杂货,如图 4-53 所示。

3)可变换集装箱船货舱内装载集装箱的结构为可拆装式的。因此,它既可装运集装箱,必要时也可装运普通杂货,如图 4-54 所示。

模块四 运输设备与应用

图 4-52 全集装箱船

图 4-53 部分集装箱船

图 4-54 可变换集装箱船

此外按装卸方式不同，集装箱船还可分为吊装集装箱船、滚装集装箱船、滚—吊船、载驳船等。

（6）滚装船。滚装船（图 4-55），又称滚上滚下船，主要用来运送汽车和集装箱。滚装船的特点是装卸效率高，船舶周转快和水陆直达联运方便。其缺点是重心高，稳性较差；横格舱壁少而影响抗沉性，甲板的强度也受到影响等；其优点是不依赖码头上的装卸设备，货物在港口不需要转载就可直接拖运至收货地点，装卸速度快，减少货损，并可加速船舶周转。

图 4-55 滚装船

（7）载驳船。载驳船又称子母船，是指在大船上搭载驳船，驳船内装载货物的船舶。它把驳船作为"浮动集装箱"，利用母船升降机和滚动设备将驳船载入母船，或利用母船上的起重设备把驳船（子船）由水面上吊起，然后放入母船体内。载驳船的主要优点是不受港口水深限制，不需占用码头泊位，装卸货物均在锚地进行，装卸效率高。许多载驳货船的甲板上载有集装箱。典型的载驳货船有下列四种，较常用的主要有"拉希"型和"西比"型（图 4-56）。

图 4-56 "西比"型载驳船

1）普通载驳货船，又称"拉希"型载驳货船。它与全集装箱船一样，也是一种分格结构的船，舱内设有许多驳格，每一驳格内可装 4 层驳船，甲板上可堆装 2 层。

2）海蜂型载驳货船，又称"西比"型载驳货船。其特点是没有舱口，舱内设有三层全通甲板，驳船的装卸靠船尾升降井内设置的升降平台和小车水平滚动装卸驳船。

3）双体载驳货船，又称巴卡特载驳货船。这种船为双体结构，首部封闭而尾部分开，依靠升降平台和甲板上的滚轮装卸驳船。

4）浮坞型载驳货船又称巴可型载驳货船，系采用母船沉入一定水深，用浮坞船方式将驳船浮进浮出，并可多层装载驳船。

2．油槽船

油槽船是主要用来装运液体货物的船舶。油槽船根据所装货物种类不同可分为油轮和液化气船。

（1）油轮。油轮主要装运液态石油类货物。它的特点是机舱都设在船尾，船壳衣身被分隔成数个储油舱，有油管贯通各油舱。油舱大多采用纵向式结构并设纵向舱壁，在未装满货时也能保持船舶的平稳性。油轮的载重量越大，运输成本越低。近海油船的总载重量为3万吨左右，近洋油船的总载重量为6万吨左右，远洋的大油轮的总载重量为20万吨左右，超级油轮的总载重量为30万吨以上，目前世界上最大的油轮载重吨位已达到60多万吨。

油轮主要有原油船（图4-57）和成品油船（图4-58）。通常所称的油船，多数是指运输原油的船，而装运成品油的船称为成品油船。

图4-57　原油船

图4-58　成品油船

（2）液化气船。液化气船是专门散装运输液态的石油气和天然气的船，也被称为特种油船。液化气船又可分为液化天然气船（LNG船）和液化石油气船（LPG船）。

1）液化天然气船。液化天然气船（图4-59）专门用来装运经过液化的天然气。液化天然气船船型按液货舱的结构有独立储罐式和膜式两种。同独立储罐式相比，膜式的优点是容积利用率高，结构重量轻，因此目前新建液化天然气船，尤其是大型的，多数采用膜式结构。这种结构对材料和工艺的要求高。此外，日本还开发出一种构造介于两者之间的半膜式船。

液化天然气船设备复杂，技术要求高，体积和载重吨位相同的油船相比较大，因此造价也高得多。液化天然气船一般都设有气体再液化装置，也可运送液化石油气。

图 4-59 液化天然气船

2）液化石油气船。液化石油气船（图 4-60）用于运输加压液化或冷冻液化的石油气。冷冻液化的石油气体积比加压液化的体积小 2%～6%，具有运输上的优越性，货舱冷冻的温度约为-50℃。根据液化的方法液化石油气船分为压力式、半冷冻半压力式和冷冻式三种。压力式液化石油气船将几个压力储藏罐装在船上。

液化石油气船不能运送液化天然气，所以它的大型化发展不如液化天然气船快，容量一般不超过 10 万立方米。

图 4-60 液化石油气船

3．兼用船

兼用船是指既可以装载原油，也可以装载散货或矿砂的两用船或三用船。散货船、矿砂船和油船等专用船舶，虽然载重量较大，但是由于所运输的货物种类单一，回航不能装运其他种类货物，只好压载空放。兼用船是根据货物种类的变化，船舶在返回航程中，可以装载不同种类的货物。兼用船主要有下列两种类型。

（1）矿/油两用船。它主要用于运输矿砂和原油。这种船的中间货舱比较窄，占整个船舶货舱船容的 40%～50%。运输矿砂时，矿砂装在中间货舱内；而运输原油时，原油装在两侧边舱和中间舱内。

（2）矿/散/油三用船。它主要用于运输矿砂、较轻的散货和原油，对矿砂采用间隔装舱方式以改善负荷分布。

兼用船虽然利用率较高，但由于设备繁多，造价比同吨位的普通油船、矿砂船或散货船等都高,载重量比相同排水量和尺度的上述船舶都低,使用寿命则比油船更短。因为装载不同性质的货物,要经常洗舱,既增加了营运费用,也增加了爆炸的危险性。而在实际营运中经济效益不如预期的那样好,兼用船的吨位有下降趋势。

阅读资料3

中国船运发展

世界货船吨位排名中国位列第四。依据联合国公布最新海运报告,以控有货船的总载重吨位计算,中国台湾2007年为世界第11大,较前年下降了两名。高雄港集装箱吞吐量维持世界第6大。2007年台湾的货船数量为574艘,比前年增加了21艘;总载重吨位为2485.8万吨,比2006年增加了约47万吨,但在全球所占比例较前一年降了0.15%,为2.54%。另外,2006年第九大的地位被原本分别落后2名和1名的英国和新加坡超过,它们分别成为第9名和第10名。前8名依次为:希腊、日本、德国、中国、挪威、美国、中国香港、韩国。

(资料来源: http://www.transdata.com.cn/info/infocontent.aspx?infoid=3345; 12/14/2007)

中国集装箱船运力世界第6位。据韩国海洋水产开发院日前公布统计数字显示,截至2008年1月,德国以拥有1 408艘集装箱船和配载352万箱运力的明显优势,位居全球集装箱船国家或地区的第一。中国以拥有288艘货柜船,配载50万箱的能力,排全球第六位。第2~12名的次序是日本(253艘、79万箱)、瑞士(200艘、65万箱)、丹麦(155艘、60万箱)、中国台湾(195艘、52万箱)、中国(288艘、50万箱)、希腊(171艘、48万箱)、英国(86艘、32万箱)、法国(74艘、25万箱)、新加坡(127艘、22万箱)、美国(79艘、20万箱)、韩国(121艘、18万箱)。

(资料来源: http://www.transdata.com.cn/info/infocontent.aspx?infoid=216; 10/22/2007)

我国正式登记在册的海船已达18 757艘、3 500万总吨,平均船龄为11.8年。根据劳氏公平年鉴(Lloyd's Register Fairplay)统计,我国船队总吨位排行世界第九位,船舶数量排行世界第四位。在这些海船中,500总吨以上的海船有6 000余艘、近3 000万总吨,平均船龄为12.4年;1 000总吨以上的海船有4 000余艘、近2 900万总吨,平均船龄为11.4年。

(资料来源: http://www.transdata.com.cn/info/infocontent.aspx?infoid=4977; 3/6/2008)

三、航空运输设备

(一)航空运输概述

航空运输是使用飞机或其他航空器进行货物或旅客运输的一种形式。航空运输的单位成本很高,主要适合运载的货物有两类:①价值高、运费承担能力很强的货物,如贵重设备的零部件、高档产品等;②紧急需要的物资,如抢险救灾物资等。航空运输的主要优点是速度快,不受地形的限制,在火车、汽车都达不到的地区也可依靠航空运输。

航空运输体系包括飞机、机场、空中交通管理系统和飞行航线四个部分。这四个部分有机结合,分工协作,共同完成航空运输的各项业务活动。航空运输设备主要指通过空中运行实现客货运输的各种航空器。航空器可分为重于空气和轻于空气的两类,每一类中又可分为动力驱动的和非动力驱动的,这其中又可再分为各小类。

(二)航空器

所有飞行器可以分为航空器和航天器,前者是大气飞行器,而后者是空间飞行器(如火箭、航天飞机、行星探测器等)。航空器可分为轻于空气的航空器(如气球、飞艇等)与重于空气的航空器,如飞机与各种直升机、滑翔机、旋翼机等。

在各种航空器中,飞机是航空运输的主要运输设备。按运输类型的不同,民用飞机可分为运送旅客和货物的各种运输机和为工农业生产作业飞行、抢险救灾、教学训练等服务的通用航空飞机两大类;按其最大起飞重量,民用机可分为大型、中型、小型飞机;按航程远近可分为远程、中程、短程飞机。

1. 飞机的分类

飞机是指具有机翼和一台或多台发动机,靠自身动力能在大气中飞行的重于空气的航空器。常见的飞机有螺旋桨式飞机、喷气式飞机和超音速飞机。

螺旋桨式飞机利用螺旋桨的转动将空气向机后推动,借其反作用力推动飞机前进,所以螺旋桨转速越高,飞行速度越快,但当螺旋桨转速高到某一程度时会出现"空气阻碍"的现象,再提高螺旋桨的转速飞机的速度也无法提升。图4-61为直升机。

喷气式飞机(图4-62)最早由德国人在19世纪40年代研制成功的,它是将空气多次压缩后喷入飞机燃烧室内,使空气与燃料混合燃烧后产生大量气体以推动涡轮,然后以高速度将空气排出机外,借其反作用力使飞机前进。它的结构简单,制造、维修方便,速度快,节约燃料费用,装载量大,使用率高(每天可飞行16小时),已成为世界各国机群的主要机种。

超音速飞机是指航行速度超过音速的飞机,如英、法在20世纪70年代联合研制成功的协和式(Concorde)飞机。目前超音速飞机(图4-63)由于耗油大,载客少,造价昂贵,使用率低,且噪声很大,限制了它的发展。

太阳能飞机是指利用太阳能提供动力的飞机,如图4-64所示。

模块四 运输设备与应用

图4-61 直升机

图4-62 喷气式飞机

图4-63 超音速飞机

图4-64 太阳能飞机

（1）按构造分类。按不同的构造可将飞机分为不同的类型：按机翼的数目可分为双翼机和单翼机；按发动机类型可分为活塞式发动机飞机及螺旋桨组飞机和喷气式飞机；按发动机数目可分为单发动机飞机、双发动机飞机、三发动机飞机和四发动机飞机；按起落地点可分为陆上飞机、雪（冰）上飞机、水上飞机（图4-65）、两栖飞机和舰载飞机；按起落方式可分为滑跑起落式飞机和垂直/短距起落式飞机。此外，飞机还可按尾翼位置或数量、机身数量分类。

图4-65 水上飞机

（2）按用途分类。由于飞机的性能、构造和外形基本上由用途来确定的，所以按用途分类是最主要的分类方法之一。现代飞机按用途主要可分为军用机和民用机两类，另有一类专门用于科研和试验的飞机，可称为研究机。

按照用途的不同，民用机可分为客机（图4-66）、全货机（图4-67）和客货混合机(图 4-68)。客机主要运送旅客,一般行李装在飞机的深舱。到目前为止,航空运输仍以客运为主,客运航班密度高、收益大,大多数航空公司都采用客机运送货物。其不足之处在于舱位少每次运送的货物数量有限。全货机运量大,可弥补客机的不足,但经营成本高,只限在某些货源充足的航线使用。客货混合机可同时在主甲板运送旅客和货物,并根据需要调整运输安排,是最具灵活性的一种机型。

图 4-66 客机

图 4-67 全货机

图 4-68 客货混合机

客机用于运载旅客和邮件。目前各国使用的客机大多是亚音速机。超音速客机有两种,其最大巡航速度为二倍音速。中型客机使用较广泛,既有喷气式的,也有带螺旋桨的,如"三叉戟"型飞机。货机用于运送货物,一般载重较大,有较大的舱门,或机身可转折,便于装卸货物;货机修理维护简易,可在复杂气候下飞行。

目前世界上主要的运输机机型有波音系列(B—)、麦道系列(MD—)、安系列(An—)、图系列(Tu—)、伊尔系列(Il—)、空中客车系列(A—)以及我国的运系列(Y—)、新舟 60、运输直升机系列等。

2. 飞机的组成

飞机从诞生发展到今天,型号五花八门,总数近 1 200 种以上。各时期各种用途的飞机大小、样式、应用,差别很大,但各种飞机的构成基本一致,除少数特殊形式的飞机外，大多数飞机都由机翼、机身、尾翼、起落装置和动力装置五个主要部分组成。飞机组成示意图如图4-69所示。

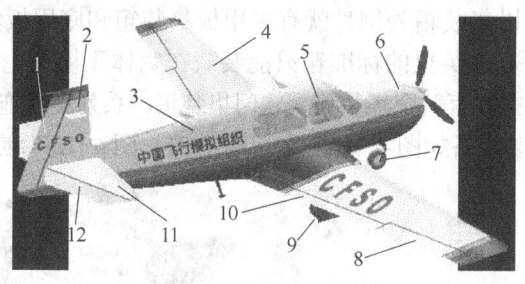

图 4-69　飞机组成示意图
1—方向舵　2—垂直安定面　3—机身　4—机翼　5—座舱　6—发动机　7—前起落架
8—副翼　9—主起落架　10—襟翼　11—水平安定面　12—升降舵

飞机上除了这五个主要部分外，根据飞机操作和执行任务的需要还装有各种仪表、通信设备、领航设备、安全设备等其他设备。

3．飞机常用参数

飞机常用参数有：

（1）机长。它是指飞机机头最前端至飞机机尾翼最后端之间的距离。

（2）机高。它是指飞机停放地面时飞机尾翼最高点的离地距离。

（3）翼展。它是指飞机左、右翼尖间的距离。

（4）最大起飞重量。它是指飞机试航证上所规定的该型飞机在起飞时所许可的最大重量。

（5）最大着陆重量。它是指根据飞机的起落架和机体结构所能承受的撞击量，由飞机制造厂和民航当局规定。

（6）飞机基本重量。它是指除商务载重（旅客及行李、货物、邮件）和燃油外飞机做好执行飞行任务准备的飞机重量。

4．飞机的飞行性能

飞机的飞行性能主要是看飞机能飞多快、多高、多远以及飞机做一些机动飞行（如筋斗、盘旋、战斗转弯等）和起飞着陆的能力。其包括速度性能（最大平飞速度、最小平飞速度、巡航速度）、高度性能（最大爬升率、理论升限、实用升限）、飞行距离（航程、活动半径、续航时间）、飞机的机动性、飞机的稳定性（纵向稳定性、航向稳定性、横向稳定性）等。

（三）集装设备

航空运输中的集装设备主要是指为提高运输效率而采用的托盘和集装箱等

成组装载设备。为使用这些设施，飞机的甲板和货舱都设置了与之配套的固定系统。由于航空运输的特殊性，这些集装设备无论从外形构造还是技术性能指标都具有自身的特点。以集装箱为例，就有主甲板集装箱和底甲板集装箱之分。海运中常见的40英尺和20英尺的标准箱只能装载在宽体飞机的主甲板。

航空集装设备主要有航空集装箱、软门集装箱、系列集装拖板车、升降平台车等。主要的航空集装设备如图4-70所示，图4-71、图4-72为航空货物装运图片。

a)

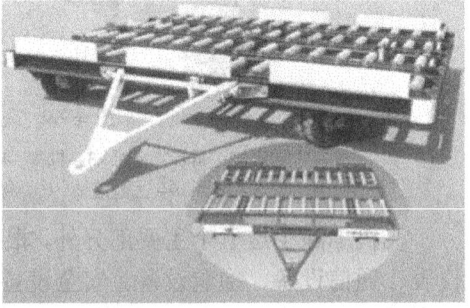

b)

c)

图4-70 主要的航空集装设备

a）航空集装箱　b）系列集装拖板车　c）升降平台车

图4-71 用升降平台车装运货物

图4-72 用集装拖板车装运货物

模块四 运输设备与应用

阅读资料4

我国航空工业进入黄金发展期

《国家中长期科学和技术发展规划纲要（2006～2009）》将大飞机项目列入16个重大专项，确立了发展民用飞机产业、开拓民用飞机市场进而成为航空大国和航空强国的基本发展战略。2008年我国航空工业体制大改革，航空一、二集团合并为中国航空工业集团，新组建中国商业飞机有限公司，民机产业将以此为起点在我国形成一个新兴的产业。

民机范畴不仅包括大型干线客货运输机和支线飞机的商用类飞机，同时还包括广泛用于工业、农业、林业、渔业、矿业、建筑业等诸多领域以及医疗卫生、抢险救灾、气象探测、海洋监测、科学试验、遥感测绘、教育训练、文化体育、公务飞行、私人航空、旅游观光等领域的通用类飞机。这些领域对飞机的应用需求随着经济的快速发展与日俱增，飞机的应用领域将得到进一步的扩展。

据波音公司2009年预测，中国未来20年需要新飞机3770架，总价值4000亿美元。ARJ-700、新舟60、新舟600、新舟700等支线飞机以及直9、直11和EC120等多用途直升机的研发制造也取得重大进展，已经或即将推向市场。具有我国自主知识产权的ARJ21-700支线飞机，虽然处于适航取证阶段，但已有订单240架。这些成果为我国航空工业的发展奠定了坚实的基础。

根据规划，国产大飞机装上"中国心"并飞上蓝天将分两步实施：①首批国产大飞机需要购买国外成熟发动机；②在后续某些机型上，根据用户不同需求可适时换上自主研制的发动机。继通用电气、罗尔斯罗伊斯和惠普三大飞机发动机生产商之后，中国企业开始冲刺大型客机发动机的研发制造。

航空发动机研发制造瓶颈取得重大突破。昆仑、秦岭、太行等航空发动机的最新研制成果，已经或即将终结长期制约我国航空工业发展的瓶颈，国产飞机使用国产发动机的时代已经来临。研究表明，研制飞机发动机可对产业链建设和经济拉动产生显著效应。如果将民用船舶业对产业拉动以一元钱计算，那么汽车为80元，而大型客机为800元，航空发动机为1400元。

从外部市场环境来看，目前我国航空工业国际合作前景广阔，国际市场潜力巨大。我国的航空产品具有物美价廉的特点，特别适合发展中国家的需求。以K8教练机为例，截至目前累计出口300余架，手持订单150余架，价值人民币50余亿元，满足企业三年生产需求，且全球订单呈现迅速增长之势。

大飞机项目3～5年内将投入600亿元，其中300亿元作为前期研发费用，另300亿元将用于能力建设，而到最终投放市场，相关投入总体上将达到2000亿元，相当于三峡工程的总投资。如此庞大的投资规模还并不是中国航空工业投入的全部，还有承担大型运输机任务的中国航空工业集团的投资以及用于军机和多种通用飞机的投资费用。

（资料来源：http://www.china.com/03/0324/032401/news/20100525/091733.asp，
http://www.china.com.cn/policy/txt/2010-01/08/content_19204423.htm）

能力训练项目 3

运输设备图片情境案例

案例 a：汽车超载。仔细观察汽车超载图片（图 4-73），并讨论回答问题。

a)　　　　　　　　　　　　　　b)

图 4-73　汽车超载图片

案例 b："油轮断裂"。仔细观察油轮超载图片（图 4-74），并讨论回答问题。

图 4-74　油轮超载图片

模块四　运输设备与应用

▶ 讨论

对图片中的情境进行分析，讨论回答为何会出现超载现象？超载有何危害？

理论环节 3

管道运输设备

中哈石油管道、中亚天然气管道

规划中的中哈原油管道全长3 088公里，从哈萨克斯坦境内里海岸边的阿特劳出发，经过肯基亚克与阿塔苏，最终到达我国新疆的独山子，全长1 200多公里。总投资为25亿～30亿美元，设计年输油量不低于2 000万吨。2004年9月，管道一期正式开工，在次年的12月管道即建成。

2006年5月25日，一股来自于哈萨克斯坦的原油抵达中石油新疆阿拉山口计量站。中国—哈萨克斯坦原油管道正式开始对华输油，中国首次实现以管道方式从境外进口原油。在一期每年1 000万吨输油工程投产后，中哈管道二期工程接踵而至，2010年1月，具有1 000万吨输油能力的中哈原油管道二期一阶段肯基亚克—库姆科尔管道开始商业输油。中哈原油管道自2006年7月投入商业运营，当年输油176万吨，2007年输油477万吨，2008年输油量突破600万吨，2009年则达到773万吨，成为管道运营以来输油量最高的年份。

2008年6月，中石油正式开工建设中亚天然气管道。该管道起自土库曼斯坦和乌兹别克斯坦两国边境，中途穿越乌兹别克斯坦和哈萨克斯坦，在新疆霍尔果斯入境，全长1 833公里，是迄今全球规划上的最长的天然气管道。中亚天然气管道在进入中国后，与西气东输二线相连，最终将气送往长三角、珠三角地区。整个管线长度近万公里。

2009年12月15日，中国—中亚天然气管道开始向中国西气东输二线输气，年输气能力为45亿立方米，此后逐年增加，预计在2012年可达到管道设计的年输气能力300亿立方米。中石油方面透露，中亚天然气管道输气能力还将扩建，预计会在原来的供气量上再增加200亿～300亿立方米。

（资料来源：http://www.fumuqin.com/InfoFiles/011001/64855-37852.html，

http://www.fumuqin.com/InfoFiles/001005/11849-44067.html）

▶ 讨论

管道运输方式的跨国合作有何意义？

一、管道运输概述

(一) 管道运输概况

管道运输是利用管道设备设施等,通过一定压力差驱动货物(多为液体、气体、粉粒、颗粒形状)沿着管道流向目的地的一种运输方式。它和其他运输方式重要区别在于管道设备是静止不动的。管道运输由于采用密封设备,在运输过程中可避免散失、丢失等损失,也不存在其他运输设备本身在运输过程中消耗动力所形成的无效运输问题。另外,运输量大,适合于大量且连续不断运送的物资。

管道运输作为输送原油和成品油最主要的方式之一,其发展与能源工业,尤其是石油工业的发展密切相关。现代管道运输起源于 1865 年美国宾夕法尼亚的第一条原油管道。我国的管道网建设则始于 20 世纪 50 年代末期新疆建成的全长为 147 公里、管径为 150 毫米的克拉玛依—独山子输油管道。

据统计,2008 年末,我国输油(气)管道里程为 5.83 万公里,已经形成了东北、华北、中原、华东和西北广大地区四通八达、输配有序的石油、天然气管网运输体系。长输管道建设不仅在陆地上有所发展,而且也向海洋、沙漠中延伸。

我国西气东输工程于 2002 年 7 月 4 日开建,西起新疆轮南,经过戈壁沙漠、黄土高原、太行山脉,穿越黄河、淮河、长江,途经九个省、自治区、直辖市,最后到达上海,全长约 4 000 公里,2004 年 12 月 30 日全线供气。该工程是目前中国管径最大、管壁最厚、压力等级最高、技术难度最大的管道工程,创造了世界管道建设史上的高速度。图 4-75 是西气东输示意图。

川气东送工程以及其他工程,将使我国管道运输能力进一步提高,2006~2010 年期间,我国将基本形成覆盖全国的天然气基干管网,建成西油东送、北油南运成品油管道,同时适时建设第二条西气东输管道及陆路进口油气管道。未来 10 年是我国管道工业的黄金期,建设中的中俄输气管线、内蒙古苏格里气田开发后将兴建的苏格里气田外输管线、土库曼和西西伯利亚至中国的输气管线等,不仅为中国,也为世界管道业提供了发展机遇。

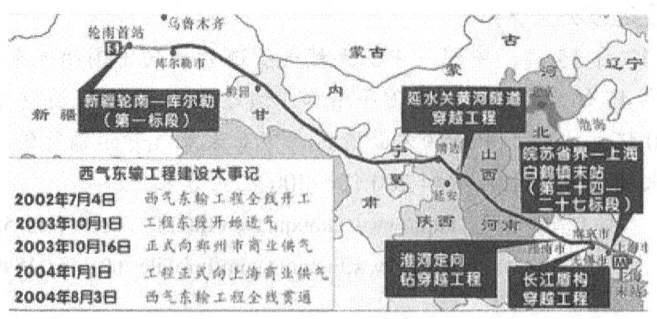

图 4-75 西气东输示意图

（二）管道运输的特点

管道运输具有以下特点。

（1）运量大。根据其管径的大小不同，其每年的运输量可达数百万吨到几千万吨，甚至超过亿吨。

（2）占地少。运输管道通常埋于地下，埋于地下的部分占管道总长度的95%以上，对土地的占用少，分别仅为公路的3%，铁路的10%左右。

（3）管道运输建设周期短，费用低。管道运输系统的建设周期与相同运量的铁路建设周期相比，一般来说要短1/3以上。统计资料表明，管道建设费用比铁路低60%左右。

（4）管道运输安全可靠，连续性强。管道运输能较好地满足运输工程的绿色化要求，管道基本埋藏于地下，其运输过程受恶劣多变的气候条件影响小。

（5）管道运输耗能少，成本低，效益好。发达国家采用管道运输石油，每吨公里的能耗不足铁路的1/7，在大量运输时的运输成本与水运接近。以运输石油为例，管道运输、水路运输、铁路运输的运输成本之比为1:1:1.7。

（6）灵活性差。管道运输不如其他运输方式灵活，除承运的货物比较单一外，也不容随便扩展管线。对一般用户来说，管道运输常要与铁路运输或汽车运输、水路运输配合才能完成全程输送。

管道运输主要担负单向、定点、量大的流体状货物（如石油、油气、煤浆、某些化学制品原料等）运输。另外，在管道中利用容器包装运送固态货物（如粮食、砂石、邮件等），也具有良好的发展前景。

（三）管道的分类

管道既是管道运输的运输工具，又是运输通道。管道按其铺设工程可分为架空管道、地面管道和地下管道，其中地下管道应用最广；按所输送的物品不同可分为原油管道、成品油管道、天然气管道和固体料浆管道；按用途的不同可分为集输管道、输油（气）管道、配油（气）管道。此外，管道还可按其所用材料、管径大小等进行分类。

二、管道运输设备分类

管道运输设备由管道线路设施（图4-76）、管道站库设施和管道附属设施组成。

管道线路设施包括管道本体、管道防腐保护设施、管道水工防护构筑物、抗震设施、管堤、管桥、管道专用涵洞和隧道。

图 4-76 管道线路设施

1. 油品管道运输设备

长距离输油管道由输油站和管线两大部分组成。输油站（图 4-77）包括首站、末站、中间泵站等。输送轻质油或低凝点原油的管道不需加热，油品经一定距离后，管内油温等于管线埋深处的地温，这种管道称为等温输油管，无须考虑管内油流与周围介质的热交换。对易凝、

图 4-77 输油站

高粘油品，要采用加热输送的办法，热油输送管道不仅要考虑摩擦阻力的损失，还要考虑散热损失，输送工艺更为复杂。对低凝固点原油都采用常温输送，而对高凝固点的原油则需采用加热输送。我国原油多为高凝固点、高含蜡、高黏度的原油，需要采用加热炉直接输送。

2. 天然气管道运输设备

我国是世界上最早使用管道输送天然气的国家之一。我国第一条天然气管道是 1963 年在四川建成的，管径 426 毫米、长度 55 公里的巴渝线。从全世界来看，18 世纪以前主要是用木竹管道运输，直到 1880 年首次出现蒸汽机驱动的压气机，19 世纪 90 年代钢管出现后，管道运输进入工业性发展阶段。截至 20 世纪 80 年代，全世界的输气管道约近 90 万公里。美国、西欧、加拿大及苏联等国家均建成了规模较大的输气管网甚至跨国输气管道。

输气管道系统主要由矿场集气网、干线输气管道（网）、城市配气管网以及与此相关的站、场等设备组成。这些设备从气田的井口装置开始，经矿场集气、净化及干线输送，再经配气网送到用户，形成一个统一的、密闭的输气系统。图 4-78 为天然气管道站。

模块四　运输设备与应用

图 4-78　天然气管道站

3. 固体料浆管道运输设备

管道除了输送石油及其制品以及天然气，还可用于输送其他如矿石、煤炭、粮食等物料。目前，物料的管道运输有两种方案：①把散状或粉尘状物料与液体或气体混合后沿管道运输，这种与液体混合的方式叫浆液运输，它适用于煤、天然沥青、砂、木屑、浆料等货种。由于这种方案受物料性质、颗粒大小与重量等因素的限制，运输距离不能太长，同时能耗较多，对管道的磨损也较大。②用密封容器装散状物料，放在管道的液流中或用专用载货容器车装散状物料置于管道气流中靠压力差的作用运送物料，这种用容器车进行管道运输的方法能运送大量的不同的货物。近年来，管道运输也被进一步研究用于解决散状物料、成件货物、集装物料的运输，以及发展容器式管道输送系统。

目前浆液管道主要用于输送煤、铁矿石、磷矿石、铜矿石、铝矾土和石灰石等矿物，配制浆液的主要是水，还有少数采用燃料油或甲醇等液体做载体。

美国 1971 年建成了长 439 公里的黑迈萨煤浆管道，管径为 457 毫米和 305 毫米，年输煤 500 万吨；规模最大的矿浆管道是巴西的萨马科铁矿浆管，全长 400 公里。我国在唐山建立了煤浆管道试验中心。固体料浆管道的输送技术还在继续探索和发展之中。

料浆管道的基本组成部分与输气、输油管道大致相同，但还有一些制浆、脱水干燥设备。以煤浆管道为例，整个系统包括煤水供应系统、制浆厂、干线管道、中间加压泵站、终点脱水与干燥装置。它们也可分为浆液制备厂、输送管道、浆液后处理系统三个不同组成部分。

三、管道生产管理

管道生产管理是指管道运行过程中利用技术手段对管道运输实行统一的指挥和调度，以保证管道在最优化状态下长期安全而平稳的运行，从而获得最佳经济效益的过程。管道生产管理包括管道运输计划管理、管道输送技术管理、管道输送设备管理和管道线路管理。前两者合称管道运行管理。

1. 管道输送计划管理

管道输送计划管理首先是编制管道输送的年度计划,根据年度计划安排月计划、批次计划、周计划等;然后根据这些计划安排管道全线的运行计划,编制管道站、库的输入和输出计划以及分输和配气计划。另一方面根据输送任务和管道设备状况编制设备维护检修计划和辅助系统作业计划。

2. 管道输送技术管理

根据管道输送的货物特性确定输送方式、工艺流程和管道运行的基本参数等,以实现管道生产最优化。管道输送技术管理的内容包括随时检测管道运行状况参数,分析输送条件的变化,采取各种适当的控制和调节措施调整运行参数,以充分发挥输送设备效能,尽可能减少能耗。对输送过程中出现的技术问题要随时予以解决或提出来研究。管道输送技术管理和管道输送计划管理都是通过管道的日常调度工作来实现的。

3. 管道输送设备管理

管道输送设备管理的内容主要包括:①对设备状况进行分级并进行登记;②记录各种设备的运行状况;③制订设备日常维修和大修计划;④改造和更新陈旧、低效能的设备;⑤保养在线设备。

4. 管道线路管理

对管道线路进行管理,以防止线路受到自然灾害或其他因素的破坏。管道线路管理内容主要包括:①日常的巡线检查;②线路构筑物和穿越、跨越工程设施的维修;③管道防腐层的检漏和维修;④管道的渗漏检查和维修;⑤清管作业和管道沿线的放气、排液作业;⑥管道线路设备的改造和更换;⑦管道线路的抗震管理;⑧管道紧急抢修工程的组织等。

阅读资料5

我国主要管道分布情况

1. 华北地区原油管道

华北地区有大港油田、华北油田,都设有外输原油管道,华北地区的炼化企业有东方红炼油厂和大港炼油厂、天津炼油厂、沧州炼油厂、石家庄炼油厂、保定炼油厂、呼和浩特炼油厂等。原油管道总长度1 847.4公里,主要有秦皇岛—北京线、大港—周李庄线、任丘—沧州线、任丘—北京线、沧州—临邑线、河间—石家庄线、任丘—保定线、阿尔善—赛汗塔拉线等。

2．中部地区原油管道

中部地区油田分布在湖北和河南境内，有江汉油田、河南油田和中原油田，主要炼油企业有湖北荆门炼油厂和河南洛阳炼油厂，原油管道总长度为1347.5公里。

3．东北地区原油管道

东北地区是原油生产的主要基地，有大庆油田、辽河油田和吉林油田，原油产量大约占全国总产量的53.5%，原油管道达3399.6公里。

4．华东地区原油管道

华东地区主要油田为山东胜利油田，是继大庆油田之后建成的第二大油田。胜利油田投入开发后，陆续建成了原油管道总长度2718.2公里，形成了华东管道网，主要有鲁宁线、东营—辛店线、临邑—济南线、临邑复线、东营—黄岛线及其复线。

5．西北地区输油、输气管道

（1）输油管道。西北地区是20世纪50年代初全国石油勘探的重点地区。西北地区原油管道总长4102.7公里，主要有花格线、轮南—库尔勒线、塔中—轮南线、库尔勒—鄯善线、马岭至惠安堡—中宁线。

（2）输气管道。输气管道主要有靖边—北京线、鄯善—乌鲁木齐线、塔中—轮南线、濮阳—沧州的中沧线等。

6．陆上成品油管道

最早的长距离的成品油管道是1973～1979年修建的格尔木—拉萨成品油管道，全长1080公里，年输送能力25万吨。此外距离较长的管道还有抚顺石化至营口鲅鱼圈线、天津滨海国际机场和北京首都国际机场线、在建的兰州至成都至重庆线。

7．西南地区原油输气管道

四川是我国天然气储量最丰富的地区之一，输气管道占全国的65%，输气量占全国的67%，基本形成了四川南半环输气管道网。

8．2002年建成投产的主要油气管线

2002年建成投产的主要油气管线有兰成渝成品油管道、沧淄天然气管道、和田天然气管道。

9．我国正在建设的管道

（1）原油管道。从哈萨克斯坦到中国管道、天津—燕山石化、沧州—天津、临邑—濮阳、宁波—上海—南京管道。

（2）天然气管道。继西气东输之后，还将启动"俄气南送"工程。此外还有深圳至广东干线、胶东半岛天然气管网、东海天然气管道、南海气田至海南和广西管线、四川忠县到武汉管线、济南到淄博管线等。

（3）广东茂名至云南昆明的成品油管道。

小　　结

　　本模块以相应案例训练为基础，介绍公路运输、铁路运输、水路运输、航空运输及管道运输设备的主要组成、分类以及其发展趋势，并列举一些常见运输设备，引入补充阅读资料、案例分析等加深对各类运输设备的认识。通过学习，使学生了解各类运输设备的作用，掌握各类基本运输设备的基本知识，并具备运输设备选择与应用的初步能力。

核心知识点

汽车、铁路机车与车辆、船舶、飞机、管道

复　习　题

　　1．货运汽车主要有哪些种类？
　　2．简述汽车的主要性能参数有哪些？
　　3．汽车的维护保养有什么作用？
　　4．常用的货运铁路车辆有哪些？
　　5．什么是船舶？常用的货船有哪些？它们的适载货物是什么？
　　6．什么是载重线？什么是船舶的载重吨位？什么是船舶容积吨位？
　　7．飞机有哪些主要类型？
　　8．管道运输有何特点？
　　9．管道运输设备有哪些？应如何进行管道输送设备管理？如何进行管道线路管理？

实　践　题

　　以小组为单位，调查当地货运市场主要有哪些运输设备在承担物流运输功能，并作交流。

模块五　仓储设备与应用

能力目标

1. 根据实际仓储条件合理布置站台设备
2. 根据货物特性和作业要求选择合理的仓储设备
3. 自动化仓储系统需求的初步分析能力

知识目标

1. 了解仓储设备的基本类型与功能、应用场合
2. 掌握货架的定义、作用、分类；掌握各种货架的特点和应用场合
3. 掌握主要站台设备及应用场合
4. 掌握自动分拣系统的定义、构成和主要工作过程；了解各种分拣系统的应用
5. 掌握自动化立体仓库的定义、分类和优缺点；了解自动化立体仓库的应用

能力训练项目 1

某工厂货架选择

某工厂生产电饭煲，其原材料仓库存放各种物料类别及使用量见表 5-1，该工厂物料种类目前为 2 000 种左右，后期发展要达到 3 000 种以上。

表5-1　存放物料类别及使用量

物料类别	包装箱规格	重量/千克	当前使用量	后期计划用量
冲压小件	胶箱 68.8 厘米×41.5 厘米×36 厘米	25/箱	1 000	2 000
电气元件	胶箱 68.8 厘米×41.5 厘米×36 厘米	10/箱	5 000	8 000
电路板	胶箱 68.8 厘米×41.5 厘米×36 厘米	10/箱	1 000	1 500
标准件	胶箱 68.8 厘米×41.5 厘米×36 厘米	25/箱	500	1 000

(续)

物料类别	包装箱规格	重量/千克	当前使用量	后期计划用量
规胶件	胶箱 68.8 厘米×41.5 厘米×36 厘米	10/箱	1 000	2 000
塑料小件	钙塑箱 62 厘米×32 厘米×37 厘米	25/箱	5 000	8 000
电热盘	胶箱 68.8 厘米×41.5 厘米×36 厘米	25/箱	3 000	4 000
塑料大件	钙塑箱 62 厘米×32 厘米×37 厘米	10/箱	6 000	10 000
金属材料	地抬板 100 厘米×80 厘米	1 500/板	300	500
塑料材料	地抬板 120 厘米×110 厘米	1 000/板	200	400
合　　计			23 000	37 400

▶ 讨论

试为该工厂仓库选择合适的货架。

理论环节 1

货　　架

一、货架的作用及功能

在仓库设备中，货架是指专门用于存放成件物品的保管设备。货架是用立柱、隔板或横梁等组成的立体储存物品的设施。

货架在现代物流活动中起着相当重要的作用。仓库管理实现现代化与货架的种类、功能有直接的关系。

货架的作用及功能为

（1）货架是一种架式结构物，可充分利用仓库空间，提高库容利用率，扩大仓库储存能力。

（2）存入货架中的货物，互不挤压，物资损耗小，可完整保证物资本身的功能，减少货物的损失。

（3）货架中的货物，存取方便，便于清点及计量，可做到先进先出，能预定储放物品位置，方便管理。

（4）保证存储货物的质量，可以采取防潮、防尘、防盗、防破坏等措施，以提高物资存储质量。

（5）很多新型货架的结构及功能有利于实现仓库的机械化及自动化管理。

二、货架的分类

货架的种类多种多样,根据不同的划分方式,可以分成不同的类型。

(1) 货架按照发展形态的不同可分为传统式货架和新型货架。传统式货架包括:层架、层格式货架、抽屉式货架、橱柜式货架、U形架、悬臂架、栅架、鞍架、气罐钢筒架、轮胎专用货架等。新型货架包括:旋转式货架、移动式货架、装配式货架、调节式货架、托盘货架、进车式货架、高层货架、阁楼式货架、重力式货架、屏挂式货架等。

(2) 货架按照适用性的不同可分为通用货架和专用货架。

(3) 货架按照制造材料的不同可分为钢货架、钢筋混凝土货架、木质货架和钢木合制货架。

(4) 货架按照封闭性程度的不同可分为敞开式货架、半封闭式货架和封闭式货架。

(5) 货架按照结构的不同可分为层架、层格架、橱架、抽屉架、悬臂架、三脚架和栅型架等。

(6) 货架按照可移动性的不同可分为固定式货架、移动式货架、旋转式货架、组合货架、可调式货架和流动储存货架。

(7) 货架按照高度的不同可分为低层货架(高度在5米以下)、中层货架(高度在5~15米)、高层货架(高度在15米以上)。

(8) 货架按照载重量的不同可分为轻型货架(每层货架的载重量在150千克以下)、中型货架(每层货架的载重量在150~500千克)、重型货架(每层货架的载重量在500千克以上)。

(9) 货架按照结构的不同可分为整体结构式和分体结构式。

(10) 货架按照载货方式的不同可分为悬臂式货架、橱柜式货架和棚板式货架。

(11) 货架按照构造的不同可分为组合可拆卸式货架和固定式货架。组合可拆卸式货架以轻便、灵活、适用范围广为特点;固定式货架以牢固、承载大、刚性好为特点。组合可拆卸式货架多用于平面仓库和分离式自动仓库,固定式货架多用于库架合一式自动仓库。其中,固定式货架又分为单元式货架、一般式货架、流动式货架和贯通式货架。

三、常见货架的特点和运用

(一)托盘式货架

托盘式货架一般采用叉车等装卸设备作业,是以托盘单元货物的方式来保管货物的货架，又称工业货架，它是机械化、自动化货架仓库的主要组成部分。这种货架由立柱、主柱片、横梁等通过螺栓或插接组成，又称装配式货架。它具有刚性好、自重轻，层高可自由调节，适合规模化生产、成本低、运输和安装便利，并易于实现模块化设计等优点，目前已被工业企业各类货架仓库普遍采用。货架沿仓库的宽度方向分成若干排，其间有一条巷道，供堆垛起重机、叉车或其他搬运机械运行，每排货架沿仓库纵长方向分为若干列，在垂直方向又分成若干层，从而形成大量货格，便于用托盘存储货物，如图 5-1 所示。

图 5-1 托盘式货架

托盘式货架的优点是：①每一块托盘均能单独存入或移动，不需移动其他托盘。②可适应各种类型的货物，可按货物尺寸要求调整横梁高度。③配套设备简单，成本低，能快速安装及拆除。④货物装卸迅速，主要适用于整托盘出入库或手工拣选的场合，能最大限度地利用仓库的上层空间。

（二）悬臂式货架

悬臂式货架（图 5-2）由悬臂和纵梁相连而成。悬臂式货架分单面和双面两种，由金属材料制造而成，为了防止所储存材料的破损，常常加上木质衬垫或橡胶衬垫。悬臂式货架的尺寸不定，一般根据所放长形材料的尺寸大小而定。一般货架前端没有立柱，物料被存放在固定于后立柱的悬臂梁上。

悬臂式货架一般与具有长大物料侧向装卸

图 5-2 悬臂式货架

功能的侧面叉车、巷道堆垛起重机等配套使用。悬臂式货架适用于存放长物料、板材、环形物料和不规则的货物，如管材、型钢、铝型材、塑钢材等长大的物料。悬臂可以单面或双面，具有结构轻巧，载重能力好的特点。在悬臂上增加钢制或木制的搁板后,特别适合空间小、高度底的库房,空间利用率高,存取货物更方便、快捷,货物的存放一目了然。

(三)重力式货架

重力式货架(图 5-3)又称为流动式货架,是一种利用存储货物自身重力来达到在存储深度方向上使货物运动的存储系统,多用于拣选系统中。重力式货架是高密度托盘存储系统,它将相同货物的托盘存入 2~4 倍深度又稍微向上倾斜的可伸缩的轨道货架上,托盘的存放和取出在同一通道上进行,存入时叉车将托盘逐个推入到货架深处,取出时托盘借重力逐个前移。它采取"先进先出"型存取模式,存货时托盘从货架斜坡高端送入滑道,通过导向轮下滑,逐个存放;取货时从斜坡低端取出货物,其后的托盘逐一向下滑动待取。托盘货物在每一条滑道中依次流入、流出,特别适用于易损货物和大批量同品种、短时期储存的货物。

图 5-3 重力式货架

重力式货架仓库利用率极高,运营成本较低,但对通道物流布局有特殊要求。重力式货架使用时,最好同一排、同一层上的为相同的货物或一次同时入库和出库的货物。此外,当通道较长时,在导轨上应设置制动滚道,以防止终端加速度太大。

重力式货架的主要特点有:

(1)单位库房存储面积大。它能大规模密集存储货物,存储货物的范围很大,从 1 千克以下的轻小物体到小型集装箱都可以采用。

(2)出入库工具运行距离短。由于固定了出入库的位置,在进行搬运作业时搬运工具无需在通道中穿行。

(3)出入库作业的安全性较高。由于其入库作业和出库作业完全分离,搬运工具不相互交叉,不相互干扰,事故率较低,能避免高密度储存货架在装卸作业中容易产生的货损。

(4)拣选作业方便。它可以保证先进先出的原则,有利于货物的拣选作业。它属于密集存储型,可用于大量存储的领域,此外可应用于配送中心、物流中心的仓库,以方便拣货作业。

(5)缩短拣取时间,不需要特殊的搬运设备。由于存储面积较多,通道较少,所以空间利用率和生产率都很高。

(四)搁板式货架

搁板式货架(图5-4)是广泛应用于工厂、企业、商店等地方的一种货架,可铺木层板或铁层板,结构美观、简单,移动、拆装都很方便,承载大,而且对使用场所要求低,配合登高楼梯使用,可大幅度提高仓库的空间使用率,存取货也相当方便。

图5-4 搁板式货架

搁板式货架的特点:

(1)货架采用全拆装结构,组合及拆解方便省时,无需借助任何工具。

(2)一般采用人力(不用叉车等)直接将货物(不采用托盘单元)存取于货架内。

(3)货架层板可以按一定间距自由调整,适应不同高度的物品的存放。

(4)层板有木制和钢制可供选择;每层承重可达100～500千克。

(5)货架之间可以横向、纵向增连,增加稳固性和安全性。

(五)拣选式货架

拣选式货架是满足拣选要求,存取货物时通过拣选小车来完成的货架。它为多层货架,货架载荷尺寸根据用户需要设计制作,每格载荷为300～1 000千克,如图5-5所示。配送中心通过使用拣选式货架、拣选搬运设备(无动力拣选车、动力拣选台车、动力牵引车、堆垛机、搭乘车存取机、无动力输送机、动力输送机和计算机辅助拣选台车等)来完成货物的存储和拣选。拣选式货架的特点有以下几点:

图5-5 拣选式货架

(1) 能充分利用仓库高度，货物置放高度可接近仓库全高。
(2) 横梁方便调整，满足不同托盘货物的高度。
(3) 货物存放方便、快捷，存放效率高。
(4) 能适合多种叉车设备。
(5) 对地面要求低。普通标准地面就可以满足10米以下高度货架要求。
(6) 首层托盘可直接放在地面上，节省横梁，方便直接使用托盘车搬运。

（六）阁楼式货架

阁楼式货架（图5-6）适用于场地有限、品种繁多、数量少的情况，其底层货架是保管物料的场所，也是上层建筑承重梁的支撑，承重梁的跨距减小，建筑费用也大为降低。它适用于现有旧仓库的技术改造，配合使用升降机操作，可提高仓库的空间利用率。它采用全组合式结构，专用轻钢楼板，造价低，施工快。根据场地情况和使用需要，阁楼式货架可灵活设计成二层、多层各种形式，以充分利用空间；可采用木版、花纹板、钢板等材料做楼板，适用于五金工具、电子器材、机械零配件等物品的小包装散件储存。

图5-6 阁楼式货架

（七）移动式货架

移动式货架是一种带轮且可移动的货架。在货架下面装有滚轮，在仓库地坪上装有导轨，货架通过滚轮沿导轨移动，如图5-7所示。它适用于库存品种多、出入库频率较低的仓库，或库存频率较高、但可按巷道顺序出入库的仓库。它只需一个作业通道，可提高仓库面积的利用率，广泛应用于办公室存放文档、图书馆存放档案文献、金融部门存放票据、工厂车间及仓库存放工具和物料等作业中。移动货架系统作为一种内部物流系统，可应用于各行各业，具有多功能、灵活性高、投资成本小、节省空间的特点。在占地面积相同的情况下，与固定货架相比，采用移动式货架的仓储能力最大可提高85%，而移动货架的使用并不受特定行业或用途的限制，此外，还可产生约40%的可用空间留作他用。新建一个移动式货架仓库所需的建筑体积比改造旧设施减少60%，这种仓库的能源、经营和清洁成本也较低。

图5-7 移动式货架

(八) 重型货架

重型货架（图 5-8）适用于大型仓库，它采用优质冷轧钢板经辊压成形，立柱可高达 6 米而中间无接缝，横梁选用优质方钢，承重力大，不易变形，横梁与立柱之间挂件为圆柱凸起插入，连接可靠、拆装容易，并使用锁钉，以防叉车工作时将横梁挑起；全部货架的表面均经酸洗、磷化静电喷涂等工序处理，防腐防锈，外形美观。

图 5-8 重型货架

(九) 轻型货架

轻型货架（图 5-9）相对重型货架而言，一般采用人力（不用叉车等）直接将货物（不采用托盘单元）存取于货架内，货物的高度较低，深度较小，货架每层的载重量较轻。该货架的立柱一般采用薄钢板冷弯冲孔而成，其截面呈三角形，故又称"带孔角钢货架"；为提高载重量，也有截面呈开口方形。货架构件间的连接有螺栓连接和插接两种。其特点是结构简单、自重轻、装配方便，广泛应用于工厂企业、商店、办公室、厨房等。

图 5-9 轻型货架

轻型货架根据货架两侧、后侧有无挡板、挡板材质的不同可分为开放型、带侧、后挡板型、带侧、后挡板和隔板型、带侧、后挡板和抽屉型；根据其承载能力可分轻型（L）120 千克/层，中型（M）200～500 千克/层，重型（L）1 000 千克/层。

轻型冲孔货架是一种通用性很强的结构系统，广泛应用于组装轻型料架、工作台、工具车、悬挂系统、安全护网及支撑骨架。冲孔角钢的长度可按刻度快捷切割、用螺钉任意组装、修正并重新安装，既可满足经周密计划的使用，又可满足紧急使用的需要。

(十) 驶入式货架

驶入式货架（图 5-10）又被称为通廊式货架，是一种不以通道分割的、连续性的整栋式货架，在支撑导轨上，托盘按深度方向存放，一个紧接着一个，这使得高密度存储成为可能。驶入式货架的货物存取从货架同一侧进出，"先存后取，后存先取"，平衡重及前移式叉车可方便地驶入货架中间存取货物。驶入式货架的投资成本相对较低，其叉车作业通道与货物保管场所合一，仓库面积利用率大大提高,但同一通道内的货物品种必须相同或同一通道内的货物必须一次完成出入库作业。它适用于横向尺寸较大、品种较少、数量较多且货物存取模式可预定的情况,常用来储存大批相同类型货物。由于其存储密度大,地面空间利用率较高,常用在冷库等存储空间成本较高的地方,非常适合货品种类少但储藏量大的仓储应用。

图 5-10　驶入式货架

(十一) 穿越式货架

穿越式货架,也称驶出式货架(图 5-11),它与驶入式货架结构相同,有出入口,叉车可穿行作业,两端取货,可实现货物先进先出,但密度比驶入式略低。

(十二) 特殊货架

特殊货架包括模具架、油桶架、流利货架、网架、登高车、网隔间等。图 5-12 为存放地毯的货架。

图 5-11　穿越式货架

图 5-12　存放地毯的货架

四、货架的选型

货架是仓储设备的基础,合理的货架选型要综合考虑商品特性、作业需要、仓储空间的具体条件以及货架标准化等多个因素。

1．商品特性

存储物品的外形、尺寸直接影响到货架规格的选定,而储存商品的质量则直接影响到选用何种强度的货架。不同的储存单位,如托盘、容器或单品均有不同的货架选用类型。

2．作业需要

如果货架存取作业是由搬运设备来完成的,则选用货架时应一并考虑搬运设备。如货架通道宽度,直接影响到堆高机或叉车的选用类型,另外还需考虑举升高度及举升能力。

3．仓储空间

仓库的空间直接影响货架的选型,如仓库梁下高度、梁柱位置会影响货架的配置;地板承受的强度、平整度也与货架的设计、安装有关。

4．货架的标准化

货架的标准化体现在尺寸一致、材料一致、形式特征一致(主要表现在顶、脚、角、面)和色彩一致。选择货架时,应尽量选用标准化的货架系统,使同一场所的货架造型基本统一,形成一个整齐、有序的工作环境,以加快取货、分拣的工作效率,提高储存管理的效益。

能力训练项目 2

某公司装卸平台设计

东莞快能仓储公司是一家刚刚注册成立的专门提供农产品储存业务的仓储公司,预计年经营额达到 1 亿元人民币,该公司经营的农产品主要是由 5 吨和 10 吨货车负责运送。

▶ 讨论

试结合该公司的业务特点,为该公司设计一个合理的装卸平台。

模块五　仓储设备与应用

理论环节 2

站台设备

仓储设备需要与外界进行货物的交换，因此要搭建起合理的货物交互接口，实现货物的快速转移。站台设备就是连接仓储空间与运输设备的接口设备。主要的站台设备包括装卸平台、升降平台以及移动式登车桥等类型。

1. 装卸平台

装卸平台又称站台调整板，是目前应用最普遍的站台装卸接驳设备。它一般安装在站台上，可调节自身高度，从而实现货车和站台的有效连接；它搭设在车辆和建筑物之间，以调整车辆底部与地面的高度差，图 5-13 为典型的装卸平台。

图 5-13　装卸平台

2. 升降平台

升降平台是比较安全且富有弹性的卸货辅助器，升降平台可分为码头升降平台（图 5-14）、剪式升降平台（图 5-15）和车尾附升降平台（图 5-16）三种。当配送车到达时，可调整码头升降平台高度来配合配送车车底板的高度，以方便装卸货；剪式升降平台一般装在站台前，不使用时与站台齐平，车辆能正常通行，在货车到达时可提升高度到车辆底板高度；对于无站台设施的物流中心或零售点，为方便装卸货，可运用车尾附升降平台将货物装上货车或卸到站台。

图 5-14　码头升降平台

图 5-15　剪式升降平台

图 5-16　车尾附升降平台

3. 移动式登车桥

它应用于无装卸站台或装卸位置不固定以及装卸场所较狭小等场合，以方便叉车等搬运车辆直接进入货车进行装卸，从而提高工作效率（图5-17）。

图5-17 移动式登车桥

能力训练项目3

配送中心参观或视频演示

参观有自动分拣系统的配送中心或用视频代替。

▶ 讨论

1. 配送中心自动分拣系统的基本构成与工作过程。
2. 自动分拣系统涉及哪些物流设备？这些仓储设备是如何工作的？

理论环节3

◆ 自动分拣设备

分拣就是将很多的货品按品种、不同的地点和顾客的订货要求，迅速、准确地从储位拣取出来，按一定的方式进行分类、集中并分配到指定位置，等待配装送货。按分拣的手段不同，分拣可分为人工分拣、机械分拣、自动分拣三大类。世界各国的大型物流中心十分注重发展先进的自动分拣技术和设备。目前国内外的大容量仓库或配送中心里几乎都配有自动分拣系统。自动分拣系统具有很高的分拣能力，较高的分拣速度，能处理各种各样的货品，目前主要用于邮政包裹的分拣，以及流通、商业的物流中心和配送中心里的分拣。

一、自动分拣系统概述

（一）自动分拣系统的特点

1. 自动分拣系统能够连续地、大批量地分拣货品

由于采用流水线自动作业方式，自动分拣系统不受气候、时间、人的体力的限制，可以连续运行100小时以上，自动分拣机单位时间分拣货品件数多，分拣能力远高于人工分拣的能力。例如，自动分拣系统每小时可以分拣7 000件包装货品；如用人工分拣则每小时只能分拣约150件，而且分拣人员也不可能高强度地连续工作数小时。

2. 分拣误差率极低

分拣误差率是自动分拣系统的重要指标，其大小取决于所输入分拣信息的准确率的大小。采用人工键盘方式输入，虽然设备简单，投资较省，但易出差错，误差率在3%以上；采用语音识别输入则需配备计算机语音识别系统，并要求环境安静，操纵者的语音标准，否则会产生较大误差率。目前在自动分拣系统中主要采用激光扫描条码输入技术来进行分拣信息输入。激光扫描条码输入的精度非常高，据美国一项调查，采用激光扫描条码输入126.6万项信息，仅错4项，差错率仅为0.003‰；扫描速度较高，与输送带的传送速度相当，最大可达每小时7 500件。

3. 分拣基本实现无人化

自动分拣系统作业本身不需要人员直接参与，基本做到无人化，实现了提高效率，减少误差的目的，使用人员工作只限于进货端口的接货和出货端口的集载装车，控制台的值班操作，系统的经营、管理与维护。例如，美国一公司配送中心面积为10万平方米左右，每天可分拣近40万件商品，仅使用约400名员工，自动分拣线上做到了无人化作业。

（二）自动分拣系统的组成

一个完整的自动分拣系统由设定装置、识别控制装置、自动分拣装置、输送装置和分拣道口等组成，它们通过计算机网络连接，在计算机系统的控制下运作。

1. 设定装置

它是在货品的外包装上贴上或打印上标签，标签上的代码表明货品的品种、规格、数量、货位、货主等信息。根据标签上的代码，在货品入库时可表明入库的货位，在输送货品的分叉处可正确引导货品的流向，堆垛起重机可按照代码把货品存入指定的货位。当货品出库时标签可引导货品流向指定的输送机的分支上，以便集中发运。设定装置种类很多，在自动分拣机上可使用条码、光学字符码、无线电射频码、音频码等。其中条码是国际通用码，应用极为广泛。

2．识别控制装置

识别控制装置的作用是接收、识别和处理分拣信号，根据分拣信号的要求，指示自动分拣装置对货品进行分拣。分拣信号通过磁头识别、光电识别或激光识别等多种方式输入到分拣控制系统中，分拣控制系统根据这些分拣信号，决定哪一种货品该进入哪一个分拣道口。

3．自动分拣装置

它根据控制装置传来的指令对货品进行分拣，在指定位置将货品推离主输送带，并输送到预定的输送机分支或倾斜滑道上去，完成货品的分拣输送。

4．输送装置

输送装置的主要组成部分是输送带或传输机，主要作用是使待分拣货品通过识别控制装置和自动分拣装置。在输送装置的两侧，一般要连接若干分拣道口，使分拣后的货品滑离主输送机，以便完成后续作业。

5．分拣道口

分拣道口是已分拣货品脱离主输送机（或主传送带）进入集货区域的通道，一般由钢带、皮带、滚筒等组成滑道，使商品从主输送装置滑向集货站台，工作人员将货品集中，或是入库储存，或是组配装车并进行配送作业。

二、自动分拣系统工作过程及主要设备

（一）自动分拣系统工作过程

自动分拣系统的工作过程大致可分为汇流、分拣识别、分拣与分流、分运四个阶段。

1．汇流段

货品进入自动分拣系统，可用人工搬运方式或机械化、自动化搬运方式，也可通过多条输送线送入自动分拣系统。经过汇流逐步将各条输送线上输入的货品合并于一条汇集输送机上；同时将商品在输送机上的方位进行调整，以适应分拣识别和分拣操作的要求。汇集输送机具有自动停止和起动的功能。如果前端分拣识别装置偶然发生事故，或货品和货品之间连接在一起，或输送机上货品已经满载时，汇集输送机就会自动停止，恢复正常后又能够自动起动，这是一种缓冲保护功能。图 5-18 为合流输送机。

图 5-18　合流输送机

为了达到高速分拣，要求分拣的输送机高速运行。目前的高速分拣机的分拣速度是每分钟200件以上，为了使输送机有更高的速度，在货品进入分拣识别装置前有一个使货品逐渐加速到分拣输送机的速度，以及相邻两个货品间保持的最小固定距离的要求。

2．分拣识别

在分拣识别阶段，激光扫描器对货品上的条码进行扫描，以获取货品分拣信息，并将其输入到计算机。激光扫描器的扫描处理速度很快，但受输送机速度和分拣动作的限制，货品之间必须保持一个限定的最小间距。当前计算机和程序控制器已能将这个间距减少到只有几英寸。

3．分拣与分流

货品离开分拣识别装置后在分拣输送机上移动时，计算机根据不同的货品分拣信号计算出移动时间，当货品行走到指定的分拣道口时，该处的分拣机构自行起动，将货品排离主输送机进入分流滑道排出。

4．分运

分运是分拣出的货品离开主输送机，再经过滑道到达分拣系统的终端的过程。分运所经过的滑道一般没有动力，靠货品的自重从主输送机上滑下。在各滑道的终端，由作业人员将货品搬进容器或搬上车辆。

（二）自动分拣机

自动分拣系统的主要设备是自动分拣机，按分拣货品移出的方式不同主要分为如下类型。

1．钢带推出式分拣机

它是利用输送钢带作为载运货品的主输送道，并在其上面利用导向挡板推出货品的分拣设备。单机长度随分拣道口的数量而定，日本某公司货运站安装的一台钢带式分拣机长度达155米。沿钢带的一侧每隔一定的距离设一导向挡板，它的对面一侧是分拣道口。被分拣货品首先通过一段分道装置，把货品按分道口的位置分别移送到左侧或右侧。货物到达指定道口时，在分拣信息的控制下挡板推出器按一特殊的曲线轨迹转动，平稳地把货品推到对侧的道口，并快速退回，让后面的货品继续通过。

有的钢带推出式分拣机是利用传输钢带上的磁记录信息来控制分拣动作的。在计算机发出上货信号时货品即进入分拣机，其前沿挡住货品探测器时探测器发出货到信号，计算机控制紧靠探测器的磁头，首先对钢带上的遗留信息进行消磁，再将该货品的地址代码信息以磁编码的形式记录在紧挨货品前沿的钢带上，成为自带地址信息，从而保持和货品同步运动的关系。在分拣机的每个分拣道口前都设有磁编码信息阅读器,当货品到达分拣道口时阅读器阅读钢带上的编码信息,如果所读的信息就是该分拣道口的代码,计算机立即控制导向挡板动作将货品推出分拣道口,完成该货品的分拣。

钢带推出式分拣机应用范围很广,除易损钢带的包装如木箱或过薄的货物外,其他包装或无包装的货品,重量在 1~70 千克,长度在 0.15~1.5 米的都能适用。其分拣能力一般为每小时 2 000~5 000 件。它强度高,耐用性好,可靠性高,但由于设备复杂,成本较高,分拣能力有限,占地大,运行费用也较高。

2. 胶带浮出式分拣机

胶带浮出式分拣机的结构与钢带推出式分拣机相比最大的区别是采用胶带代替钢带,因此对货品的质量和包装形式有一定的要求。胶带输送带分段设计,大约 3 米一段,每段之间设置 1~2 排可以上下升降,左右转向 45°的橡胶斜轮,斜轮前方两侧是分拣道口。平时斜轮轴线与胶带运行方向垂直,斜轮上缘在输送带平面以下,货品可从上面通过;当货品抵达指定的分拣道口时,控制器控制气动装置将斜轮转向一侧,并往上提升(浮出)约 2 厘米,斜轮的转动将货品斜移到指定一侧的分拣道口。完成分拣动作后,斜轮恢复原始状态。这种浮出装置也可安装在辊道式和链式输送机的运输线上,具有分拣和分道等多种功能。图 5-19 为链式输送机的导向分类机构。

图 5-19 链式输送机的导向分类机构

胶带浮出式分拣机分拣能力每小时 1 500~6 000 件,最大可达每小时 8 000 件,应用范围较广,除包装底面不平实的货品外,重量在 1~60 千克,长度在 0.15~1.2 米的包装和无包装的货品都能适用,它具有占地少、成本低、对货品的冲击较少、维护运行费用省、噪声较小和扩展方便等优点。

3. 滑动导向块分拣机

滑动导向块分拣机(图 5-20)的传送机构是一板式输送机,其板面由金属板条(管子)组成,每块板条(管子)上各有一枚能作横向滑动的导向块。导向块靠在输送机一侧的边上,当被分拣货品到达指定道口时,控制器使导向块顺序地向道口方向滑动,将货品推向分拣道口。由于导向块可以朝两侧滑动,因此滑动导向块可在主输送带的两侧设置分拣道口,以节

图 5-20 滑动导向块分拣机

约场地空间。滑块的动作由计算机控制,其动作合理,对货品冲击小,不损货品,适宜于各种形状、体积、重量1~90千克的货品。分拣能力最高可达每小时1.2万件,准确率达99.9%。

4.翻盘式分拣机

翻盘式分拣机(图5-21)的传送装置是一条环状链拖输送系统,由一系列用链条拖动沿着轨道环行的盘所组成。当翻盘抵达指定的道口时,控制器使电动装置托起翻盘向一侧倾斜,将翻盘上被分拣货品滑入分拣道口。由于翻盘分拣传输线可循环运行,上下左右转向,因此可因地制宜、按货品流程的要求布置成变化多样的空间分拣系统,为直线型分拣机所难及。同时被分拣的货品能在分拣线上任何一个或多个位置,通过一个特殊的三级加速的进货装置迅速、准确地推入高速运行的空盘上,只要增加进货点,分拣能力就能提高,分拣线的两侧都可设分拣道口,其间距是翻盘的节距,方便灵活。其最大分拣能力可达每小时2万件。

翻盘有多种形式(可以做成盘状)和尺寸,它适合于重量在1~50千克的小型包裹等货品。翻盘式分拣机技术成熟,广泛应用于邮政系统和其他行业。

图5-21 翻盘式分拣机

5.横移皮带式分拣机

横移皮带式分拣机是近年来由翻盘式分拣机发展起来的一种新型的环状分拣机,它用一短段横向(垂直于主运行方向)的皮带输送机作为分拣货品的承载器,用来代替翻盘。当货品传送到指定的道口时,横向皮带机开动,把货品向左(向右)侧送出。它避免了翻盘式分拣机的缺点——货品易滑落、易受损伤,不适合易碎、精密货品,其分拣货品适应性强,运行平稳,能双侧出货。还可把2~4台横向皮带合成一组承载器,用于大件货品,灵活机动。其分拣能力一般每小时1.8万件。如果增加进货点以及使用双层承载器,分拣能力最高可达到4万件。

图5-22为自动分拣输送系统。

图 5-22 自动分拣输送系统

三、自动分拣系统的选用

(一) 自动分拣系统的选用基础

自动分拣系统要求使用者必须具有一定的技术经济条件,具体来说有以下两点:

1. 巨大的一次性投资

自动分拣系统本身需要建设短则 40~50 米,长则 150~200 米的机械传输线,还有配套的机电一体化控制系统、计算机网络及通信系统等,这一系统不仅占地面积大,动辄 2 万平方米以上,而且一般自动分拣系统都建在自动立体仓库中,这样就要建 3~4 层楼高的立体仓库,库内需要配备各种自动化的搬运设施,这丝毫不亚于建立一个现代化工厂所需要的硬件投资。这种巨额的先期投入要花 10~20 年才能收回,需要有可靠的货源作保证。

2. 规范的商品外包装

自动分拣机只适于分拣底部平坦且具有刚性的包装规则的商品。袋装商品,包装底部柔软且凹凸不平的商品,包装易变形、易破损、超长、超薄、超重、超高、不能倾覆的商品不能使用普通的自动分拣机进行分拣,因此为了使大部分商品都能用机械进行自动分拣,可以采取两条措施:①推行标准化包装,使大部分商品的包装符合国家标准;②根据所分拣的大部分商品的统一的包装特性定制特定的分拣机。但要让所有商品的供应商都执行国家的包装标准是很困难的,定制分拣机又会使硬件成本上升,并且越是特别的其通用性就越差。

(二) 自动分拣设备的选用

现代化分拣设备是配送中心的重要生产工具,它的正确选用和合理使用,不仅能提高货物分拣和整个配送系统自动化程度，而且也是实现物流现代化和社会化的重要标志之一。机械、家电、汽车、烟草、邮电、医药、食品及商业各领域，为了扩大仓储能力，减少仓库占用面积，实现计算机自动化管理，提高效率均有引入自动分拣设备的需求。

选用自动分拣设备，要综合考虑配送中心的分拣方式、使用目的、作业条件、货物类别、周围环境等。一般来讲，应遵循以下几个原则：设备的先进性、经济实用性、上机率、设备技术经济性、相容性和匹配性。

能力训练项目 4

蒙牛乳业自动化立体仓库案例

内蒙古蒙牛乳业泰安有限公司乳制品自动化立体仓库，是蒙牛乳业公司委托太原刚玉物流工程有限公司设计制造的第三座自动化立体仓库。该库后端与泰安公司乳制品生产线相衔接，前端与出库区相连接，库内主要存放成品纯鲜奶和成品瓶酸奶。库区面积 8 323 平方米，货架最大高度 21 米，托盘尺寸 1 200 毫米×1 000 毫米，库内货位总数 19 632 个。其中，常温区货位数 14 964 个，低温区货位 4 668 个。入库能力 150 盘/小时，出库能力 300 盘/小时。出入库采用联机自动。

一、工艺流程及库区布置

根据用户存储温度的不同要求，该库划分为常温和低温两个区域。常温区保存鲜奶成品，低温区配置制冷装备，恒温 4℃，存储瓶酸奶。按照生产—存储—配送的工艺及奶制品的工艺要求，经方案模拟仿真优化，最终确定库区划分为入库区、储存区、托盘（外调）回流区、出库区、维修区和计算机管理控制室六个区域。

入库区由 66 台链式输送机、3 台双工位高速梭车组成，负责将生产线码垛区完成的整盘货物转入各入库口。双工位穿梭车则负责生产线端输送机输出的货物向各巷道入库口的分配、转动及空托盘回送。

储存区包括高层货架和 17 台巷道堆垛机。高层货架采用双托盘货位，完成货物的存储功能。巷道堆垛机则按照指令完成从入库输送机到目标的取货、搬运、存货及从目标货位到出货输送机的取货、搬运、出货任务。

托盘（外调）回流区分别设在常温储存区和低温储存区内部，由 12 台出库输送机、14 台入库输送机、巷道堆垛机和货架组成，分别完成空托盘回收、存储、回送、外调货物入库、剩余产品和退库产品入库、回送等工作。

出库区设置在出库口外端，分为货物暂存区和装车区，由34台出库输送机、叉车和运输车辆组成。叉车驾驶员通过电子看板、射频（Radio Frequency，RF）终端扫描叉车完成装车作业，反馈发送信息。

维修区设在穿梭车轨道外一侧，在某台空梭车更换配件或处理故障时，其他穿梭车仍旧可以正常工作。

计算机控制室设在二楼，用于出入库登记、管理和联机控制。

二、设备选型及配置

（一）货架

1．主要使用要求和条件

托盘单元载重能力：850/400千克（常温区/低温区）；存储单元体积：1000（运行方向）毫米×1200（沿货叉方向）毫米×1470（货高含托盘）毫米；库区尺寸9884（平方米），库区建筑为敞开屋顶，最高点23米。

根据使用要求和条件，结合设计经验，经力学计算和有限元分析优化，确定采用具有异形截面、自重轻、刚性好、材料利用率高、表面处理容易、安装、运输方便的双货位横梁式组合货架。其中，货架总高度分别有：21 000毫米、19 350毫米、17 700毫米、16 050毫米、14 400毫米和12 750毫米。货架规模：常温区有14 964个，低温区有4 668个。

2．货架主材

主柱：常温区选用自选轧制的126型异型材，低温区采用120型异型材。横梁：常温区选用自轧制异型材5BB型异型材。天、地轨：地轨采用30千克/米钢轨，天轨采用16#工字钢。

3．采用的标准、规范

该立体仓库装备采用的标准、规范：JB/T5323—1991立体仓库焊接式钢结构货架技术条件；JB/T9018—1999有轨巷道式高层货架仓库设计规范；CECS23:90钢货架结构设计规范和Q/140100GYCC001—1999货架用异型钢材。

4．基础及土建要求

仓库地面平整度，允许偏差±10毫米；在最大载荷下，货架区域基础地坪的沉降变形应小于1/1 000。

5．消防空间

该仓库的消防空间：货架北部有400毫米空间，200毫米安装背拉杆，200毫米安装消防管道。

（二）有轨巷道堆垛机

1．主要技术参数

堆垛机高度：21 000毫米、19 350毫米、17 700毫米、16 050毫米、14 400毫

米和 12 750 毫米；堆垛机额定载重量：850/400 千克；载货台宽度：1 200 毫米；结构形式：双立柱；运行速度：5～100 米/分（变频调速）；起升速度：4～40 米/分（变频调速）；货叉速度：3～30 米/分（变频调速）；停准精度：超升、运行 ≤ ±10 毫米，货叉 ≤ ±5 毫米；控制方式：联机自动、单机自动、手动；通信方式：远红外通信；供电方式：安全滑触线供电；供电容量：20 千瓦，三相四线制 380 伏、50 赫兹。

2．设备配置

有轨巷道堆垛超重机主要由多发结构、起升机构、货叉取货机构、载货台、断绳安全保护装置、限速装置、过载与松绳保护装置以及电器控制装置等组成。

驱动单元采用变频调速，可满足堆垛机出入库平衡操作和高速运行，具有起动性能好、调速范围宽、速度变化平衡、运行稳定并有完善的过压、过流保护功能。堆垛机控制系统选用分解式控制，控制单元采用模块式结构，当某个模块发生故障时，在几分钟内便可更换备用模块，使系统重新投入工作。安全保护装置：堆垛机起升松绳和过载、断绳安全保护装置；载货台上、下极限位装置；运行及起升强制换速形状和紧急限位器；货叉伸缩机械限位挡块；货位虚实探测、货物高度及歪斜控制；电器联锁装置；各运行端部极限设缓冲器；堆垛机设作业报警电铃和报警灯。

3．控制方式

手动控制：堆垛机的手动控制是由操作人员，通过操作板的按钮和万能转换开关，直接操作机械运作，包括水平运行、载货台升降、货叉伸缩三种动作。

单机自动控制：单机自动控制是操作人员在出入库端通过堆垛机电控柜上的操作板，输入入（出）库指令，堆垛机将自动完成入（出）库作业，并返回入（出）库端待令。

在线全自动控制：操作人员在计算机中心控制室，通过操作终端输入入（出）库任务或入（出）库指令，计算机与堆垛机通过远红外通信连接将入（出）库指令下达到堆垛机，再由堆垛机自动完成入（出）库作业。

（三）输送机

1．主要技术参数

额定载荷：850/400 千克（含托盘）；输送货物规格：1 200 毫米×1 000 毫米×1 470 毫米（含托盘）；输送速度：12.4 米/分。

2．设备配置

整个输送系统由 2 套可编程逻辑控制器（Programmable Logic Controller，PLC）系统控制，与上位监控机相联，接收监控机发出的作业命令，返回命令的执行情况和子系统的状态等。

(四)双工位穿梭车

其中一工位完成成品货物的接送功能,另一工位负责成品货物的拆卸分配。主要技术参数有:安定载荷:1300千克;接送货物规格:1200毫米×1000毫米×1 470毫米(含托盘);拆最大空托盘数:8个;空托盘最大高度:1400毫米;运行速度:5~160米/分(变频调速);输送速度:12.4米/分。

(五)计算机管理与控制系统

依据蒙牛乳业泰安立库招标的具体需求,考虑企业长远目标及业务发展需求,为本项目定制开发的仓储物流管理系统主要包括仓储物流信息管理系统和仓储物流控制与监控系统两部分。仓储物流信息管理系统实现上层战略信息流、中层管理信息流的管理;自动化立体仓库控制与监控系统实现下层信息流与物流作业的管理。

1. 仓储物流信息管理系统

(1)入库管理。它可以实现入库信息采集、入库信息维护、脱机入库、条码管理、入库交接班管理、入库作业管理、入库单查询等。

(2)出库管理。它可以实现出库单据管理、出库货位分配、脱机出库、发货确认、出库交接班管理、出库作业管理。

(3)库存管理。对货物、库区、货位等进行管理,实现仓库调拨、仓库盘点、存货调价、库存变动、托盘管理、在库物品管理、库存物流断档分析、积压分析、质保期预警、库存报表、可出库报表等功能。

(4)系统管理。它可以实现对系统基础资料的管理,主要包括系统初始设置,系统安全管理,基础资料管理,物料管理,业务资料等模块。

(5)配送管理。它可以实现车辆管理,包括派车、装车、运费结算等功能。

(6)质量控制。它可以实现出入库物品、库存物品的质量控制管理,包括抽检管理、复检管理、质量查询、质量控制等。

(7)批次管理。它可以实现入库批次数字化、库存批次查询、出库发货批次追踪。

(8)配送装车辅助。它是通过电子看板、RF终端提示来指导叉车进行物流作业。

(9)RF信息管理系统。它通过RF实现入库信息采集、出库发货数据采集、盘点数据采集等。

2. 仓储物流控制监控系统

自动化立体仓库控制与监控系统是实现仓储作业自动化、智能化的核心系统,它负责管理仓储物流信息系统的作业队列,并把作业队列解析自动化仓储装备的指令队列,根据装备的运行状况指挥协调装备的运行。同时,本系统以动态仿真人机交互界面监控自动化仓储装备的运行状况。

自动化立体仓库控制与监控系统包括作业管理、作业高度、作业跟踪、自动联机入库、装备监控、装备组态、装备管理等几个功能模块。

自动化立体仓库项目于 2004 年 9 月通过正式验收，全库设备运行稳定，得到用户的良好评价。

➤ 讨论

1. 试分析自动化立体仓库由哪些设施和设备组成？
2. 案例中自动化立体仓库的仓储分区设置、各区的仓储设备配置及选型有什么特点？
3. 其仓储物流信息管理系统、仓储物流控制监控系统是怎样起作用的？
4. 分析控制软件与硬件设备之间的对应关系。

理论环节 4

↻ 自动化立体仓库

一、自动化立体仓库概述

（一）自动化立体仓库的定义

自动化立体仓库是指由电子计算机进行管理和控制，不需要人工搬运作业而实现收发作业的仓库。立体仓库是指采用高层货架配以货箱或托盘储存货物，用巷道堆垛起重机及其他机械进行作业的仓库。因而自动化立体仓库（图 5-23）可认为是自动化仓库与立体仓库的有机结合，它由立体货架、巷道堆垛起重机、入出库输送机系统、自动化控制系统、计算机仓库管理系统及其周边设备组成，是一种利用高层立体货架（托盘单元货架系统）储存物资，应用电子计算机控制管理和应用自动控制的高层巷道堆垛机进行存取作业的仓库。自动化立体仓库兼具自动化仓库与立体仓库的特点，广泛应用于大型生产性企业的采购件、成品件仓库，柔性自动化生产系统（FMS）、流通领域的大型流通中心、配送中心等。

图 5-23　自动化立体仓库

(二)自动化立体仓库的功能

自动化立体仓库的主要功能有以下几点。

1. 大量存储和保管

自动化立体仓库的货架高度一般在 15 米左右，最高的可达 40 多米，可存储数十万个货物单元，即可存储数十万个托盘。按平均每托盘货物重 1 吨计算，每个自动化立体仓库可同时存储数十万吨货物，这相当于一艘排水量为数十万吨级的巨轮所装载的货物。例如，意大利 Benetton 公司建造一个 30 万货位的自动化立体仓库，就可以承担向全球 60 多个国家的 5 千多间连锁店配送物品的任务。自动化立体仓库一般配备较好的设备和设施，可根据存储物品的各自特性来进行分类保管，以保证存储物品的完好性。

2. 自动存取

自动化立体仓库的出入库和库内的搬运作业全部由计算机控制的自动化系统来实现，运行和处理速度快，大幅度提高了劳动生产率，降低了操作人员的劳动强度；同时能高效率地纳入企业的物流系统中。例如，Benetton 公司，其 30 万货位的自动化立体仓库的自动存取系统中，每天只需 8 个管理人员负责货物存取系统的操作、监控和维护。管理人员通过计算机发出出入库分拣、包装、组配、存储等作业指令，自动存取系统就会调用库内的巷道堆垛机、自动分拣机、自动导向车及其配套的周边设备协同操作，在短时间内自动完成作业。

3. 调节供需

从生产和消费的连续性角度来看，有些产品的生产是均衡的，但消费却有季节性；有些产品的生产是不均衡的，但消费却是均衡不断地进行。而由于这些不均衡而产生的大批物品的存储，无法单独依靠一般的仓库来承担。为使大生产和大消费协调起来，自动化立体仓库依靠其储量大、反应快的特点，起着"大型蓄水池"的作用。

4. 货物运输能力的调节

各种运输工具的运输能力相差较悬殊。船舶的运输能力最强，如海运往往是万吨级至十万吨级的；汽车的运输能力最弱，一般每辆货车（轻型以上的货车）运载量在 1.8～30 吨，它们两者之间的运输衔接是不平衡的。例如，一艘好望角型干散货船，总载重量在 10 万吨级以上，其货物至少需要 2.5 万辆次的 4 吨货车来运载，这样的运输衔接要想达到平衡是很困难的。而自动化立体仓库就能很好地对这种相差悬殊的运力进行调节。

自动化立体仓库能够充分利用空间和节省时间，容易实现现代化的控制和管理，较好地适合一般和各种特殊场合的需要。

二、自动化立体仓库的主要设备

自动化立体仓库主要由以下三大类设施组成。

（一）土建及公用工程设施

（1）库房。库存容量和货架规格是库房设计的主要依据。

（2）消防系统。由于库房规模大，存储的货物和设备较多且密度大，而仓库的管理和操作人员较少，所以自动化立体仓库内一般采用自动消防系统。防火等级高的自动化立体仓库必须设置自动喷淋系统。

（3）照明系统。

（4）动力系统。

（5）通风及采暖系统。

（6）其他设施，如排水设施、避雷接地设施和环境保护设施等。

（二）机械设备

1．货架

货架的材料一般选用钢材，钢货架的优点是构件尺寸小，制作方便，安装建设周期短，可提高仓库的库容利用率。自动化立体仓库的货架一般分隔成一个个的单元格，单元格用于存放托盘或直接存放货物。

2．货箱与托盘

货箱与托盘的基本功能是装小件的货物，以便于叉车和堆垛机的叉取和存放。采用货箱和托盘存放货物可提高货物装卸和存取的效率。

3．堆垛机

堆垛机是自动化立体仓库中最重要的设备，它是随自动化立体仓库的出现而发展起来的专用起重机，它分为桥式堆垛机、巷道式堆垛机、堆垛叉车以及码垛机器人等。桥式堆垛机主要适用于12米以下中等跨度的仓库，巷道的宽度较大，适于笨重和长大件物料的搬运和堆垛；托盘码垛机器人是能将不同外形尺寸的包装货物整齐地、自动地码（拆）在托盘上的机器人。

巷道堆垛机可在高层货架间的巷道内来回运动，其升降平台可作上下运动，升降平台上的货物存取装置可将货物存入货格或从货格中取出。它沿货架仓库巷道内的轨道运行，使作业高度提高；采用货叉伸缩机构，所需巷道宽度变窄，提高仓库的利用率；一般采用半自动和自动控制装置，运行速度和生产效率较高；其只能在货架巷道内作业，需配备出入库装置；机架除应满足一般起重机的强度和刚度要求外，还有较高的制造与安装精度要求；采用特殊形式的取物装置，常用多节伸缩货叉或货板；各机构电气传动调速要求高，且要求起、制动平衡，停车准确，采用安全保护装置，措施齐全（图5-24）。

 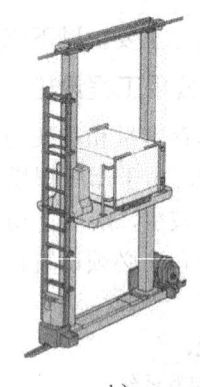

a) b)

图 5-24 巷道堆垛机

a) 作业图 b) 结构图

巷道堆垛机由起升机构、运行机构、机架、载货台及存取货机构、电气装置、安全保护装置等组成。巷道堆垛机的分类、特点和用途见表5-2。

表 5-2 巷道堆垛机的分类、特点和用途

	类　型	特　点	用　途
按结构分类	单立柱型巷道堆垛机	1. 机架结构由一根立柱、上横梁和下横梁组成一个矩形框架 2. 结构刚度比双立柱差	适用于起重量在2吨以下、起升高度在16米以下的仓库
	双立柱型巷道堆垛机	1. 机架结构由两根立柱、上横梁和下横梁组成一个矩形框架 2. 结构刚度比较好 3. 质量比单立柱大	1. 适用于各种起升高度的仓库 2. 一般起重量可达5吨，必要时还可以更大 3. 可用于高速运行
按支承方式分类	地面支承型巷道堆垛机	1. 支承在地面铺设的轨道上，用下部的车轮支承和驱动 2. 上部导轮用来防止堆垛机倾倒 3. 机械装置集中布置在下横梁，易保养维修	1. 适用于各种高度的立体仓库 2. 适用于起重量较大的仓库 3. 应用广泛

模块五 仓储设备与应用

(续)

	类型	特点	用途
按支承方式分类	悬挂型巷道堆垛机	1．在悬挂于仓库屋架下弦装设的轨道下翼沿上运行 2．在货架下部两侧铺设下部导轨,防止堆垛机摆动	1．适用于起重量和起升高度较小的小型立体仓库 2．使用较少 3．便于巷道转弯
	货架支承型巷道堆垛机	1．支承在货架顶部铺设的轨道上 2．在货架下部两侧铺设下部导轨,防止堆垛机摆动 3．货架应具有较大的强度和刚度	1．适用于起重量和起升高度较小的小型立体仓库 2．使用较少
按用途分类	单元型巷道堆垛机	1．以托盘单元或货箱单元进行出入库作业 2．自动控制时,堆垛机上无驾驶员	1．适用于各种控制方式,应用最广 2．适用于"货到人"式拣选作业
	拣选型巷道堆垛机	1．在堆垛机上的操作人员从货架内的托盘单元或货物单元中取少量货物,进行出库作业 2．堆垛机上装有驾驶员室	1．一般为手动或半自动控制 2．适用于"人到货"式拣选作业

4．周边搬运设备

搬运设备一般是由电力来驱动,由自动或手动控制,把货物从一处移到另一处。这类设备包括输送机、自动导向车等,设备形式可以是单机、双轨、地面的、空中的、一维运行(即沿水平直线或垂直直线运行)、二维运行、三维运行等。其作用是配合巷道机完成货物的输送、转移、分拣等作业。在仓库内的主要搬运系统因故停止工作时,周边设备还可以发挥其作用,使作业继续进行。

(三) 电气与电子设备

1．检测装置

检测装置是用于检测各种作业设备的物理参数和相应的化学参数,通过对检测数据的判断和处理可为系统决策提供最佳依据,以保证系统安全、可靠地运行。

2．信息识别设备

在自动化立体仓库中信息识别设备必不可少,它用于采集货物的品名、类别、货号、数量、等级、目的地、生产厂、货物地址等物流信息。这类设备通常采用条码、磁条、光学字符和射频等识别技术。

3．控制装置

自动化立体仓库内所配备的各种存取设备和输送设备必须具有控制装置,以实现自动化运转。这类控制装置包括普通开关、继电器、微处理器、单片机和可编程序控制器等。

4．监控及调度设备

监控及调度设备主要负责协调系统中各部分的运行,是自动化立体仓库的信息枢纽,在整个系统中举足轻重。

5．计算机管理系统

计算机管理系统用于进行仓库的账目管理和作业管理,并可与企业的管理系统交换信息。

6．数据通信设备

自动化立体仓库是一个构造复杂的自动化系统,它由众多子系统组成。各系统、各设备之间需要进行大量的信息交换以完成规定的任务,因此需要大量的数据通信设备作为信息传递的媒介,这类设备包括电缆、远红外光、光纤和电磁波等。

7．大屏幕显示器

这是为了仓库内的工作人员操作方便,便于观察设备情况而设置的。

三、自动化立体仓库工作过程

入库任务与出库任务是自动化立体仓库作业的主要内容,具体包括入库流程、出库流程和回库空盘处理流程三项作业。

1．入库流程

仓库各层两端多个入库区各设有入库终端,每个巷道口各设入库台。需入库的成品经入库终端操作员输入产品名称、规格型号和数量;控制系统通过人机界面接收入库数据,按照均匀分配、先下后上、下重上轻、就近入库、ABC 分类原则,管理计算器自动分配一个货位,并提示入库巷道;搬运工可依据提示将装在标准托盘上的货物由小电动车送至该巷道的入库台上;监控机指令堆垛机将货盘存放于指定货位。

库存数据入库处理分两种类型：①需操作员在产品入库后将已入库托盘上的产品名称（或代码）、型号、规格、数量、入库日期、生产单位等信息在入库客户机上通过人机界面而输入；②托盘入库。

2．出库流程

需出库的成品,经操作人员输入产品名称、规格、型号和数量后,控制系统按照先进先出、就近出库、出库优先等原则，查出满足出库条件且数量相当或略多的货盘，修改相应账目数据，自动地将需出库的各类成品货盘送至各个巷道口的出库台上，经电动车将之取出并送至汽车上。同时，出库系统在完成出库作业后，在客户机上形成出库单。

3．回库空盘处理流程

底层出库后的部分空托盘经人工叠盘后，操作员键入空托盘回库作业命令，搬运工依据提示用电动车送至底层某个巷道口，堆垛机自动将空托盘送回立体库各层的原入口处，再由各车间将空托盘拉走，形成一定的周转量。

四、自动化立体仓库的适用条件

自动化立体仓库广泛应用于机械、家电、汽车、烟草、邮电、医药、食品、商业等各个领域，具有扩大仓储能力、减少仓库占地面积、实现计算机自动化管理、提高效率等优点。但它的使用需具备以下条件才能发挥其应有的效能。

1．货品的出入库频率较大，且货物流动比较稳定

货品的仓储总量必须足够大，且出入库作业频率、货流量比较稳定，否则就会出现仓储空间的浪费，仓储设施设备闲置等不良状况，不利于发挥自动化立体仓库的优势，难以实现规模效益。

2．需要有较大的资金投入

自动化立体仓库除了建筑投资外，还必须有相应的配套设施与设备投入，这不仅要求初期投入，而且还要考虑设施与设备的使用维护费用，自动化立体仓库的资金投入较大，企业必须具备雄厚的资金实力。

3．需要配备一支高素质的专业技术队伍

从自动化立体仓库的规划设计与投入经营一直到日常的运转工作，都要求工作人员具有相应的专业知识和高度的责任心。

4．对货品包装要求严格

自动化立体仓库采用自动存取装置和高层货架来储存和搬运货品，采用自动化运输设备进行物品的输送，要求货品的包装必须符合有关标准的要求，外包装要统一规格尺寸。

5．仓库的建筑地面应有足够的承载能力

由于自动化立体仓库的仓容量、吞吐量较大，单位面积利用率高，其仓库单位面积承载能力须远大于普通仓库的单位面积承载能力。

总之，自动化立体仓库的建设要综合考虑各方面的因素，紧密结合实际，不能盲目投资兴建，否则将会造成很大的损失。

小 结

仓储设施与设备主要有：货架、仓库站台、输送设备、堆垛设备、自动分拣系统和自动化立体仓库等。通过本模块学习，使学生掌握基本的仓储设施与设备类型，掌握常用货架和站台的使用，理解自动分拣系统、自动化立体仓库的应用，具备应用基本的仓储设施与设备的能力，有自动化仓储系统需求的初步分析能力和仓储设备配置及选型的初步能力。

核心知识点

货架、站台、自动分拣系统、自动化立体仓库

复 习 题

1．仓储设备主要有哪些类型？
2．简述货架的定义、作用和分类。
3．简述站台的定义和分类。
4．简述各种货架的特点和应用场景。
5．简述自动分拣系统的定义、自动分拣机的主要类型和应用场合。
6．简述自动化立体仓库的定义、构成和优缺点。

实 践 题

1．以小组或个人为单位，到周边地区的大中型超市、图书城（书店）调查其所用的货架类型及其布置形式、站台设备及应用情况，写成调查报告，并在课堂上交流。

2．顺安仓储公司是一家刚刚成立的专门为商贸公司提供日用百货储存服务的仓储公司。该公司有三间仓库，分别长 220 米、宽 100 米。库内采用电子辅助拣货系统，预计年营业额在 5 亿元左右。试为该公司的仓库配置合适的仓储设备。（提示：仓储作业是物流作业中的核心环节，仓储设备是指仓库进行生产和辅助生产作业以及保证仓库及作业安全所必需的各种机械设备的总称。它主要包括货架、仓库站台、输送设备、堆垛设备、自动分拣系统和自动化立体仓库等。）

模块六　装卸搬运设备与应用

能力目标

装卸搬运设备选择与应用的初步能力

知识目标

1. 掌握物流装卸搬运的设备的主要类型与特点
2. 掌握主要物流装卸搬运设备的应用
3. 了解物流装卸搬运设备的选型

能力训练项目 1

起重装卸作业图片情境讨论

仔细观看以下图片（图 6-1～图 6-10），讨论并回答问题。

1. 船上集装箱货物装卸

图 6-1～图 6-4 反映了船上货物（如集装箱货物）的装卸情境，请仔细观察货物装卸所用吊具以及起重设备的作业过程。

图 6-1　准备起吊

图 6-2　吊钩就位

图 6-3　起吊　　　　　　　　　图 6-4　吊离船体

2．圆筒状货物吊装

图 6-5～图 6-7 反映了圆筒状货物在船上和陆上的装卸情境，请仔细观察货物装卸所用吊具以及起重设备的作业过程。

图 6-5　起吊　　　　　　　　　图 6-6　起重机吊起货物

图 6-7　两台起重机作业

3．堆场集装箱装卸作业

图 6-8 和图 6-9 反映了集装箱正面吊在集装箱堆场的作业情境，请仔细观察其装卸作业过程。

4．普通货物吊装作业

请仔细观察图 6-10 的吊装场景、其所用起重设备以及起吊、就位等作业过程。

模块六 装卸搬运设备与应用

图 6-8 吊起集装箱

图 6-9 放置集装箱

图 6-10 普通货物吊装

▶ 讨论

依据上述图片情境讨论并总结：

1. 上述几种情形下动用了什么设备对货物进行装卸？其具体过程应是怎么样的？
2. 吊装、搬运集装箱货物、圆筒形货物、普通货物时应如何对货物进行固定？
3. 什么情况下要使用两台起重机同时作业？其作业难点是什么？
4. 在上述装卸作业中应注意的问题有哪些？

理论环节 1

❶ 装卸搬运设备、起重设备

一、装卸搬运设备概述

在物流作业中装卸与搬运可分为三种作业活动，货物在发运地要装上各类运输设备，称为"装上"；货物到达接收地要卸下各类运输设备，称为"卸下"；通常把物品在指定地点以人力或机械装上运输设备或卸下统称为"装卸"，它一般是以垂直位移为主的实物运动形式。

装卸作业要讲求合理化，装卸合理化的主要目标是：节省时间，节约劳动力和装卸费。货物在装卸过程中有时需进行短距离的移动，这种在同一场所内，对物品进行水平移动为主的物流作业称为"搬运"。货物的装卸和搬运，是运输和仓储的必要环节。装卸搬运设备是指用来搬移、升降、装卸和短距离输送货物或物料的机械。它是物流系统中使用频率最大、数量最多的一类机械设备，是物流机械的重要组成部分。它不仅用于船舶与车辆货物的装卸，而且用于库场货物的堆码、拆垛、运输以及舱内、车内、库内货物的输送和搬运。

在物流系统中，装卸搬运作业的工作量和所花费的时间、消耗的人力、物力占有很大的比重。为了高效、及时、安全地完成装卸搬运作业，必须合理地配备选择装卸搬运设备。

（一）装卸搬运设备的工作特点

装卸搬运作业要求装卸搬运设备结构简单牢固，作业稳定，造价低廉，易于维修保养，操作灵活方便，生产率高，安全可靠，能最大限度地发挥其工作能力。装卸搬运设备的性能和作业效率对整个装卸搬运作业效率影响较大，其工作特点主要有以下几点。

（1）适应性强。由于装卸搬运作业受货物品类、作业时间、作业环境等因素的影响较大，装卸搬运活动各有特点。因而要求装卸搬运设备具有较强的适应性，能在各种环境下正常工作。

（2）设备能力强。装卸搬运设备起重能力大，起重量范围大，生产作业效率高，具有很强的装卸搬运作业能力。

（3）机动性差。大部分搬运设备都在设施内完成装卸搬运任务，只有个别设备可在设施外作业。

（4）安全性要求高。安全性是指装卸设备在预定使用条件下执行其预定功能时不产生损伤或危害健康的能力。装饰搬运设备的安全水平关系到操作者的安全和健康，关系到装卸搬运质量。发生设备事故给操作者带来痛苦，使货物损坏，严重影响企业经济效益。因此安全性是选用装卸搬运设备时应重点考虑的因素。

（5）工作忙闲不均。有的装卸搬运设备工作繁忙，而有的装卸搬运设备长期闲置。无论哪种情况，都要求加强检查和维护，保证装卸搬运设备始终处于良好的技术状态。

（二）装卸搬运设备的作用

装卸搬运设备是机械化生产的主要组成部分，是实现装卸搬运作业机械化的物质技术基础，是实现装卸搬运合理化、效率化、省力化的主要手段。在装卸搬运作业中，要不断反复进行装、搬、卸操作，这些都靠装卸搬运设备的有效衔接才能完成。合理配置和应用装卸搬运设备，安全、迅速、优质地完成货物装卸、搬运、码垛等作业任务，对于实现装卸搬运作业的自动化有着十分重要的作用。装卸搬运设备的作用主要体现在：

（1）提高装卸搬运效率。装卸搬运设备的应用可以节约劳动力，减轻装卸工人的劳动强度，改善劳动条件。

（2）缩短作用时间。它可以加速车辆周转，加速货物的送达和发出。

（3）提高装卸质量。它可以保证货物的完整和运输安全。

（4）降低装卸搬运作业成本。装卸搬运设备的应用可提高装卸搬运作业效率，从而使作业成本降低。

（5）充分利用货位，加速货位的周转，减少货物堆码的场地面积。采用机械作业，堆码高度大，装卸搬运速度快，可及时腾空货位，因此可减少场地面积。

（三）装卸搬运设备的分类

装卸搬运设备所装卸搬运的货物来源广、种类多、外形和特点各不相同，如有箱装、袋装货物，桶装货物，散货，易燃易爆及剧毒物品等。为适应各类货物的装卸搬运和满足装卸搬运过程中各个环节的不同要求，装卸搬运设备种类很多，分类方法也很多。为运用和管理方便，常按如下方法进行分类。

（1）装卸搬运设备按用途或结构特征可分为起重设备、输送设备、装卸搬运车辆、专用装卸搬运设备。其中专用装卸搬运设备是指带有专用取物装置的装卸搬运设备，如托盘专用装卸搬运设备、集装箱专用装卸搬运设备、船舶专用装卸搬运设备等。

（2）装卸搬运设备按作业性质可分为装卸设备、搬运设备及装卸搬运设备三大类。有些装卸搬运设备功能比较单一，只满足装卸或搬运一个功能，如单一装卸功能的设备有固定式起重机等，单一搬运功能设备主要有各种搬运车等。这种单一作业功能的机械结构简单，专业化作业能力强，作业效率高，作业成本低，但使用有局限，作业前后需要烦琐的衔接，会降低整个系统的效率。装卸、搬运两种功能兼有的设备有叉车、跨运车、龙门起重机等，可将两种作业操作合二为一，有较好的效果。

（3）装卸搬运设备按装卸搬运货物的种类可分为以下四大类。

1）长大笨重货物的装卸搬运设备。这类货物的装卸搬运作业通常采用行轨式起重机和自行式起重机两种。行轨式起重机有龙门式起重机、桥式起重机、轨道式起重机；自行式起重机有汽车起重机、轮胎起重机和履带起重机等。在长大笨重货物运量较大且货流稳定的货场、仓库，一般配备行轨式起重机；运量不大或作业地点经常变化时，一般配备自行式起重机。

2）散装货物的装卸搬运设备。散装货物一般采用抓斗起重机、装卸机、量斗装车机和输送机等设备进行装卸搬运作业。

3）成件包装货物的装卸搬运设备。该类货物一般采用叉车，并配以托盘进行装卸搬运作业,还可以使用牵引车和挂车、带式输送机等解决其搬运问题。

4)集装箱货物装卸搬运设备。1吨集装箱一般选用内燃机叉车或电动叉车进行装卸搬运作业,5吨及以上集装箱选用龙门起重机、旋转起重机进行装卸作业,还可采用叉车、集装箱跨运车、集装箱牵引车、集装箱搬运车等进行装卸搬运作业。

二、起重设备

起重设备是一种以间歇作业方式对货物进行上下升降和水平移动的搬运机械。起重设备的作用通常带有重复循环的性质。一个完整的作业循环包括取物、提升、平移、下降、返回原处等作业环节。经常起动、制动、正向、反向运动是起重设备的基本特点。

起重设备的种类多,通常按主要用途和构造特征进行分类:按主要用途可分为通用起重机、建筑起重机、冶金起重机、铁路起重机、造船起重机、甲板起重机等;按构造特征可分为桥式类起重机、臂架式起重机以及固定式起重机、运行式起重机,运行式起重机又可分为轨道式和无轨式两种;按其起重量及运动方式可分为轻小型起重设备、桥式类起重机和臂架类起重机。

(一)起重机的总体架构

各类起重机的总体架构通常是由工作机构、金属结构、动力装置和控制系统四个部分组成。

1. 工作机构

工作机构是为实现起重机不同运动要求而设置的。要把一个重物从某一个位置搬运到空间的任一位置,此重物要作垂直运动和水平运动。不同类型的起重机其工作虽有差异,但是其起升机构、运行机构、回转机构和变幅机构基本一致。

(1)起升机构。起升机构是起重机最主要和最基本的机构,它由原动机、卷筒、钢丝绳、滑轮组和吊钩等组成。为使重物停止在空中某个位置或控制重物的下降速度,在起升机构中必须设置制动器或停止器等控制装置。大型起重机往往备有两套起升机构:吊大重量的称为主起升机构或主钩;吊小重量的称为副起升机构或副钩。副钩的起重量一般为主钩的1/5~1/3或更小。

(2)变幅机构。起重机变幅是指改变取物装置中心沿垂线与起重机回转中心轴线之间的距离。起重机通过变幅,由垂直上下的直线作业范围扩大为一个面的作业范围。不同类型的起重机变幅形式不同。

(3)回转机构。起重机的一部分相对于另一部分做旋转运动称为回转,为实现起重机的回转运动而设置的机构称为回转机构。起重机的回转运动使其从线、面作业范围扩大为一定空间的作业范围。回转范围分为全回转(回转360°以上)和部分回转(回转约270°)。

2. 金属结构

桥式类起重机的桥架、支腿，臂架类起重机的吊臂、回转平台、人字架、底架（车架大梁、门架、支腿横梁等）和塔身等金属架构是起重机的主要组成部分。起重机的金属结构是起重机的骨架，它承受起重机的自重以及作业时的各种外载荷，其重量常占整部起重机重量的一半以上。合理的起重机金属结构设计，对减轻起重机自重、提高起重性能、节约钢材、提高起重机的可靠性有重要意义。

3. 动力装置

动力装置是起重机的动力源，不同类型的起重机配备不同的动力装置。轮式起重机和履带式起重机的动力装置多为内燃机；塔式起重机、门座起重机、桥式起重机和龙门起重机的动力装置是外接动力源的电动机。

4. 控制系统

起重机的控制系统包括操纵装置和安全装置。动力装置是解决起重机做功所需要的能源，而控制系统则是解决各机构怎样运动的问题。控制装置能改善起重机的运动特性，实现各机构的起动、调速、转向、制动和停止，保证起重机安全作业。

（二）起重机的主要性能参数

起重机的主要性能参数是选择配置起重设备的参考依据，包括起重量、工作幅度、起重力矩、起升高度和工作速度等。

1. 起重量

起重量是指起重机能吊起重物的重量，其中应包括吊索和铁扁担或容器的质量，它是衡量起重机工作能力的重要参数，通常称为额定起重量，用"Q"表示。起重量的单位用"吨"表示。

额定起重量指起重机允许吊起的重物或物料，连同可分吊具（属具）质量的总和（对于流动式起重机，包括固定在起重机上的吊具）。对于幅度可变的起重机，根据幅度规定起重机的额定起重量。一般起重机的额定起重量是指基本起重臂处于最小幅度时允许起吊的最大起重量，也就是起重机铭牌上标定的起重量。

2. 工作幅度

工作幅度是指在额定起重量下起重机回转中心轴线到吊钩中心线的水平距离，通常称为回转半径或工作半径，用"R"表示，单位为"米"。工作幅度表示起重机不移动时的工作范围，它包括最大幅度（R_{max}）和最小幅度（R_{min}）。对于俯仰变幅的起重臂，当处于接近水平的水平夹角为13°时，从起重机回转中心轴线到吊钩中心线的水平距离最大，为最大幅度；当起重臂仰到最大角度（一般水平夹角78°）时，回转中心轴线到吊钩中心线距离最小，为最小幅度。对于小车变幅的起重臂，当小车行到臂架头部端点位置时，为最大幅度；当小车处于臂架根部端点位置时，为最小幅度。

起重机的起重量随幅度变化而变化，同一台起重机幅度不同其起重量也不同。对于有支腿装置的轮式起重机，还应以有效幅度"A"表示，即用支腿侧向工作时，在额定起重量下吊钩中心垂线到该侧支腿中心线的水平距离，有效幅度反映起重机的实际工作能力。没有使用支腿侧向工作时，则工作幅度用"A_1"（单胎）或"A_2"（双胎）表示。

3．起重力矩

起重力矩是指起重机的起重量与相应幅度的乘积，用 M 表示（$M=QR$）。起重力矩的单位用"吨·米"或"千牛·米"表示，它是起重机的综合起重能力参数，能全面和确切反映起重机的起重能力。塔式起重机经常在大幅度情况下工作，故以起重力矩作为表示型号的主参数。塔式起重机的起重力矩，通常是指最大幅度时的起重力矩。

起重机的起重曲线是表示起重机的起重量与幅度关系的曲线。所有起重机的操纵台旁都有这种曲线图，使操作人员能很快查出起重机在某一幅度时的最大起重量。对于能配用几种不同臂长的起重机，对应每一种长度的起重臂都有其起重特性曲线。

4．起升高度

起升高度是指自地面到吊钩口中心的距离，用"H"表示，单位为"米"，它的参数标定值通常以额定起升高度表示。额定起升高度是指满载时吊钩上升到最高极限，总起升高度为起升高度和下放深度之和。

5．工作速度

起重机的工作速度包括起升、变幅、回转和行走等速度。

起升速度是指起重吊钩上升或下降的速度，单位为"米/分"。它和起升机构的卷扬牵引速度有关，也和吊钩滑轮组的倍率有关，2绳比4绳快一倍；单绳比双绳快一倍。一般表示起升速度参数应注明绳数。

变幅速度是指吊钩从最大幅度到最小幅度的平均线速度，单位为"米/分"。俯仰变幅起重臂的变幅速度是起重臂升起和降落的速度，一般落臂速度要快于升速度。

回转速度是指起重机在空载情况下其回转台每分钟的转数，单位为"转/分"。

行走速度是指起重机在空载情况下行走时最大的速度，单位为"米/分"。

6．自重及质量指标

起重机的自重是指起重机处于工作状态时起重机本身的总重，以"G"表示，单位为"吨"或"千牛"。

质量指标是指起重机在单位自重下有多大的起重能力，通常用质量利用系数K表示，它反映了起重机设计、制造和材料的技术水平，K值越大越先进。

（三）常用起重机简介

1．轻小型起重设备

轻小型起重设备包括千斤顶、滑车、手动葫芦、电动葫芦、气动葫芦、液动葫芦和卷扬机等。其特点是机构紧凑、自重轻、操作方便。

（1）千斤顶。千斤顶又称举重器，是由高压油或机械传动使刚性承重件在小行程内顶举或提升重物的起重工具。千斤顶是按液压原理工作的。其特点是结构紧凑、体积小、重量轻、携带方便。千斤顶只要用较小的外力就能顶高较重的物体，并可找正设备安装的偏差和构件的变形等，它被广泛应用于载重车辆或移动设备上支承设备自重、调整设备水平。千斤顶主要用于厂矿、交通运输等部门作为车辆修理及其他起重、支撑等工作；被广泛应用于流动性起重作业，如用做汽车、拖拉机等的随车工具。千斤顶包括螺旋千斤顶、爪式千斤顶（图6-11）、卧式千斤顶、分离式千斤顶、油压千斤顶等。

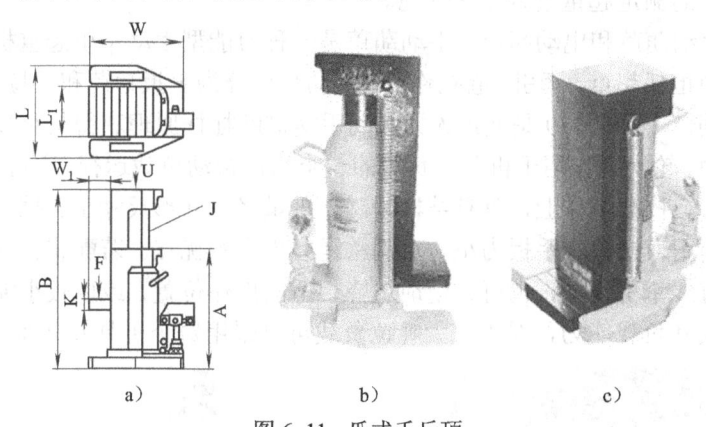

图6-11 爪式千斤顶
a）结构图 b）正面图 c）侧面图

使用千斤顶的注意事项：

1）使用时如出现空打现象，可先放松泵体上的放油螺钉，将泵体垂直起来头向下空打几下，然后旋紧放油螺钉，即可继续使用。

2）使用时不得加偏载或超载，以免千斤顶损坏发生危险。在有载荷时切忌将快速插头卸下，以免发生事故及损坏机件。

3）本机用油为介质，必须做好油及本机具的保养工作，以免淤塞或漏油，影响使用效果。

4）新的或久置的油压千斤顶，因油缸内存有较多空气，开始使用时活塞杆可能出现微小的突跳现象，可将油压千斤顶空载往复运动 2~3 次以排除腔内的空气。长期闲置的千斤顶由于密封件长期不工作造成密封件硬化，从而影响使用寿命，油压千斤顶在不用时，每月要将其空载往复运动 2~3 次。

5）高压油管出厂时经过 105 兆帕试验。但由于胶管易老化需经常检查，一般为六个月一次，频繁用者为三个月。检查时用 87.5 兆帕试压，如有爆破、凸起、渗漏等现象则不能使用。

6）操作时应严格遵守技术规范，要根据使用情况定期检查和保养。

（2）滑车。起重滑车（图 6-12）是一种结构简单方便的起重工具，由定滑轮组、动滑轮组及依次绕过定滑轮和动滑轮的起重绳组成。定滑轮可改变力的方向，动滑轮起省力的作用，配合卷扬机、扒杆等广泛用于起重、安装作业中，是工厂矿山、建筑业、农业、林业、交通运输和国防工业的吊装工程中广泛使用的起重工具。

滑车按滑轮数可分为单轮、双轮、三轮和多轮滑车。其吊物装置有吊钩、吊环、吊梁等。通常中小型滑车采用吊钩、链环和吊环；大型滑车采用吊环和吊梁，滑车是独立的滑轮组。常用的起重滑车的额定起重量为 32~320 吨，吊钩、链环型通用滑车的额定起重量为 1~50 吨。

（3）手动葫芦和电动葫芦。手动葫芦是一种万能型手动牵引起重机械，能在多种工程中担任起重、牵引、卷扬作业。手动葫芦分为手扳葫芦和手拉葫芦两种。

手扳葫芦（图 6-13）是通过人力扳动手柄借助杠杆原理获得与负载相匹配的直线牵引力，轮换地作用于机芯内负载的一个钳体带动负载运行。它可进行提升、牵引、下降、校准等作业，具有结构紧凑、重量轻、外形尺寸小、携带方便、安全可靠、使用寿命长、手扳力小、对钢丝绳磨损小等优点。若配置特殊装置，不但可作非直线牵引作业，也可方便地选择合适的操作位置，或以较小吨位的机具成倍地扩大其负载能力，对于较大吨位负载可以采用数个机具并列作业。

图 6-12 起重滑车

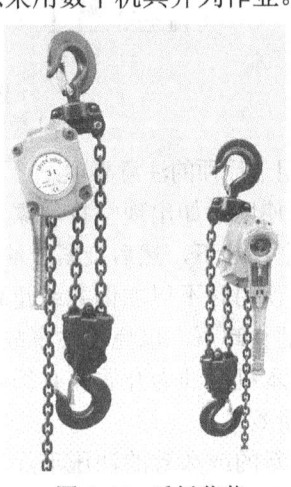

图 6-13 手扳葫芦

手拉葫芦（图6-14）通过拽动手链条、手链轮转动，将摩擦片棘轮、制动器座压成一体共同旋转，装置在内花键齿轮上的起重链轮带动起重链条，从而平稳地提升重物。产品采用棘轮摩擦片式单向制动器，在载荷下能自行制动，棘爪在弹簧的作用下与棘轮啮合，保证制动器安全工作。它具有安全可靠、维护简便、机械效率高、手链拉力小、自重较轻、便于携带、外形美观、尺寸较小、经久耐用的特点，适用于工厂、矿山、建筑工地、码头、船坞、仓库等用做安装机器、起吊货物，尤其对于露天和无电源作业，以及易燃易爆场所更有其重要作用。

图6-14 手拉葫芦

电动葫芦（图6-15）是在工字钢下翼缘运行的起重机械。电动葫芦的起升机构一般由带制动器的锥形异步电机驱动。电动葫芦一般通过按钮进行升降和运行的控制。但在自动控制的系统中也可以通过沿轨道铺设的位于电动葫芦顶上的信号线实现感应遥控。

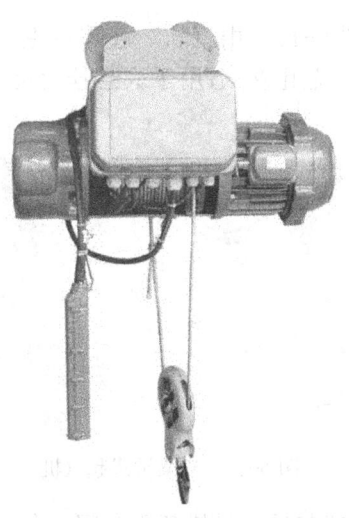

图6-15 电动葫芦

2. 桥式类起重机

桥式类起重机指由具有能运行的桥架结构和设置在桥架上的能运行的起升机构组成的起重机械。常用的桥式类起重机有梁式起重机、通用桥式起重机、龙门起重机、装卸桥等。

桥式类起重机可在长方形场地及其上空作业，多用于车间、仓库、露天堆场等处的物品装卸。

（1）梁式起重机。梁式起重机主要包括单梁桥式起重机和双梁桥式起重机。

把电动葫芦安装在单轨桥架上就成为单梁起重机。它分为桥架支承式和悬挂式。前者桥架沿车梁上的起重机轨道运行，后者的桥架沿悬挂在厂房屋架下的起重机轨道运行。

单梁桥式起重机分手动、电动两种。手动单梁桥式起重机各机构的工作速度较低，起重量也较小，但自身质量小，便于组织生产，成本低，适用于无电源、搬运量不大、对速度与生产率要求不高的场合。手动单梁桥式起重机采用手动单轨小车作为运行小车，用手拉葫芦作为起升机构，桥架由主梁和端梁组成。电动单梁桥式起重机（图6-16）工作速度、生产率较手动的高，起重量

图 6-16　电动单梁桥式起重机

也较大。电动单梁桥式起重机由桥架、大车运行机构、电动葫芦及电气设备等部分组成。

双梁桥式起重机（图6-17）由直轨、起重机主梁、电动环链葫芦和小车、送配电系统和电器控制系统组成，适用于大悬挂跨度和大起重量的平面范围物流输送。

图 6-17　双梁桥式起重机

（2）桥式起重机。桥式起重机是横架于车间、仓库及露天货场的上方，用来

吊运各种货物的机械设备，通常称为"桥吊"、"天车"或"行车"。

普通桥式起重机一般由起重小车、桥架运行机构、桥架金属结构组成。起重小车又由起升机构、小车运行机构和小车架三部分组成。起升机构包括电动机、制动器、减速器、卷筒和滑轮组。电动机通过减速器带动卷筒转动，使钢丝绳绕上卷筒或从卷筒放下，以升降重物。小车架是支托和安装起升机构和小车运行机构等部件的机架，通常为焊接结构。

起重机运行机构的驱动方式可分为集中驱动和分别驱动。中、小型桥式起重机较多采用制动器、减速器和电动机组合成一体的"三合一"驱动方式，大起重量的普通桥式起重机为便于安装和调整，驱动装置常采用万向联轴器。

桥架主梁的结构类型较多，比较典型的有箱形结构、四桁架结构和空腹桁架结构。桁架型桥式起重机如图6-18所示，箱形桥式起重机如图6-19所示。箱形结构又可分为正轨箱形双梁、偏轨箱形双梁、偏轨箱形单主梁等几种。正轨箱形双梁是广泛采用的一种基本形式，它的结构简单，制造方便，适于成批生产，但自重较大。偏轨箱形双梁和偏轨箱形单主梁的截面都是由上、下翼缘板和不等厚的主副腹板组成，小车钢轨布置在主腹板上方。空腹桁架结构类似偏轨箱形主梁，自重较轻，整体刚度大，在国内较为广泛采用。

普通桥式起重机主要采用电力驱动，一般是在驾驶室内操纵，也有远距离控制的。起重量可达500吨，跨度可达60米。桥式起重机在一个长方体（起吊高度×跨度×走行线长度）的空间内作业。桥式起重机应用广泛，其数量约占各种起重机总量的60%~80%，额定起重量从几吨到几百吨。常用的桥式起重机有桥式吊钩起重机、桥式抓斗起重机、桥式电磁起重机、三用桥式起重机、双小车桥式起重机和电葫芦双梁桥式起重机。

图6-18 桁架型桥式起重机

图6-19 箱形桥式起重机

（3）门式起重机。门式起重机又称龙门起重机或龙门吊，它是水平桥架设置在两条支腿上构成门架形状的一种桥架型起重机，其起重小车在主梁的轨道上行走，而整机则沿着地面轨道行走。

龙门起重机的起升机构、小车运行机构和桥架结构，与桥式起重机基本相同。

由于跨度大,起重机运行机构大多采用分别驱动方式,以防止起重机产生歪斜运行而增加阻力,甚至发生事故。

桥架两侧的支腿一般是刚性支腿;跨度超过30米时,常是一侧为刚性支腿,而另一侧通过球铰和桥架连接的柔性支腿,使门架成为静定系统,这样可避免在外载荷作用下由于侧向推力而引起附加应力,也可补偿桥架纵向的温度变形。龙门起重机的受风面积大,为防止在强风作用下滑行或翻倒,装有测风仪和与运行机构联锁的起重机夹轨器。桥架可以是两端无悬臂的,也可以是一端有悬臂或两端都有悬臂的,以扩大作业范围。半龙门起重机桥架一端有支腿,另一端无支腿,直接在高台架上运行。悬臂长度是龙门起重机的支腿至悬臂部分最外端的距离。

龙门起重机(图6-20、图6-21)具有场地利用率高,作业范围大,适应面广,通过性强等特点,在仓库、货场、车站、港口、码头等场所,担负着生产、装卸、安装等作业过程中的货物装卸搬运任务。龙门起重机应用十分普遍,其使用数量仅次于桥式起重机。

图6-20　L型葫芦龙门起重机　　　　　图6-21　C型龙门起重机

1)普通龙门起重机。这种起重机用途最广泛,可以搬运各种成件物品和散状物料,起重量在100吨以下,跨度为4~35米。用抓斗的普通门式起重机工作级别较高。

2)集装箱龙门起重机专门用于集装箱货场进行堆码和装卸作业。拖挂车将岸壁集装箱运载桥从船上卸下的集装箱运到堆场或后方后,由集装箱龙门起重机堆码起来或直接装车运走,可加快集装箱运载桥或其他起重机的周转。在可堆放高3~4层、宽6排的集装箱的堆场,一般用轮胎式,也有用有轨式的。

集装箱龙门起重机与集装箱跨车相比,其跨度和门架两侧的高度都较大。为适应港口码头的运输需要,这种起重机的工作级别较高。其起升速度为8~10米/分;跨度根据需跨越的集装箱排数来决定,最大约为60米,相应于20英尺、30英尺、40英尺长集装箱的起重量分别约为20吨、25吨和30吨。

集装箱龙门起重机按行走部分不同可分为轨道式(图6-22)和轮胎式(图6-23)

两种。轮胎式集装箱龙门起重机的门架由两片龙门框和底梁组成,支承在橡胶充气轮胎上,可在集装箱货堆间行走,行走时一般采用电磁感应自动导向技术,可作直角转向,以减少调车的作业场地。

轨道式集装箱龙门起重机由两片双悬臂的龙门架组成,两侧门腿用下横梁连接,龙门架通过大车运行机构在地面铺设的轨道上行走,起重小车运行在龙门架的轨道上,小车上有回转机构,它可以作大于270°的回转运动,在回转盘上安装有起升机构,通过钢丝绳、导向滑轮组和集装箱吊具进行装卸作业。对于标准集装箱码头,在一个泊位配备两台岸桥的情况下,货场一般配备三台跨度为30~60米的轨道式集装箱龙门起重机,其中两台供前方船舶装卸作业,一台供后方进箱或供箱用。

轨道式集装箱龙门起重机与轮胎式集装箱龙门起重机相比,其跨度较大,可跨14列或更多列集装箱,堆码层数较多,最多可堆放5~6层集装箱,堆场面积利用率高,机械结构简单,维修保养容易,作业可靠,但灵活性差,适用于堆场面积有限和吞吐量较大的集装箱专用码头。

图6-22 轨道式集装箱龙门起重机　　图6-23 轮胎式集装箱龙门起重机

(4)装卸桥。装卸桥是由龙门起重机加大跨度发展而成的一种桥架型起重机。装卸桥的取物装置以双绳抓斗或其他专用吊具为主,工作对象是大批量的散状物料,常用于露天贮料场、港口和铁路货站、电厂、林区货场等处。通常以生产率来衡量和选择装卸桥。

普通装卸桥与大型门式起重机的结构相似。其特点是:①搬运对象主要是大批量的散状物料;②跨度大,一般在30米以上,有的达170米;③作业频繁,生产率高,一般为500~1 500吨/时,工作速度高,起升速度为60~70米/分,小车运行速度为100~350米/分,工作级别较高;④装卸桥的运行机构只用于调整工作位置,是非工作性机构。

装卸桥的结构形式有桁架式(图6-24)和箱形门架式(图6-25)两种。采用桁架结构可减小整机自重,而采用箱形结构便于制造。

物流设施设备基础与实训

图 6-24　桁架装卸桥

图 6-25　箱形门架式装卸桥

岸壁装卸桥又称抓斗卸船机（图 6-26），主要用于港口码头船舶装卸。作业时，抓斗从船舱抓取散货并提升出舱后，载重小车向岸方运行，将散货卸入前门框内侧的漏斗内，经胶带输送系统送到货场。抓斗卸船机的生产率很高，使用范围较广泛，应用于能源、电力、冶金、港口等行业（特别是大宗散料集散中心），其作业对象可为 30 万吨级以内的船舶。

图 6-26　抓斗卸船机

（5）岸边集装箱起重机。岸边集装箱起重机是在集装箱码头前沿进行集装箱船舶装卸作业的专用机械，也称岸桥。它由前后两片门框和拉杆构成的门架及支承在门架上的桥架组成；两侧一般都是刚性支腿，形成坚固的门架，桥架支承在与门架连成一体的上部构架上；带有集装箱吊具的小车在桥架上运行，伸向海面的长悬臂通常是可俯仰的，也有些悬臂是固定的。岸桥在非作业状态时悬臂可吊起在 80°～85°仰角处，使运载桥让过船舶上的最高点；作业时悬臂放平。它按前大梁结构形式可分为俯仰式、折叠式和伸缩式，折叠式和伸缩式一般用于集装箱码头附近有航空器飞行的场合。超巴拿马型集装箱起重机如图 6-27 所示。

图 6-27 超巴拿马型集装箱起重机

岸桥主要用于在集装箱船与码头前沿之间装卸集装箱，有些码头还利用岸桥的大跨距和大后伸距直接进行堆场作业。岸桥的装卸能力和速度直接决定码头作业生产率。集装箱运输船舶的大型化、特别是超巴拿马船型的发展，对岸边集装箱起重机提出了更高要求：①提高起重机的技术参数，起重机速度高速化，外伸距、起升高度增大，吊具下额定起重量提高；②开发设计高效率的岸边集装箱装卸系统，以满足船舶大型化对起重机生产率的要求。岸桥朝大型化、高速化、自动化和智能化，以及高可靠性、长寿命、低能耗、环保型方向发展。

3．**臂架类起重机**

臂架类起重机由行走、起升、变幅、旋转机构组成。通过臂架的俯仰、绕垂直轴线回转配合升降运行，可在一个圆柱形空间范围内起重和搬运。臂架类起重机种类很多，以下是一些常见类型。

（1）门座式起重机。门座式起重机又称门机，是装在沿地面轨道行走的全回转臂架起重机。门座式起重机的额定起重能力范围很宽，其工作机械具有较高的运动速度，具有高大的门架和较长距离的伸臂以及较大的起升高度和工作幅度，能满足港口码头船舶和车辆的机械化装卸、转载及充分利用场地的要求。它的回转机构能使臂架作 360°回转，变幅机构能使臂架俯仰，改变起吊点至回转中心的距离，并在变幅过程中保持货物的离地高度不变，起升机构完成起吊作业。它的缺点是造价高，需要钢材多，需要较大电力供给，一般轮压较大，需要坚固的地基，附属设备也较多。

港口和货场使用的门座式起重机（图6-28）一般分为通用型和专用型两种。通用型门座式起重机用吊钩或抓斗装卸货物，专用型门座式起重机只能用于某一种货物的装卸。例如带斗门座式起重机专用于煤炭装卸，通常其生产率比通用型的高。

图6-28　门座式起重机

（2）集装箱正面吊。集装箱正面吊是专门为20英尺和40英尺国际集装箱装卸作业而设计的，由工程机械底盘、伸缩臂架和集装箱吊具三部分组成，主要用于集装箱的堆叠和码头、堆厂内的水平运输。

集装箱正面吊（图6-29）有可伸缩和左右旋转的集装箱吊具，吊装集装箱时不一定要与集装箱垂直，可以与集装箱成夹角作业。在起吊后可旋转吊具以通过比较狭窄的通道。吊具可以左右侧移，以便在吊装时对箱，提高作业效率。伸缩式的臂架可带载变幅，集装箱的起降由臂架伸缩

图6-29　集装箱正面吊

和变幅来完成。在作业时，可同时实现整车行走、变幅、臂架伸缩动作，具有较高的工作效率。对于场地条件较差的货运站，正面吊也能正常作业。

与叉车相比，它具有机动灵活，操作方便，稳定性好，轮压较底，堆码层数高，堆厂利用率高等优点，可进行跨箱作业。集装箱正面吊特别适用于中小港口、铁路中转站和公路中转站的集装箱装卸，也可在大型集装箱码头作为辅助设备来使用。

（3）汽车起重机。汽车起重机（图6-30）是安装在标准的或专用的载货汽车底盘上的全旋转动臂式起重机。它的车轮采用弹性悬架，行驶性能接近汽车，可在公路上行驶。一般在车头部设有驾驶室，绝大多数还在转台上设有起重驾驶室。

汽车起重机行驶速度高，越野性能好，作业灵活，可迅速改变作业场地，特别适合于流动性大、不固定的作业场所。

图 6-30　汽车起重机

汽车起重机作业时一般放下支腿，不能带负荷行驶，且不能配套双绳抓斗使用，其使用受到一定局限。

（4）轮胎起重机。轮胎起重机是安装在具有专用充气轮胎底盘车辆上的全旋转臂架起重机。上下车合用一台发动机，车辆上的轮距和轴距配合适当，稳定性好，并能在平坦的地面上吊货行驶，行驶速度一般不超过 30 千米/时，不宜在公路上长距离行驶。轮胎起重机适用于货场、码头、工地等移动距离有限的场所的起重作业。

由于轮胎起重机（图 6-31）的起重量大，稳定性好，在一定的起重范围内可以不用支腿作业，灵活方便，且能配套双绳抓斗进行散货作业，在装卸作业中，它比汽车起重机应用更为广泛。

图 6-31　轮胎起重机

（5）履带起重机。履带起重机（图 6-32）是安装在履带运行底盘车辆上的臂架式旋转起重机，大多数配有单斗万能挖掘机，能进行正铲、反铲、拉铲、抓斗等作业。它接地面积大，爬坡能力强、通过性能好、转弯半径小，可在路面不好的情况下作业；其工作稳定性好，可不打开支腿进行作业，起重作业部分安装在履带底盘上，具有全回转的转台，桁架臂架，起重高度大，牵引系数高。但其运行速度较低，在行驶时易损坏路面；维修较复杂，使用受到一定限制，多用于野外作业和工地上。

图 6-32　履带起重机

（6）浮式起重机。浮式起重机（图 6-33）是指以专用浮船作为支承和运行装置，浮在水上作业，可沿水道自航或拖航的水上臂架型起重机。它可按多种标准分类：按航行方式分为自航浮式起重机、非自航浮式起重机（依靠拖轮拖航的浮式起重机）；按回转能力分为全回转浮式起重机（起重装置可绕回转中心线相对浮船作 360°以上连续转动的浮式起重机）、非全回转浮式起重机、非回转浮式起重机、复合浮式起重机（起重装置分上下两层，下层不能回转，上层可全回转）；按动力装置型式分为蒸汽浮式起重机、内燃浮式起重机、内燃电力浮式起重机、蒸汽电力浮式起重机、电动浮式起重机；按吊具的不同分为吊钩浮式起重机、抓斗浮式起重机；按工作水域的不同分为港湾浮式起重机、航海浮式起重机；按用途的不同分为装卸用浮式起重机、造船用浮式起重机、建筑安装用浮式起重机、救援用浮式起重机。

图 6-33　浮式起重机

模块六　装卸搬运设备与应用

（四）起重机作业的安全事项

驾驶员必须持有政府有关部门核发的与所操作的机械设备相对应的有效操作证件，必须熟悉所操作机械的性能和结构特点并经考核合格后方可上岗。

1．装卸运输机械作业的"十不准"

（1）不准超负荷作业。

（2）不准驾驶室外带人和室内超员行驶。

（3）不准酒后驾驶机械。

（4）不准做与作业无关的事——吸烟、闲谈、吃食物、打瞌睡等。

（5）不准擅自把机械交给他人驾驶和驾驶与操作证不相符的机械。

（6）不准用冷水冲洗热发动机和电器部件。

（7）不准强行高速行驶。

（8）不准在发动机运转时加添燃油。

（9）不准用机械直接拖拉置于地面的货物（拆箱和设备安装就位的作业除外）。

（10）不准带病作业。

2．起重机作业"十不准"

（1）不准起吊重量不明确或埋在地下的货物、物件。

（2）不准起吊散漏、捆码不牢的货物。

（3）不准将货物悬吊在空中离开驾驶室。

（4）不准吊货在人和车辆驾驶室的上空通过或停留。

（5）不准在起吊的货物上进行拆卸或加固作业。

（6）不准用吊钩进行拖、拉、抽、拔等作业。

（7）不准在货物、货盘、吊钩、吊具上带人升降。

（8）不准吊起货物长时间在空中停留。

（9）不准拖钩或抖钩作业。

（10）不准有意识地用限位开关停止各机构动作。

阅读资料

集装箱正面吊运机安全操作规程

1．驾驶员作业前应做到以下几点

（1）起动电机时间不宜过长（约5秒），连续起动要间隔20～30秒，如仍不能起动应检查处理。

（2）发动机起动时，不宜加大节气门。起动后让其低速空运转5分钟，待机油压力达到正常范围，水温上升正常值时方可调试各系统工作状况，并空试伸缩臂架伸缩、吊架伸缩、升降、旋转及旋锁是否灵活正常。

2．作业中应做到以下几点

（1）随时注意行驶方向及作业场所附近的状况，以避免事故发生；无论吊具上是否吊有集装箱，都严禁在人和车辆驾驶室的上方经过或停留。

（2）空车行驶时，必须把吊架缩到20英尺，降到一定高度，以防止吊架与其他物件碰撞。

（3）严格按照安全负载规定吊运集装箱。

（4）吸吊集装箱时，吊架应慢速升到集装箱的中央位置，注意车与箱的距离和箱的高度，保证吊架的四个扭转锁头对准集装箱四个角配件，然后轻放到位，不得急停到位。

（5）只有当吊具着箱指示灯（红灯）亮时，才能操作旋锁开、闭动作；只有当旋锁完全锁紧或完全松开指示灯（两只黄灯）亮时，才能操作集装箱起升。

（6）吊取第二排和第三排集装箱时必须符合阶梯型，便于驾驶员观看到吊具旋锁是否与集装箱角配件对正。

（7）禁止超负荷及在集装箱重心明显偏移吊具中心的情况下起吊。

（8）在取第二层以上的堆场箱时，要先慢速退后，然后缩臂把箱放低至合适的安全高度，才能操作升降油缸下降和行走。严禁在未缩臂至安全位置时，操作升降油缸下降和向前行走，以免由于重心前移发生倾翻事故。

（9）吊机在重载时，禁止吊具作15°以上旋转。

（10）谨慎驾驶，操作时严禁碰箱、靠箱和其他碰撞现象的发生。

（11）严禁悬吊集装箱时驾驶员离开驾驶室。

（12）吊机不允许载人，未经批准不得进行空箱作业。

（13）随时注意路面情况，尤其在满载时不得在道路十分不平及斜坡中行走，以免引起倾覆，空载时也不得与斜坡成夹角的方向行驶。

（14）在行驶过程中，车未完全停稳，严禁反向操作。

（15）严禁重载行驶时急转弯，紧急制动和在行进中没有停止情况下反向行走。

（16）在堆场吊箱作业时，吊起时应先直向后倒车，把箱升到一定高度（驾驶员能清楚地远望到前方行人情况）时才能操作转向，吊架旋转。

（17）如果生产需要，经现场操作管理人员批准，可开上码头面作业，必须与码头前沿门座起重机保持足够的安全距离。如果在门座起重机正面作业，安全距离要保证有40米。

（18）不准长时间担负集装箱在空中等车装运。

（19）在仓库旁操作查验箱、拼箱就位时，由于作业环境复杂，必须有人指挥。

（20）不准用于集装箱的水平运输作业，但50米以内的查验箱除外。

3．作业后应做到以下几点

（1）开回指定的地点停放，收回臂架及吊具。

（2）让主机怠速运行五分钟，然后关机，拉好手刹。

（3）进行例行保养。

（4）关好门窗带走锁匙。

能力训练项目 2

（一）叉车搬运工厂设备情境图片案例

图 6-34～图 6-39 反映了使用叉车来搬运货物的场景，请仔细观察叉车的作业位置与作业过程，讨论并回答问题。

图 6-34　搬运成捆货物

图 6-35　搬运托盘货物

图 6-36　搬运圆柱形货物

图 6-37　搬运集装箱

物流设施设备基础与实训

图6-38　叉起集装箱　　　　　　　　图6-39　放置集装箱

➤ 讨论

1．上述几种情形下是如何用叉车对不同的货物进行装卸的？
2．用叉车搬运托盘货物时对被搬运货物的包装有何要求？
3．用叉车搬运圆柱形货物要配备什么属具？请描述其搬运的具体过程。
4．在上述搬运作业中应注意的问题有哪些？

（二）自动搬运小车运作演示

观看自动搬运小车运作演示视频，讨论并回答以下问题：
自动导引车等是如何工作的？它们有什么作用？

理论环节 2

搬运、输送设备

一、搬运设备

（一）叉车

叉车又称铲车或叉式取货机，它以货叉作为主要取货装置，依靠液压起升机构升降货物，由轮胎式行驶系统实现货物水平搬运的具有装卸、搬运双重功能的机械设备。叉车是一种具有各种叉具，能够对货物进行升降和移动以及装卸作业的搬运车辆。

叉车由自行的轮胎底盘和能垂直升降、前后倾斜的货叉、门架等组成，具有适用性强、机动灵活、效率高等优点，不仅可将货物叉起进行水平运输，还可叉取货物进行垂直堆码。叉车在装卸搬运机械中应用最为广泛，主要用于件货的装卸搬运，在配备其他取物装置后还能用于散货和多种规格品种货物的装卸作业，常在车站、码头、仓库和货场用来承担装卸、搬运、堆码作业。

1．叉车的特点及其分类

（1）叉车的特点。叉车应用在仓库、车站、码头和港口等各个物流领域，能减轻装卸工人繁重的体力劳动，提高装卸效率，降低装卸成本。此外，它还具有以下特点。

模块六 装卸搬运设备与应用

1）机械化程度高。叉车是装卸和搬运一体化设备，在使用各种自动的取物装置或在货叉与货板配合使用的情况下实现装卸工作的完全机械化，不需要人工辅助。

2）机动灵活性好。叉车外形尺寸小，转弯半径小，重量轻，能在作业区域内任意调动，适应货物数量及货流方向的改变，可与其他起重运输设备配合工作，提高设备的使用率。

3）可以"一机多用"。叉车在配备与使用各种取货装置如货叉、铲斗、臂架、串杆、货夹、抓取器等的条件下，可以适应各种品种、形状和大小货物的装卸作业。

4）它能提高仓库容积的利用率，堆码高度一般可达3~5米。

5）它有利于开展托盘成组运输和集装箱运输。

6）与大型起重机械比较，它的成本低、投资少，能获得较好的经济效益。

（2）叉车的分类。

1）叉车按其动力装置不同，分为电动叉车和内燃叉车。

① 电动叉车是以蓄电池和直流电动机作为动力装置的叉车，它噪声小，不污染环境，直流电动机可带载起动，传动系统简单，操作简便，运营费用低；但它搬运距离短，一般只用于室内。

② 内燃叉车是以内燃机作为动力装置的叉车，根据内燃机的不同可分为汽油式、柴油式和液化式叉车。内燃叉车能连续长时间作业，燃料供应方便，输出功率大，行走速度、货叉提升速度和爬坡能力均比电动叉车大，对路面质量要求低；但其传动系统复杂，零部件易磨损，机械故障多，操作比电动叉车复杂，噪声大，排放的废气污染环境。

2）叉车按其结构和用途不同分为平衡重式、前移式、插腿式（以上三种均为正叉式）、侧面式、跨车以及其他特种叉车等。

① 平衡重式叉车（图6-40）的工作装置位于叉车的前端，货物载于前端的货叉上，货物重心落在车轮轮廓之外，为了平衡货物重量产生的倾覆力矩，保持叉车的纵向稳定性，在车体尾部安装平衡重，其前轮为驱动轮，后轮为转向轮。平衡重式叉车是叉车中应用最广泛的构造形式，约占叉车总数的80%以上。它可由驾驶员单独操作完成货物的装卸、搬运和堆垛作业，并通过变换属具扩大叉车的使用范围和作业效率。

图6-40 平衡重式叉车

② 前移式叉车具有两条前伸的较高支腿，支腿前端有两个轮子，叉车的门架可带着起升机构沿着支腿内侧轨道前移，便于叉取货物，叉完货物后，起升一

小段高度后，门架又沿着支腿内侧轨道回到原来的位置；它的货叉可沿叉车纵向前后移动，取货卸货时，货叉伸出，叉卸货物以后或带货移动时，货叉退回到接近车体的位置，使货物重心位于轮的支承面内，因此叉车行驶时的稳定性好。

前移式叉车（图6-41）分门架前移式和货叉前移式两种。门架前移式叉车的货叉和门架一起移动，叉车驶近货垛时，门架可能前伸的距离要受外界空间对门架高度的限制，因此只能对货垛的前排货物进行作业。货叉前移式叉车的门架则不动，货叉借助于伸缩机构单独前伸，如果地面上具有一定的空间允许插腿插入，叉车能够超越前排货架，对后一排货物进行作业。

图6-41　前移式叉车

前移式叉车起重量在3吨以下，采用电动机驱动。前伸后收式叉车具有平衡重式叉车和电动堆垛机的共同特征。它的车身小，重量轻，转弯半径小，机动性好，不需在货堆间留出空处，前轮较大，操作灵活，荷载高而体积和自重不会增加很多，可节省空间，适合于通道较窄的室内仓库作业。其缺点是行驶速度低，主要用于室内搬运作业，但也能在室外工作。

③ 插腿式叉车（图6-42）一般由电动机驱动，蓄电池供电，起重量在2吨以下；叉车前方带有两条小轮子的支腿，货叉位于支腿之间。支腿的高度较小，能与货叉一起伸入货板或托盘底部叉货，然后由货叉提升货物。由于货物重心位于前后车轮所包围的支承面之内，叉车的稳定性好。

图6-42　插腿式叉车

模块六 装卸搬运设备与应用

插腿式叉车比平衡重式叉车结构简单，自重和外形尺寸小，适合在狭窄的通道和室内堆垛、搬运，但速度低，行走轮直径小，对地面要求较高。

④ 侧面式叉车（图 6-43）主要用于搬运长大件货物。它的门架、起升机构和货叉位于叉车的中部，可以沿着横向导轨移动。货叉位于叉车的侧面，侧面还有一货物平台，货叉不仅可上下运动，还可前后伸缩。叉货时，先将千斤顶顶着地门架向外推出，叉取货物后，货叉起升，门架退后，然后下降货叉，货物即自动放置在叉车一侧的前后车台上；将千斤顶收起后，叉车即可行驶。侧面式叉车车体进入通道，货叉面向货架或货垛，装卸作业不必先转弯再作业；但因其门架和货叉只能向一侧伸出，当需要在对侧卸货时必须将叉车驶出通道，掉头以后才能进行卸货。

侧面式叉车多以柴油机驱动，起重量为 2.5~54.5 吨。它适合于窄通道作业，由于货物沿叉车的纵向放置，可减少长大货物对道路宽度的要求，有利于条形长尺寸物品的装卸和搬运。同时，货物重心位于车轮支承底面之内，叉车行驶时稳定性好，速度高，驾驶员视野比正叉平衡重式叉车好。

图 6-43 侧面式叉车

⑤ 可多方向作业的叉车有多面式叉车、转叉式叉车和转柱式叉车等。

多面式叉车（图 6-44）的特点是门架或叉架可以绕垂直轴线旋转，因此货叉可朝向两个或三个方向。它的货叉可朝向前方，也可朝向左方或右方。不仅叉架可以转动，支承叉架的回转头还可以向左或向右横向移动，方便叉车从侧面取货或卸货。这种叉车能在通道狭窄的立体仓库中从通道两侧的货架上取、放货物。

转叉式叉车（图 6-45）门架不动而货叉做旋转和侧移的动作。这种叉车的设计结合了侧边负荷和配重式叉车特性，轴距较大，稳定性好；门架宽度较大，刚性好；机动灵活，转弯半径小，作业巷道窄。

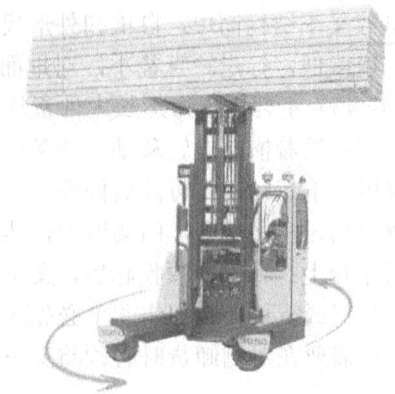

图 6-44 多面式叉车

图 6-45 转叉式叉车

转柱式叉车（图 6-46）是一种无轨巷道作业设备，特点是机动灵活，转弯半径小，作业巷道窄，门架可实现正反转 90°。

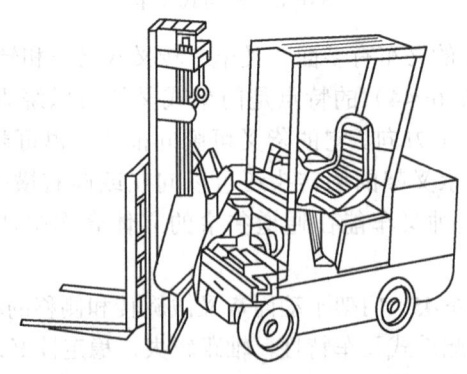

图 6-46 转柱式叉车

⑥ 伸缩臂式叉车（图 6-47）的货叉安装在一个可以伸缩的长臂的前端，它可跨越障碍进行货物的堆垛作业，通过变换叉车属具进行多种作业。这种叉车稳定性较强，作业人员可以有较好的视野。

图 6-47　伸缩臂式叉车

⑦ 自由起升叉车（图 6-48）是指能够全自由起升的叉车。当叉架起升到内门架的顶端时，内门架仍不上升，因此它可在叉车总高不变的情况下将货物堆码到与叉车总高大致相等的高度。部分自由起升能提高叉车的通过性，只要门道的净空高度不低于门架全缩时的叉车总高，叉车就能通过，叉车可利用部分自由起升高度通过低净空门道。自由起升叉车适于在低矮的场所，如船舱、车厢内进行装卸或堆垛作业。

图 6-48　自由起升叉车

⑧ 拣选式叉车分为低货位拣选式叉车（图6-49）和高货位拣选式叉车（图6-50）。低货位拣选式叉车主要用于低位拣货，拣选存放高度在 2.5 米以内的货物；高货位拣选式叉车主要用于高位拣货，适用于多品种、数量小的货物的入库、出库的拣选式高层货架仓库。

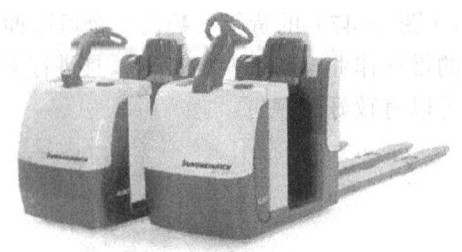

图 6-49 低货位拣选式叉车

图 6-50 高货位拣选式叉车

⑨ 集装箱叉车是一种大型平衡式叉车,是集装箱码头和货场常用的机械设备,主要用于集装箱吞吐量不大的综合性码头和货场。它既可以堆码集装箱,又可作短距离运输,且换上普通货叉后还可搬运其他货物,可以一机多用;缺点是直角堆垛通道宽度较宽,影响场地的面积利用率,轮压较大,对路面的承载能力要求高。集装箱叉车的特点是载荷中心(货叉根部至货物中心之间的距离可达 1220 毫米)大,驾驶室在车体一侧较高的位置以改善驾驶员的视线,配备顶部起吊或侧部起吊的集装箱吊具。

带有叉车槽的 20 英尺集装箱可采用货叉进行装卸搬运;不带叉槽的 20 英尺集装箱和所有 40 英尺集装箱须采用专用的集装箱吊具。集装箱吊具分侧面吊具和顶面吊具两类。集装箱空箱堆高机(图 6-51)为侧面吊具,集装箱叉车(图 6-52)为顶面吊具。侧面吊具的上部有两个与 20 英尺集装箱上部角配件相配合的旋锁。为了便于旋锁与上部角配件对准,吊具上有侧移机构,有的还有左右摆动机构。有的吊具有伸缩机构,使之既能吊起 20 英尺集装箱,又可吊起 40 英尺集装箱。侧面吊具较轻便,但只能搬运空集装箱。顶部吊具的框架在四个角上有四个与集装箱上部角配件相配合的旋锁,可以搬运满载集装箱。吊具上有侧移机构,一般可以往左右侧移 300 毫米,左右摆动机构的摆动量一般为 3°~5°。

模块六　装卸搬运设备与应用

图 6-51　集装箱空箱堆高机

图 6-52　集装箱叉车

2．叉车的主要组成部分

叉车主要由动力装置、工作装置和轮胎底盘三个主要部分组成。

（1）叉车的动力装置及其选择。叉车动力装置的作用是供给叉车工作装置装卸货物和轮胎底盘运行所需的动力。动力形式分内燃机和蓄电池电动机两大类。根据燃料的不同，内燃机又分柴油机、汽油机和液化石油气机三种。从性能、使用维护、公害和经济性四方面权衡比较选择叉车的动力形式，这几种动力形式各有优缺点。

蓄电池电动机的牵引性能优于内燃机，且运转平稳无噪声，不排废气，检修容易，操纵简单，营运费用较低，整车的使用年限较长，但需要充电设备，基本投资高，充电时间较长（一般 7~8 小时，快速充电 2~3 小时），一次充电后的连续工作时间短，车速和爬坡能力较低。蓄电池—电动机驱动的电动叉车主要用于通道较窄、搬运距离不长、路面好、起重量较小、车速要求不太快的仓库和车间。在易燃品仓库或要求空气洁净的地方只能使用电动叉车；冷冻仓库中内燃机起动困难，也应采用电动叉车。

内燃机的机械特性不符合对叉车原动机恒功率特性的要求，它的输出功率随着转速的增加而增大，必须配装变速器、液力变矩器或液压传动装置等。它不需要充电设备，作业持续时间长、功率大、爬坡能力强，对路面要求低，基本投资少；如果采用合适的传动方式，能获得理想的牵引性能。但它运转时有噪声和振动，排废气，检修次数多，营运费用较高，整车的使用年限较短。在内燃叉车中，采用柴油机最普遍，起重量3吨以上的叉车基本都采用柴油机。起重量较小的叉车可选用汽油机，它体积小、重量较轻，但耗油多、汽油价格高，废气中有害成分较多，易着火。国外还有采用液化石油气发动机的叉车，其燃料价格低，排出的废气也较少。

一般起重量在中等吨位以上时，宜优先采用内燃叉车。内燃叉车适于室外作业，在路面不平或爬坡度较大以及作业繁忙、搬运距离较长的场合，内燃叉车比较优越。

(2) 叉车的工作装置。叉车的工作装置由直接进行装卸作业的工作装置及操纵工作装置动作的液压传动系统组成。叉车的工作装置用来叉取、卸放、升降、堆码货物，通常采用货叉取货，还可配备多种取物工具，以一机多用。液压传动系统把原动机的能量传递给叉车的工作装置，以实现货物的起升和门架的前后倾。

(3) 叉车的运行部分。叉车是无轨运行机械，运行部分装在轮式底盘上。运行部分由牵引传动系统、转向系统和制动系统组成，将原动机发出的动力转变成叉车的可以控制的运动。叉车多在仓库、货场等场地狭窄、货物堆放很多的地方进行作业，在行驶中需要频繁地进行左、右转向，要求转向系统动作灵活，操作省力。

叉车制动系统由制动器和制动操纵装置组成，一般包括两套独立的制动装置，即行车制动和停（驻）车制动。制动系统不仅使叉车在作业行驶中能按照工作需要减速或停车，且当下坡时利用制动器能保持适当的稳定速度；当叉车停放坡道时，还可防止叉车自行滑动。

3．叉车的主要技术参数

叉车的技术参数主要说明叉车的结构特征和工作性能，主要有起重量（Q），载荷中心距（C），起升高度（H），起升速度和运行速度，门架倾角，转弯半径（R）及离地间隙（X）等，见表6-1。

表6-1 叉车主要技术参数

项 目	单 位	产品型号					
车型名称	—	CPD10	CPD15	CPD20	CPD25	CPD30	CPD35
额定起重量	千克	1 000	1 500	2 000	2 500	3 000	3 500
载荷中心距	毫米	500					
起升高度	毫米	3 000					
作业时最大高度	毫米	3 975		4 030		4 270	

（续）

项 目		单 位	产 品 型 号					
门架倾角(前/后)		°	6/12					
最小离地间隙		毫米	99		105		125	
最小转弯半径		毫米	1 930		2 320		2 380	2 450
最 大行驶速度	前进	千米/时	13.5	13	14	13.5	14	13.5
	后退		13.5	13	14	13.5	14	13.5
最 大起升速度	满载	毫米/秒	235	230	272	260	280	
	空载		320			380		
最大下降速度		毫米/秒	600					
满载最大爬坡度		%	15			10		

（资料来源：http://www.hechaforklift.com/include/web_content.php?id=347）

（1）额定起重量（Q）和载荷中心距（C）。额定起重量是指门架处于垂直位置，货物重心位于载荷中心距范围以内时，允许叉车举起的最大货物质量。载荷中心距是指设计规定的额定起重量的标准货物重心到货叉垂直段前壁的水平距离，单位为"毫米"。作业时如果货物体积庞大或货物在托盘上的位置不当，而使货叉上的货物实际重心超出了规定的载荷中心距，或当最大起升高度超过一定数值时，起重量应相应减小，否则叉车将有倾翻的危险。货物实际重心超出载荷中心距越远，则允许的起重量越小。

可根据需要装卸和搬运货物的重量和货盘的尺寸来选用相应叉车。从经济的角度看，增加每次装卸货物的质量而采用较大吨位的叉车比较合适。据统计，国产3吨内燃叉车的价格比2吨内燃叉车约高7%，营运费用平均高3%。在起升高度、行驶距离和速度参数相同的情况下，3吨叉车的生产率理论上比2吨叉车提高50%，每吨货物的搬运装卸费约可减少1/3。

（2）最大起升高度和自由起升高度。最大起升高度是指门架处于垂直位置，货叉满载起升至最高位置，从叉面至地面的垂直距离。港口叉车最大起升高度一般为3～4米。当最大起升高度超过一定数值时必须相应减小叉车的允许起重量。自由起升高度是指不改变叉车的总高时货叉可能起升的最大高度。具有自由起升性能的叉车可在净空不小于叉车总高的库门通过或在低矮的船舱、车厢内作业。

（3）门架的倾角。门架倾角是指门架自垂直位置向前或向后倾斜的最大角度。一般前倾角取5°，后倾角取10°。

（4）起升速度和运行速度。起升速度是指门架处于垂直位置，货叉满载上升的平均速度。提高起升速度是叉车发展的趋势。过大的起升速度易发生货损和机损事故，根据港口装卸作业要求，起升速度以 15～20 米/分为宜。

行驶速度是指在平坦的硬路面上叉车满载前进的最大速度。据统计，叉车作业时，行驶时间一般约占全部作业时间的 2/3，提高行驶速度、缩短行驶时间对提高叉车作业生产率有重大意义。在港口露天货场上工作的内燃叉车其行驶速度可取 15～20 公里/小时。

（5）最大牵引力。最大牵引力分为轮周牵引力和拖钩牵引力。当原动机输出功率为定值时，轮周牵引力与叉车行驶速度成反比。轮周牵引力在克服叉车行驶时本身遇到的外部阻力后，在叉车局部的拖钩上剩余的牵引力称为拖钩牵引力。当叉车在水平坚硬的良好路面上以低挡等速行驶时，叉车的外阻力仅为数值很小的滚动阻力，此时的拖钩牵引力最大。牵引力大则叉车起步快、加速能力强、爬坡能力大、牵引性能好。在叉车的技术规格中通常标出的是拖钩牵引力。当叉车作为牵引车使用时，必须知道它的拖钩牵引力。

（6）最小转弯半径。最小转弯半径是指在平坦的硬路面上，叉车空载低速前进并以最大转向角旋转时，车体最外侧所划出轨迹的半径。采用较短的车身、外廓较小的车轮、增大车轮转向时的最大偏转角等可减小转弯半径。

（7）直角堆垛的最小通道宽度和直角交叉的最小通道宽度。直角堆垛的最小通道宽度是指叉车在路边垂直道路方向堆垛时所需的最小通道宽度；直角交叉的最小通道宽度指叉车能在直角交叉处顺利转弯所需的最小通道宽度。转弯半径小、机动性好的叉车要求的通道宽度小。

（8）最小离地间隙。最小离地间隙是指除车轮以外，车体上固定的最低点至车轮接地表面的距离。增大车轮直径可以使最小离地间隙增加，但这会使叉车的重心提高，转弯半径增大。

（9）最大爬坡度。叉车的最大爬坡度是指叉车在正常路面情况下以低速挡等速行驶时所能爬越的最大坡度，以度或百分数表示，分空载和满载两种情况。港口路面场地较平坦，港口叉车最大爬坡度可在 10° 以内。

（10）自重和自重利用系数。叉车自重是指包括油、水在内的叉车总重。叉车自重利用系数通常有两种表示方法：①起重量与叉车自重之比；②起重量和载荷中心距的乘积与叉车自重之比。由于叉车的载荷中心距并不相同，故后一种表示方法更为合理。自重利用系数值较大，即材料利用较经济，结构设计较合理。

（11）其他技术参数。除上述参数外，还有外形尺寸、前后桥负荷、轮压、轴距和轮距等。

叉车的型号标注由五项组成：组型代号、主参数、动力形式（用燃料代号表示）、传动方式和改进代号。燃料代号和传动方式都属于叉车的结构特性。叉车的传动方式有动压传动、静压传动和机械传动三种，机械传动是最早使用的一种传动形式，不作标注。叉车的型号标注形式为

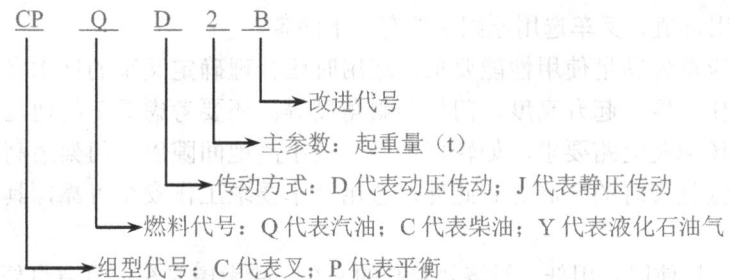

例如 CPQD2B 型叉车，表示经二次改进的、2 吨汽油发动机式、动压传动的平衡重式叉车。

4．叉车的主要性能

叉车的各种技术参数反映了叉车的性能，主要性能有以下几个方面。

（1）装卸性。它是指叉车起重能力和装卸快慢的性能。叉车的起重量大、载荷中心距大、工作速度高则装卸性能好。

（2）牵引性。它表示叉车行驶和加速快慢、牵引力和爬坡能力大小等方面的性能。叉车的行驶和加速快、牵引力和爬坡度大则牵引性好。

（3）制动性。它表示叉车在行驶中根据要求降低车速及停车的性能。通常以在一定行驶速度下制动时的制动距离大小来加以衡量。叉车的制动距离小则制动性能好。

（4）机动性。叉车的外形尺寸小则机动性好。

（5）通过性。叉车的通过性是指叉车克服道路障碍而通过各种不良路面的能力。叉车的外形尺寸小、轮压小、离地间隙大、驱动轮牵引力大，则叉车的通过性好。

（6）操纵性。它是指叉车操作的轻便性和舒适性。叉车各操作件之间的位置布置得当则操纵性好。

（7）稳定性。叉车的稳定性就是指叉车抵抗倾覆的能力。

叉车的稳定性由正确的设计即合理确定叉车各部分和平衡重的位置来保证，目前国际上还通过试验来检查叉车的稳定性。在使用中，司机必须遵守操作规程，不得超重、超载荷中心距、超速作业。稳定性和叉车的支承形式有关，三支点叉车的横向稳定性比四支点叉车差。这些都是在操作使用中应注意的事项。

（8）经济性。叉车的经济性主要指它的造价和营运费用，包括动力消耗、生产率、使用方便和耐用的程度等。

5．叉车的选用原则

叉车的种类很多，形式规格各异，首先应了解叉车的选用原则才能充分发挥叉车的使用价值。叉车选用原则主要有以下两条。

（1）应首先满足使用性能要求。选用时应合理确定叉车的技术参数，如起重量、工作速度，起升高度、门架倾斜角度等；还要考虑叉车的通过性能是否满足作业场地及道路要求，如转弯半径、最小离地间隙以及门架最高位置时的全高、最低位置时的全高等。此外，选用叉车要求工作安全可靠，具有良好的稳定性。

（2）选择使用费用低、经济效益高的叉车。除考虑叉车应具有良好的技术性能外，还应有较好的经济性，使用费用低、燃料消耗少、维护保养费用低等。可用重量利用系数和比功率大小定量比较叉车的经济性。叉车的比功率表明叉车单位总重量（自重与载重之和）所需耗用的功率，它是叉车动力性能的综合指标，直接影响燃料消耗。

6. 叉车在仓库中的维护保养

通常叉车的技术维护保养措施分为以下三级。

（1）日常维护。它包括检查库房内的温度、湿度，清洗叉车上的污垢、泥土等，进行外表保养。

（2）一级技术保养。叉车在库房存放一个时期（3~6个月）后要进行一级技术保养，检查气缸压力或真空度，调整气门间隙、检查节温器、液压系统各元件以及变速器的换挡工作是否正常；检查制动系统、调整制动片与制动鼓间隙；检查发电机及起动机安装是否牢固、灰刷和换向器有无磨损，风扇皮带的松紧程度；检查曲轴和通风接管是否完好，清洗过滤器。同时还要检查车轮安装是否牢固，轮胎的气压是否符合要求等。对于因进行保养而拆卸的某些零部件，重新装配后要进行路试，使之达到技术要求。

（3）二级技术保养。叉车存放半年以上时要进行二级技术保养，除了按日常保养和一级技术保养项目进行外还要增添拆卸工作，更换生锈不能用的零部件，如拆卸散热器、柴油箱盖、水泵及气缸盖，清除锈蚀、检查性能是否可靠等。如果叉车长期存放，要用木材顶住平衡块，避免两个后轮长期受载。

（二）自动导引车

自动导引车（Automatic Guided Vehicle，简称 AGV）是一种物料搬运设备，根据美国物流协会定义，AGV 是指设备有电磁或光学导引装置，能够按照规定的导引路线行驶，具有小车运行和停车装置、安全保护装置以及具有各种移载功能的运输小车；我国国家标准《物流术语》（GB/T 18354—2006）中对 AGV 的定义是："具有自动导引装置，能够沿着设定的路径行驶，在车体上具有编程和停车选择装置、安全保护装置以及各种物品移载功能的搬运车辆。"

AGV 是当今柔性制造系统和自动化仓储系统中物流运输的有效手段，也是在物流领域中首推的简单有效的自动物料运输方式，促进了企业的技术进步，改善工作条件和环境，提高自动化生产水平。AGV 无人驾驶，能自动导向运行，大多采用由蓄电池供电和直流电动机驱动。自动导引车的载重量一般为 50～5 000 千克。其中大多数自动导引车的载重量为 2 000 千克以下，约占总数的 90%。

1．AGV 的特点

AGV（图 6-53）是当今柔性制造系统和自动化仓储系统中物流运输的有效手段，也是在物流领域中首推的简单有效的自动物料运输方式。其特点可概括如下。

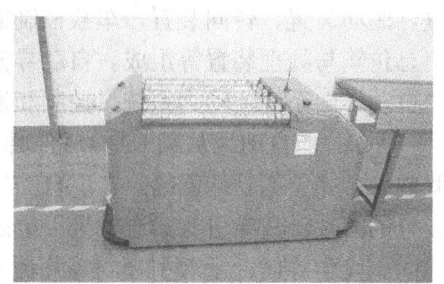

图 6-53　自动导引车

（1）无人驾驶。AGV 上配备有自动导向系统，可将货物或物料自动从起始点运送到目的地。

（2）柔性好。AGV 的自动化程度和智能化水平高，行驶路径可根据仓储货位要求、生产工艺流程等的改变而灵活改变，且运行路径改变的费用与传统的输送带和刚性的传送线相比非常低廉；一般配备有装卸机构，可与其他物流设备自动接口，实现货物和物料装卸与搬运全过程自动化。

（3）清洁、环保。AGV 依靠自带的蓄电池提供动力，运行过程中无噪声、无污染。

2．AGV 的分类

AGV 分为有轨和无轨两种，有轨是指有地面或空间的机械式导向轨道。地面有轨小车结构牢固，承载力大，造价低廉，技术成熟，可靠性好，定位精度高；多采用直线或环线双向运行，广泛应用于中小规模的箱体类工件 FMS 中。高架有轨小车（空间导轨）相对于地面有轨小车，车间利用率高，结构紧凑，速度高，有利于把人和输送装置的活动范围分开，安全性好，但承载力小。高架有轨小车较多地用于回转体工件或刀具的输送，以及有人工介入的工件安装和产品装配的输送系统中。有轨小车需要机械式导轨，其系统的变更性、扩展性和灵活性不够理想。

此外，自动导引车（AGV）还可根据以下几种分类标准进行分类。

（1）根据用途的不同，AGV 可分为自动导引搬运车、自动导引牵引车、自动导引叉车等，其中自动导引搬运车使用最多，约占 85%。

（2）按照导引方式不同，AGV 可分为固定路径导引车、自由路径导引车等。

（3）按照移载方式不同，AGV 可分为侧叉式移载、叉车式移载、推挽式移载、辊道输送机式移载、升降台式移载和机械手式移载等。

(4)按照充电的方式不同,AGV 可分为交换电池式和自动充电式。

(5)按照转向的方式不同,AGV 可分为前轮转向、差速转向和独立多轮转向。

3．AGV 的导向控制

AGV 常作为自动化仓库系统的重要部分。AGV 主要由车体、蓄电和充电装置、驱动装置、转向装置、车载控制器、通信装置、安全保护装置、移载装置、信息传输与处理装置等组成。自动导向车系统（AGVS）通常具有 4 个子系统，即自动导向系统、动力系统、控制和通信系统及安全系统。

AGV 能自动地从某一地点将物料移送到另一个指定地点，与现场相关设备联成一个完整的功能网络，实现自动运行、自动作业、智能检测等功能，并具有较好的柔性。其导引方式通常采用电磁感应导向、惯性导向、红外线导向、激光导向、光学导向、示教型导向等几种导向方法，可根据不同的使用环境来选择。其中电磁导向系统被认为可靠的和令人满意的。

4．AGV 的主要参数

(1)额定承载量、牵引质量。额定承载量是指自动导引搬运车在正常使用时可搬运货物的最大质量；牵引质量是指自动导引牵引车在平坦道路上行驶时能牵引的最大质量。牵引质量中不包括被牵引的拖挂车质量。

(2)车体尺寸。自动导向车的长、宽、高尺寸。它们适应搬运物品的尺寸、通道宽度以及移载动作的要求。

(3)运行速度。它是指车辆正常行驶时的速度，决定车辆作业周期或搬运效率。

(4)认址精度。它是指一次定位的认址精度，即车辆到达目的地址处并准备自动移载时的驻车精度。它是确定移载方式的重要参数。

(5)最小弯道半径。它是指转弯时弯道的最小曲率半径，它决定车辆弯道运行所需空间。

(6)蓄电池容量。它是指在作业期间内正常作业时，车辆可从蓄电池获得的能源供应量。

表 6-2 为国内外部分 AGV 产品的主要技术参数。

表 6-2　国内外部分 AGV 产品的主要技术参数

技术参数＼产品名称	日本村田 MT—35	日本大福	韩国三星	瑞士 OWL	中国昆船
额定载重/千克	350	400	600	600	600
自重（含电池）/千克	350	800	2 500	1 750	600
外形尺寸/毫米（长×宽×高）	2 000×750×1 000	2 375×900×875	2 710×1 450×950	3 000×1 000×1 950	1 860×1 140×1 900

模块六 装卸搬运设备与应用

(续)

产品名称 技术参数	日本村田 MT—35	日本大福	韩国三星	瑞士 OWL	中国昆船
导引方式	电磁导引	电磁导引	电磁导引	激光导引	激光导引
停位精度/毫米	±30	±10	±10	±1.0	±5
转弯半径/毫米	800	1 000	1 540		1 250
运行速度(米/分)	60	90	60	60	60
运行方向	万向	万向	前后	前后	前后
转向方式	差速	差速	前轮	前轮	前轮
移载方式	侧叉式	叉车式	侧叉式	叉车式	推挽式
驱动功率/千瓦	0.4×2		3.0	1.2	1.0
工作周期/时	8		8	18	18
电池电压/伏	48	48	48	48	48
充电方式	自动	交换/自动	自动	自动	自动(5~10分/次)

5．AGV 的作业安全与应用

AGV 是作为现代自动化物流系统中的关键设备之一，其可靠运行对于整个物流系统至关重要。

(1) AGV 的作业安全。AGV 属无人驾驶车辆，必须采取综合的安全保障措施：车辆装有急停按钮及报警灯，车体前端装有接近探知器和接触缓冲器，车辆在弯道处行驶时采用缓行速度；移载装置与地面上承载装置联动；事故监测与紧急停车；采取三级防碰撞安全保护，地面系统的防追撞区段保护、车辆上的接近障碍物探知保护、触碰障碍物的缓冲保护。

(2) AGV 的应用。AGV 是当今柔性制造系统和自动化仓储系统中物流运输的有效手段，也是在物流领域中首推的简单有效的自动物料运输方式。AGV 是伴随着柔性加工系统、柔性装配系统、计算机集成制造系统、自动化立体仓库而产生并发展起来的。1981 年美国通用公司开始使用 AGV，资料表明欧洲 40%的 AGV 用于汽车工业，日本 15%的 AGV 用于汽车工业，AGV 在其他行业也有广泛的应用。目前，国内 AGV 应用于汽车工业、飞机制造业、家用电器行业、烟草行业、机械加工行业、邮电部门等行业，AGV 有广阔市场。

各种新型 AGV 被广泛地应用于各个领域。单元式 AGV 主要用于短距离的物料运输，并与自动化程度较高的加工设备组成柔性生产线。例如，自动导向叉车用于仓储货物的自动装卸和搬运；小型载货式 AGV 用于办公室信件的自动分发和电子行业的装配平台。此外，AGV 还用于搬运体积和重量都很大的物品，尤其是在汽车制造过程中用多个载货平台式 AGV 组成移动式输送线，构成整车柔性装配生产线。最近，小型 AGV 应用更为广泛，且以长距离不复杂的路径规划为主。AGV 从仅由大公司应用，正向小公司单台应用转变，而且其效率和效益更好。

AGV 用于不同的行业，其导引方式、功能用途、结构差异以及充电方式等各有不同，价格差别很大。例如，电磁引导方式的 AGV 的成本较激光导引的 AGV 小车低，但需要在运行线路的地表下埋设电缆，施工时间长，费用高，不易变更路线；AGV 的动力电源和充电设备价格也有较大差别，传统铅酸蓄电池与碱性镍镉电池相比成本较低，工作时间长，但维护困难，在使用中存在酸雾逸出现象，腐蚀设备，污染空气，危害极大。镍镉电池为碱性镍镉电池，电解液是氢氧化钾，消耗的是蒸馏水，免维护，无毒无害。应根据企业发展需求来选择 AGV，本着满足生产需要及为将来发展留下空间的原则，根据工艺要求、须搬运产品的重量尺寸，选择 AGV 的导引方式、小车尺寸、承载能力、充电方式等；在已有的空间内，按照系统要求，安排最佳物流路线，达到路径最短、简洁流畅的目的，尽量避免干涉，以提高效率，降低运营成本。

（3）AGV 产品示例。

1）后叉式激光导引自动运输车（图 6-54），主要用于在自动化的各种仓库或车间机台之间多层或单层货物的存取搬运工作，也可驶入货架巷道中进行存取作业。车型结构与电动叉车相似，移载过程须倒车才能完成，一般货物不能直接放到地面，但可在高低差较大的站台或货架之间装卸货物。

2）推挽式激光导引自动运输车

图 6-54 后叉式激光导引自动运输车

（图 6-55），适用于无动力站台之间托盘货物的存取搬运工作。站台是无动力的辊道，AGV 停靠在站台侧边，通过推挽机构左、右侧向移动伸臂推拉完成装卸货物，托盘货物在 AGV 辊道与站台辊道之间滚动，载重转移巧妙平衡。

3）牵引式激光导引自动运输车。它是由激光导引计算机控制的牵引式货物搬运车，通过拖挂带轮的箱体或容器完成对物料的运送作业。图 6-56 为用于卷烟厂从卷接机台到废料回收间废烟支料箱的输送等。AGV 在工厂的应用如图 6-57 所示。AGV 在港口的应用如图 6-58 所示。

模块六 装卸搬运设备与应用

图 6-55 推挽式激光导引自动运输车

图 6-56 牵引式激光导引自动运输车在卷烟厂的应用

图 6-57 AGV 在工厂的应用

图 6-58 AGV 在港口的应用

激光导引运输车是一种集光、机、电、计算机信息等高新技术于一体的自动化无人运输车辆,是自动化搬运系统、物流仓储系统、柔性制造系统和柔性装配系统的重要设备。

(三) 其他搬运设备

1. 搬运车和牵引车

(1) 托盘搬运车。托盘搬运车又称托盘式叉车 (图 6-59),是以搬运托盘为主的搬运车辆。托盘搬运车包括手动托盘搬运车和电动托盘搬运车。托盘搬运车有两个货叉似的插腿,可插入托盘底部;插腿的前端有两个小直径的行走轮,用来支承托盘货的重量;货叉可以通过手泵油缸抬起,使托盘或货箱离开地面,然后行走。托盘搬运车体形小,重量轻,主要用于区域内装卸作业。

图 6-59 托盘搬运车

(2) 手推车。手推车 (图 6-60) 属于人力作业车辆。手推车分为两轮车和四轮车。手推两轮车的前部带有叉撬装置,在搬运货物时,无须将货物举起装卸,将装卸搬运活动连在一起。在仓库、车站和物流中心的装车、倒垛和配送作业中也常用到这种工具。手推四轮车装有手推扶手,供人力推扶。这种车可以为单层,也可以是多层。

(3) 平台搬运车。平台搬运车 (图 6-61) 是室内经常使用的短距离的搬运车辆。一般情况下,采用蓄电池或电动机为动力进行驱动。

(4) 集装箱跨式运输车。集装箱跨式运输车 (图 6-62) 是应用于集装箱码头和集装箱中转堆场的专用装卸搬运车辆,它以门形车架跨在集装箱上,由装有集装箱吊具的液压升降系统吊起集装箱进行搬运堆码，其作用是实现集装箱的水平搬运、堆码和对集装箱半挂车进行装卸作业。

集装箱跨式运输车具有机动灵活、对位快、装卸效率较高等优点，可实现一机多用，既可作为码头前沿至库场的水平运输机械，又可进行堆场 2～3 层集装箱堆码和装卸作业。

图 6-60　手推车

图 6-61　平台搬运车

图 6-62　集装箱跨式运输车

（5）牵引车。牵引车是指具有牵引装置，专门用于牵引载货挂车进行水平搬运的车辆。牵引车按动力不同，可以分为内燃牵引车和电动牵引车；根据动力大小可以分为普通牵引车和集装箱牵引车。

集装箱牵引车是专门用于拖带集装箱半挂车、两者结合组成车组的长距离运输集装箱的专用机械。它主要用于港口码头、铁路货场与集装箱堆场之间的运输。集装箱半挂车按其使用场所，分为公路用半挂车和货场用半挂车。为了保证长途运输的安全，公路用半挂车上装有固定集装箱用的旋锁装置。货场用半挂车上虽也有旋锁装置，但较公路用半挂车简单。专用于集装箱的半挂车是骨架式的，又称底盘车，车架仅由底盘骨架构成，集装箱本身也作为强度构件，加入到半挂车的结构中。底盘车本身自重轻，结构简单，维修方便，在集装箱运输中用得最多。

2．大宗散碎物料的装卸系统

为提高装卸搬运作业效率，除了选择先进设备外，还要配套、形成科学合理的作业系统，减少中间倒运环节，充分发挥各设备的作用。例如，对于火车、轮船的大宗散碎物料的装卸，可利用前面介绍的设备进行有机组合，增添部分辅助、衔接装置，形成一个装卸作业线。

（1）装车机和卸车机。装车机和卸车机用于港口、货场、工矿企业装卸煤炭、砂石、矿石等散货，一般由几种输送机组合而成，具有作业效率高、节省人力等优点。装卸作业时常用的装车机和卸车机有链斗式和螺旋式两种类型。

1）链式装、卸车机。卸车工作时提升机构将带有两排料斗的斗式提升机降至待卸的车厢内，斗式提升机转动时，料斗自行挖取车内物料，并将其提升到一定的高度后抛卸到带式输送机上，然后由带式输送机将物料运送堆放到两侧的堆场上。通过走行机构的缓慢移动和链斗提升机逐层挖取物料，直至把车厢内的货物卸完。

装车机常设在装卸线的一侧，在装车机的走行轨道之间设有储料坑。装车作业时斗式提升机通过提升机构下降至料坑内，料斗挖取并提升到一定高度后，倾倒在带式输送机上，由带式输送机将物料输送到车厢内。

2）螺旋卸车机。螺旋卸车机（图6-63）是接卸具有侧开门敞车的专用设备。卸车作业时，螺旋卸车机开到车厢端部，打开敞车侧门，再逐次放下卸料螺旋，然后开动走行机构，将车厢内的散货层从车厢两侧卸下。螺旋卸车机具有结构简单、效率高、设备投资少等优点。

常用的螺旋卸车机有桥型和门型两种。前者主要用于库内或车间内的卸车作业；后者可跨越多个车辆，可在平地料场进行卸料和堆料作业。

图 6-63　螺旋卸车机

（2）翻车机。翻车机是用倾翻车厢的方法将所载散货一次卸出的高生产率卸车机械，其卸车效率高、生产能力大、机械化程度高，适用于大型专业化散货码头或货场。翻车机进行翻车作业时，一般需将重载列车解列并逐一送进翻车机进行翻卸，卸完后的空车需送出拉走重新编列。

翻车机（图 6-64）的卸车效率正常为每小时 20～30 车厢，每次可翻一节车厢，也可以同时翻两节或三节车厢。对于旋转车钩的车辆可采用不解体的方式卸车，效率更高，但对车厢和翻车机的技术要求也更高。

图 6-64　翻车机

（3）装船机和卸船机。

1）装船机是根据装船作业的特点而设计的多动作的专用机械，其主要用途是将库场上或铁路车厢运来的货物装入船舱内。散货装船机常与堆场至前沿主输送机配套使用，由能沿港口码头移动和能俯仰的带式输送机组成。有的把机头端部带式输送机做成可伸缩的，机头端部带式输送机的伸缩、移动距离、俯仰和回转角度取决于船舶的舱容、舱口尺寸、船舶吃水和潮水落差等因素。

2）散货卸船机是根据船型和各种散货卸船作业的特点而设计的多动作的专用设备，如抓斗卸船机、带斗门座起重机、链斗卸船机、螺旋卸船机、夹带卸船机等。散货卸船机的结构一般是起重设备和输送机械的组合，或是输送机械与输送机械的组合。

图 6-65 为装船机，图 6-66 为斗轮堆取料机。

图 6-65　装船机

图 6-66　斗轮堆取料机

二、输送机

输送机是以连续或间歇的方式沿着一定的线路从装货点到卸货点均匀输送散料货物和成件包装货物的机械装置。输送机能在一个区间内输送大量货物，搬运成本较低，搬运时间易掌握，被广泛应用于现代物流系统中。自动化立体仓库系统的搬运系统一般由连续输送机组成，如进出库输送系统、自动分拣系统、自动装卸输送机系统等。生产加工过程中的大量货物或物料的进出库、装卸、分类、分拣、识别、计量等工作均由输送机系统来完成。

模块六　装卸搬运设备与应用

（一）输送机的特点

输送机沿着一定的输送路线运输货物，连续输送机具有以下特点。

（1）输送能力大，生产效率高。连续输送设备的输送路线固定，散料具有一定的连续性，所以装货、输送、卸货可连续进行，不必因空载回程而引起运货间断，不必经常起动和制动而保持较高的工作速度。连续和高速的输送使连续输送设备能够达到很高的生产率。

（2）结构简单、经济便捷。连续输送设备一般沿一定的路线输送货物，动作单一，其结构简单，自身重量轻，便于实现自动控制；载荷均匀、速度稳定、功耗较小、经济实惠。但当输送路线复杂或变化时会造成结构复杂或需要按新的路线重新布置输送机。

（3）通用性较差。每种机型只适用一定类型的货种，只能按固定线路输送货物，一般不适于运输重量很大的单件物品。

（4）无法自动取料。大多数连续输送机不能自行取货，需采用一定的辅助供料设备。

（二）输送机的分类

按安装方式不同，输送机分为固定式和移动式两类。固定式输送机是指整个设备固定安装在一个地方，主要用于固定输送的场合，如专用码头、仓库中货物的移动，以及工厂工序之间的原材料、半成品和成品的输送。它具有输送量大、单位能耗低、效率高等特点。移动式输送机是指整个设备安装在可以移动的车轮上，具有机动性强、利用率高、能及时布置输送作业线路等特点，但其输送量不太高，输送距离不长，适用于中小型仓库。

按照结构特点的不同，输送机可分为具有挠性牵引构件的输送机和无挠性牵引构件的输送机。

具有挠性牵引构件的输送机一般包括牵引件、承载构件、驱动装置、张紧装置、改向装置和支承件等。这类输送机种类繁多，主要有带式输送机、板式输送机、小车式输送机、自动扶梯、自动人行道、刮板输送机、埋刮板输送机、斗式输送机、斗式提升机、悬挂输送机和架空索道等。

无挠性牵引构件的输送机的结构组成各不相同，用来输送物料的工作构件也不相同。它们利用工作构件的旋转运动或往复运动，或利用介质在管道中的流动使物料向前输送。例如，辊子输送机的工作构件为一系列辊子，辊子做旋转运动以输送物料。

（三）常用输送机

常见的输送机有带式输送机、斗式提升机、链式输送机、悬挂式输送机、螺旋输送机、辊子输送机、气力输送机等。

1. 带式输送机

（1）组成和特点。带式输送机是用连续运动的无端输送带输运货物的机械。用胶带作为输送带的称胶带输送机，简称胶带机，俗称皮带机，如图 6-67、图 6-68 所示。典型的带式输送机的结构组成主要由输送带、支承托辊、驱动装置、制动装置、装载装置、卸载装置和清扫装置组成。

带式输送机具有典型的连续输送机的各种特点，使用最普遍。在各种连续输送机中，它的生产率最高、输送距离最长、工作平稳可靠、能量消耗少、自重轻、噪声小、操作管理容易，是最适于在水平或接近水平的倾斜方向上连续输送散货和小型件货的输送机，但在运送粉末状物料时需采取防尘措施。带式输送机已成为港口、车站的专用设备（如散货装船机、取料机、卸船机、链斗卸车机）的主要组成部分，对于煤炭、矿石、散货的输送，它已成为不可缺少的输送设备。

图 6-67 移动式带式输送机

图 6-68 固定式带式输送机

（2）布置方式。带式输送机的基本布置方式有水平输送方式、倾斜输送方式以及水平倾斜混合输送方式等。在自然条件允许时最好采用水平或接近水平的输送方式。当输送带的布置需有一定的倾斜时，倾斜角不能太大，否则会引起物料沿输送带下滑，造成生产率降低甚至不能正常输送。

带式输送机向大运量、长距离、大倾角、多品种方向发展，出现了一些新型带式输送机，如压带式输送机、中间带驱动的带式输送机、气垫带式输送机等。

（3）常用带式输送机。

1）钢绳芯胶带输送机。它以强度极高的钢丝绳代替帆布层做带芯材料，其所能承受的拉力可相当于 100 多层的普通帆布胶带，能实现单机长距离输送；简化运输系统，减少物料的破碎及对胶带的冲击、磨损，延长输送带的使用寿命，

模块六 装卸搬运设备与应用

提高经济效益。

2）大倾角带式输送机。普通胶带输送机倾斜向上输送不同粉粒料所允许的最大倾角一般为 16°～20°。近年来发展的花纹带式输送机、波形挡边带式输送机、双带式送机等大倾角带式输送机使允许输送倾角大为增加，甚至能垂直提升货物。这几种大倾角带式输送机均已应用于港口散货连续卸船机中。

3）中间带驱动的带式输送机。它是在一台长距离的带式输送机的中间再安装几台较短的胶带机，借两条紧贴在一起的胶带之间的摩擦力驱

图 6-69　辊子输送机

动长距离胶带输送机。中间带驱动可以大幅度降低长距离输送带的计算张力，有可能使长距离的带式输送机采用价廉的标准输送带实现无转载的物料输送。

4）气垫带式输送机。它用托槽立承输送带，而在托槽与输送带之间造成一定厚度的空气层作为滑动摩擦的"润滑剂"，使运动阻力大为减小。目前这种输送机已应用于散粮码头。

2．辊子输送机

辊子输送机是一系列以一定间距排列的辊子组成的（图 6-69）用于输送成件物品或托盘货物的输送设备。它的结构简单、运转可靠、布置灵活、输送平稳、使用方便、经济节能。它与生产过程和装卸搬运系统能很好地衔接和配置，利用多种功能组成流水作业，可并排组成大宽度的输送机，以运送大型成件物品，广泛应用于仓库、港口、货场等。

为保证货物在辊子上移动时的稳定性，支承面至少应该接触四五个辊子，即辊子的间距应小于货物支承面长度的 1/4。辊子输送机也可布置成一定的坡度，使货物能靠自身的重力从一处移至另一处。但起点和终点有高差限制，如果输送距离较长，必须分成几段，在每段的终点设升降台把货物升至一定高度，再次沿重力式辊道移动；重力式辊道的速度难以控制，有时可能发生碰撞。辊道输送机可直线输送，也可改变输送方向，为此要用锥形辊子按扇形布置。

3．链条输送机

链条输送机（图 6-70）有多种类型，使用较广且简单的是链条输送机。链条输送机的工作原理是，货物直接压在链条上，随着链条的运动而向前移动。用链条和托板组成的链板输送机是一种应用广泛的连续输送设备。如果托板铰接在链条上，可以侧向倾翻，则可制成自动分拣机，在需要把物品卸出的位置，使托板倾翻，即可使物品滑到相应的溜槽内。

此类输送机根据所用的链条不同,又可分为滑动链条式、滚动链条式和板条式输送机。链式输送机的类型很多,用于港口、货场的主要有链板输送机、刮板输送机和埋刮板输送机(图 6-71)。

图 6-70　链条输送机

图 6-71　埋刮板输送机

链板输送机(图 6-72)的结构和工作原理与带式输送机相似,它们的区别在于带式输送机用输送带牵引和承载货物,靠摩擦驱动传递牵引力,而链板输送机则用链条牵引,用固定在链条上的板片承载货物,链板运行在专用导轨中,由马达减速机提供动力传动。

链板式输送机按运行形式可分为水平输送链板线、倾斜输送链板线和转弯输送链板线。链板输送机主要用于仓库或内河港口中输送件货,可输送各类玻璃瓶、塑料瓶、PET(聚对苯二甲酸乙二醇脂)瓶、易拉罐等瓶装、罐装的物料,也可输送各箱包类、包装袋类的物品。它与带式输送机相比,优点是板片上能承放较重的件货,链条挠性好、强度高,可采用较小直径的链轮和传递较大的牵引力;缺点是自重、磨损、消耗功率都比带式输送机大。

图 6-72　链板输送机

4．螺旋输送机

螺旋输送机俗称绞龙,它是利用带有螺旋叶片的螺旋轴的旋转,使物料产生沿螺旋面的相对运动,物料受到料槽或输送管臂的摩擦力作用不与螺旋一起旋转,从而将物料轴向推进,实现物料输送的设备。螺旋输送机旋转轴的旋向,决定了物料的输送方向,但一般螺旋输送机在设计时都是按照单项输送来设计旋转叶片的。当反向输送时,会大大降低输送机的使用寿命。

螺旋输送机是由固定的料槽与在其中旋转的、具有螺旋叶片和轴组成的旋转体构成。物料由进料口进入机槽以滑动方式作轴向运动,直至卸料口卸出。水平固定式螺旋输送机结构示意图如图6-73所示。

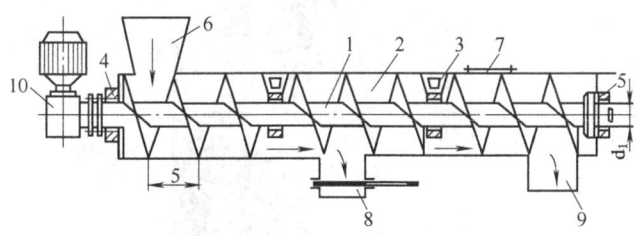

图6-73 水平固定式螺旋输送机结构示意图
1—轴 2—料槽 3—中间轴承 4—末端轴承 5—首端轴承 6—装载漏斗
7—中间装载口 8—中间卸载口 9—末端卸载口 10—驱动装置

螺旋输送机的优点是结构较简单,成本较低,工作可靠,维护管理方便,尺寸紧凑,占地面积小,能实现密封输送。其缺点是单位能耗较大,物料在输送中易磨损,螺旋叶片和料槽的磨损也较严重。

螺旋输送机分为固定式和移动式两种。固定式输送机一般属慢速输送机,可进行距离不太远的水平输送或低倾角的输送,常用于车间内。移动式输送机一般属于快速输送机,可完成高倾角和垂直输送,通常用于物料出库、装卸、灌包等作业。

螺旋输送机(图6-74)主要用于输送各种粉状、粒状、小块状物料并可同时完成混合、搅拌、冷却等作业。它不宜输送易变质、黏性大、块度大及易结块的物料,可用于颗粒或粉状物料的水平输送、倾斜输送、垂直输送等形式。

图6-74 螺旋输送机

5.斗式提升机

斗式提升机(图6-75)是指利用均匀固接于无端牵引构件上的一系列料斗竖

向提升物料的连续输送机械。它的牵引构件可以是运输带或者链条，在牵引构件上按一定的间距固定着很多料斗，驱动装置带动牵引构件回转。料斗从提升机的底部刮起物料，随牵引构件上升到顶部后，绕过链轮或者卸料滚筒，物料即从料斗内卸出。

图 6-75　斗式提升机

斗式提升机输送量大，提升高度高，运行平稳可靠，寿命长。它一般用来垂直输送经过破碎的石灰石、煤、石膏、熟料、黏土等物料以及煤粉、水泥、生料等粉状物料，提升高度一般不宜超过 30 米，超过 30 米时最好采用二段提升。胶带斗式提升机可输送 60℃以下温度的物料，环链斗式提升机可输送 250℃以下温度的物料。

按卸料方式，斗式提升机可分为三种类型：离心卸料型、导板卸料型和完全卸料型。斗式提升机示意图如图 6-76 所示。

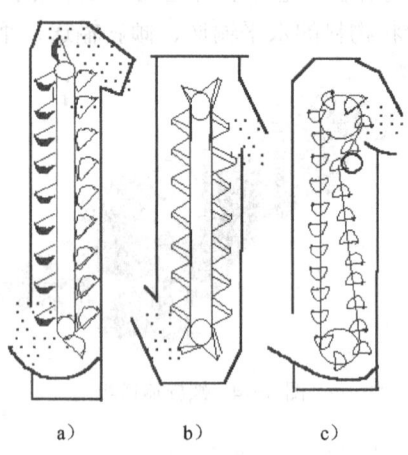

图 6-76　斗式提升机示意图
a) 离心卸料　b) 导板卸料　c) 完全卸料

斗式提升机的使用注意事项：

斗式提升机的机身封闭，输送中产生的粉尘在密闭空间中有发生爆炸的危险，会引致爆炸的原因主要有：①粉尘聚集于密闭机身，与空气混合成含尘浓度在 $40\sim60g/m^3$ 的可燃物；②提升机过载打滑、摩擦发热、料斗碰撞火花，产生引燃源。

为此，使用时要采取一系列防爆安全措施：

（1）通风除尘。在进出料口设置吸气管以增加机身内空气量，降低粉尘浓度。

（2）抑制粉尘爆炸。在机头或机身设置防爆孔，盖橡胶圆盖，发生爆炸时橡胶圆盖弹开，降低机身内的压力和温度。

（3）消除引燃源。在张紧轮上装测速监控仪，避免速度过高而使摩擦热聚集；安装跑偏报警器，防止带或链条跑偏增大摩擦；采用防爆电机。

6. 气力输送机

气力输送机（图6-77）是由一定速度和压力的空气带动粉粒状物料在管内流动，实现在水平和垂直方向上移动的输送设备，它结构简单且环保。气力输送技术广泛应用于石油、化工、冶金、建材、粮食等领域，它具有能耗低、自动化程度高、可长期连续运行、环境污染小等诸多优点，是最适合散料输送的一种先进的技术。

图6-77 气力输送机

在多数气力输送机系统中，物料颗粒呈悬浮状态。这种悬浮式系统有三类，即吸送式、压送式和混合式。

（1）吸送式气力输送系统。吸送式气力输送系统结构示意图如图6-78所示。吸嘴由内管和外管组成，内管与系统管道相连；鼓风机在系统中造成负压，空气从内管与外管的间隙中进入吸嘴，在流动过程中把物料卷入管内；夹带物料的气流从管道进入分离器后由于流动面积突然扩大，速度骤然下降，失去夹带物料的能力，大部分物料颗粒在重力作用下落在分离器的底部，由卸料器卸出，只有少量粉尘随空气从分离器顶部溢出,经除尘器过滤后,空气从鼓风机的出气口排入大气。

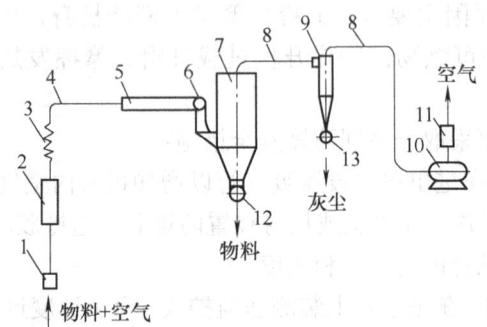

图 6-78 吸送式气力输送系统结构示意图
1—吸嘴 2—垂直缩管 3—软管 4—弯管 5—水平伸缩管 6—铰接弯管 7—分离器
8—风管 9—除尘器 10—鼓风机 11—消声器 12—卸料器 13—卸灰器

吸送式气力输送系统的供料简单方便,可以从多处同时吸料,但只能在一处卸料。它的缺点是输送距离较短。

(2)压送式气力输送系统。压送式气力输送系统结构示意图如图 6-79 所示。鼓风机在系统中产生正压,物料从供料器进入系统,被压缩空气吹入管道,到达分离器后,从卸料器卸出;气流经除尘器过滤后进入大气。

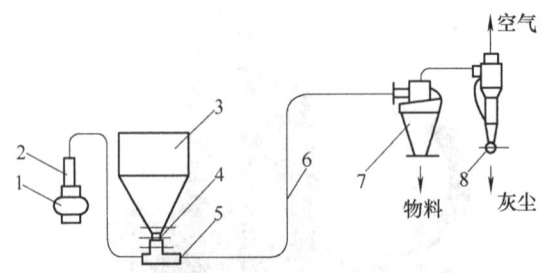

图 6-79 压送式气力输送系统结构示意图
1—鼓风机 2—消声器 3—料斗 4—旋转式供料器 5—喷嘴 6—输料管 7—分离器 8—除尘器

供料器有多种类型,有轮式、叶轮式、容器式等。对于水泥等粉状物料,宜采用容器式供料器。为达到连续供料的目的,需设计双容器式的装置,一个在供料时另一个进行装料。

压送式气力输送系统只能在一处供料,但可在多处卸料。由于压力高,可作长距离输送,生产率较高。其缺点是需要较复杂的供料器和较好的密封技术,以免粉尘从管道泄漏造成污染。

(3)混合式气力输送系统。混合式气力输送系统由吸送部分和压送部分组成,首先通过吸嘴把物料吸入管道运至分离器;分离出来的物料又被供料器供入管道，由压送系统继续运送到目的地。这种系统兼有吸送式气力输送系统和压送式气力输送系统的优点，缺点是系统比较复杂，可靠性有所降低。混合式气力输送系统结构示意图如图 6-80 所示。

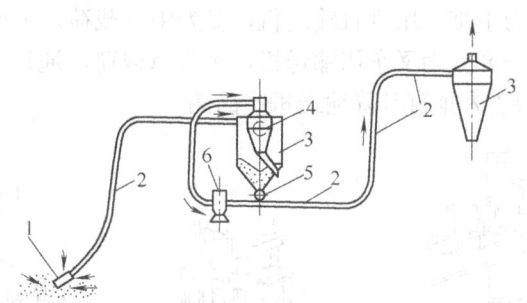

图 6-80　混合式气力输送系统示意图
1—吸嘴　2—输料管　3—分离器　4—消声器　5—卸料器　6—鼓风机

7．悬挂式输送机

悬挂于工作区上方的输送机把物料挂在钩子上或其他装置上，可利用建筑结构搬运重物。例如喷漆作业，挂在钩子上的产品自动通过喷漆车间接受喷漆或浸泡。悬挂式输送机（图 6-81）主要用于在制品的暂存，物料可在悬挂输送系统上暂时存放一段时间，直到生产或装运为止，避免了在车间和地面暂存所造成的劳动力和空间的浪费。安全性是在悬挂输送系统设计和实施中应考虑的重要因素。

图 6-81　悬挂式输送机

（1）普通悬挂式输送机。它是最简单的架空输送机械，它有一条由工字钢组成的架空单轨线路，承载滑架上有一对滚轮，承受货物的重量，沿轨道滚动。吊具挂在滑架上，如果货物太重，可用平衡梁把货物挂到两个或四个滑架上，滑架由链条牵引。悬挂式输送机的上、下料作业是在运行过程中完成的，通过线路的升降可实现自动上、下料。由于架空线路一般为空间曲线，要求牵引链条在水平和垂直方向上都有很好的挠性，一般采用可拆链。

（2）推式悬挂输送机。它可以组成复杂的、自动化程度较高的架空搬运系统。其特点是载货小车不固定在牵引链条上，而是由链条上的推头推动载货小车上的推杆实现其运动。

8．垂直升降输送机

物流中心等的各楼层间物料的搬运需要使用垂直输送设备，除了一般电梯外，须有专门的垂直运输设备，以充分利用空间。图6-82为垂直往复式升降输送机，其原理类似于电梯的往复升降输送运动，下移靠卷扬机或液压装置来驱动。图6-82a为输送线用垂直输送机，多为轻载荷，可配合自动运输线，高速上下输送料箱；图6-82b为手推车用垂直输送机，多为中等载荷，手推车连同货物一起进出升降平台；图6-82c为叉车用输送机，多为重载荷，通过叉车将托盘装上、卸下升平台。图6-83为垂直升降输送机产品图。

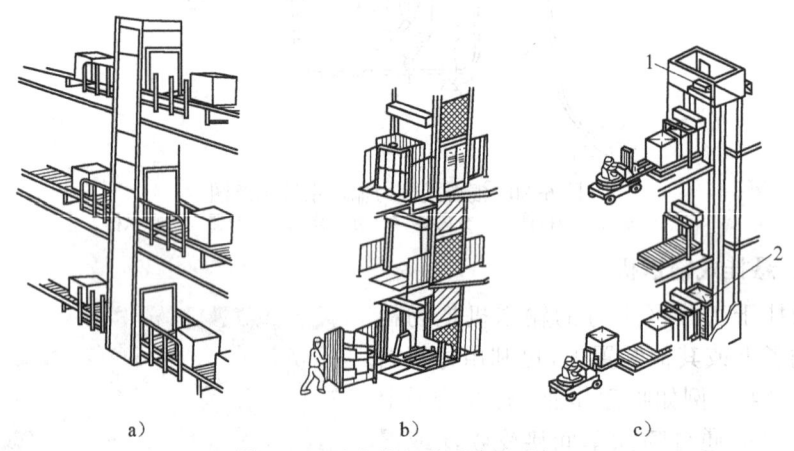

图6-82 垂直往复式升降输送机
a）输送线用垂直输送机 b）手推车用垂直输送机 c）叉车用输送机
1—卷扬驱动器 2—升降平台

图6-83 垂直升降输送机产品图

9．盘式垂直输送机

盘式垂直输送机（图6-84）用来进行托盘货物的连续输送,效率高（500个/小时），节省空间和人力，运费低，承载能力大（50～2 000千克）。

模块六 装卸搬运设备与应用

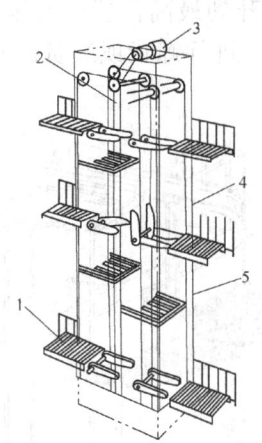

图 6-84 盘式垂直输送机
1—自动输送机 2—输送链条 3—驱动装置 4—托盘臂 5—负载托盘

10．旋转滑槽式垂直输送机

旋转滑槽式垂直输送机（图 6-85）利用重力及螺旋倾斜滑槽，物品自上而下平稳滑下，没有驱动装置，只向下不能向上。它主要用于塑料箱的连续垂直输送，特点如下：

（1）用四氯乙烯制成滑槽，倾斜度在 120°以内，速度缓和，不损伤物品。
（2）可连续输送料箱，箱料多时可暂存于槽中。
（3）无驱动装置，基本无噪声，结构简单，成本低，维修费用小。

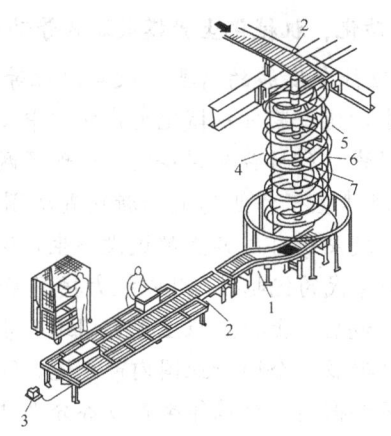

图 6-85 旋转滑槽式垂直输送机
1—滚轮输送机 2—自由滚筒输送机 3—脚踏停止开关
4—导引轨道 5—走行轨道 6—箱子 7—支撑架

11．空中移载台车

空中移载台车（图 6-86）指输送工具在空中导轨上按指令运动或停止，

靠卷扬机和升降带将货物提升到最高位置并与车体成为一体，到达指定地点后，升降带伸长，货台落下，进行卸货或装货。其特点是快速、准确、安全，占用空间小。

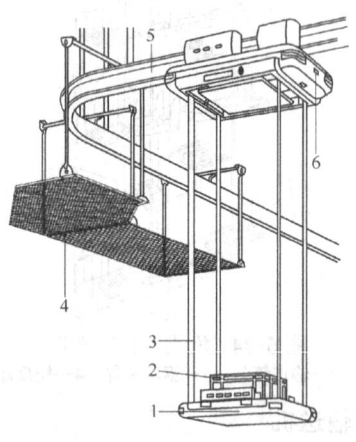

图 6-86　空中移载台车

1—货台装置　2—货物　3—升降带
4—安全网　5—导轨　6—传感器

能力训练项目 3

某物流企业以自动化、机械化生产模式取代劳动密集型生产模式

某个物流企业为适应社会发展的需要，改善以往劳动密集型的生产作业模式，拟重新建一个分拣自动化、装卸机械化生产处理中心，光购置生产设备就要花近 3 亿元；但在进行投资可行性分析讨论时，出现了两种不同的说法，一种意见是不必要花这么多钱新建生产作业场地和新购置所谓的自动化和机械化生产设备，用一半的钱请工人就足够可以甚至超过设备生产速度，有一种意见是，必须投资，设备有人工无法替代的优越性，可以极大提高劳动效率，降低生产成本，增强企业的市场竞争力。最后，上报上级主管部门进一步论证后，不但同意该投资项目，而且还增加了"建成一个同行业国内最先进、国际领先的全自动化生产作业场地"的表述。其装卸搬运、分拣等生产设备分别从日本、德国和意大利进口。该场地建成投产后证明，该投资是正确的，由于使用自动化生产作业，用现代化作业模式替代以往的劳动密集型生产作业模式，使该单位的生产处理能力得到了极大的提高，市场竞争能力得到了极大的增强。该中心的日处理能力是总包 15 万袋，信函 300 万件，扁平邮件 60 万件，包件 20 万件，而以前每天只能处理总包约 6 万袋。

模块六 装卸搬运设备与应用

▶ 讨论
1. 你如何看待劳动密集型的生产模式？
2. 什么情况下采用自动化、机械化生产模式会取得好的效果？

理论环节 3

⊕ 装卸搬运设备的配置与选择

在物流过程中物料装卸搬运活动是不断出现和反复进行的，频率高于其他各项物流活动，花费时间也较长，往往成为决定物流速度的关键，装卸搬运费用在物流成本中所占的比重也较高。要提高物流效率和降低物流费用，装卸搬运设备的配置与选择是重点环节。

一、装卸搬运设备配置原则

物料装卸搬运设备种类、型号众多，选择适合的装卸搬运设备取决于现场作业条件，所搬运物料的形状、尺寸、物理性质和化学性质等多个因素。装卸搬运设备配置的总体原则是在设备的适应性和先进性之间寻找适当的平衡点，使其既能满足生产需求，又不因配置过高导致投资过大与作业能力的浪费。为保证装卸搬运设备系统的高效与经济，在进行设备配置时应考虑如下原则。

1．适应性与先进性结合的原则

装卸搬运设备的配置必须以能适应作业的需求为基本原则。作业量大、作业频繁时，企业需充分掌握作业发生的规律，考虑配备作业能力较高的大型专用机械设备；作业量小、作业不频繁时，根据作业量的平均水平配备结构简单、造价低廉且能保持相当作业能力的中小型通用机械设备即可。此外，在配置设备时企业还要充分考虑仓库或配送中心未来的发展和技术的进步，使设备能在其经济寿命周期内保持适当的技术先进性和作业能力。

2．经济性原则

经济性是衡量装卸搬运设备系统的重要指标。装卸搬运是不直接产生经济效益的物流作业环节，装卸搬运设备的购置成本和使用及维修保养成本直接反映了该环节的经济效益。设备配置的目标是在满足作业需求和合理的技术先进的前提下，实现购置、安装、运行、维护、改造、更新，直至报废的全过程内的总成本最小，即设备全寿命周期成本最小。

3．系统化原则

装卸搬运设备的配套是保证前后作业相互衔接、相互协调，保证装卸搬运工作连续稳定进行的重要条件。在进行设备配置时,企业要对整个装卸搬运系统进行流程分析,充分考虑各个作业工序之间的衔接,以使配置的设备相互适应,减少作业等待时间,提高作业效率。

此外,还要考虑环保性原则,所选择的装卸搬运设备要达到环保要求。

二、装卸搬运设备的选择

1. 要满足作业现场要求

(1) 装卸搬运设备要符合现场作业的性质和物质特点、特性要求。设备性能必须能满足生产或物流系统的要求,以保证物料搬运设备的使用率,不让设备闲置。例如,在有铁路专用线的车站、仓库等可选择门式起重机;在库房内可选择桥式起重机;在使用托盘和集装箱作业的生产条件下,可尽量选择叉车或者集装箱专用起重机。设备选型的失误,往往会造成实际操作中效率低下或者容易发生事故。

(2) 设备的作业能力(吨位)与现场作业量之间要形成最佳配合状态。装卸搬运机械吨位的具体确定应通过对现场要求进行周密计算、分析后作出。在完成同样作业效能的前提下,应选择性能好、节能、便于维修、利于配套、成本较低的装卸搬运设备。

(3) 其他影响因素。影响物流现场装卸作业量的最基本因素是吞吐量,此外还要考虑堆码、装卸作业量,装卸作业的高峰量等因素的影响。

2. 控制作业费用

装卸搬运设备作业发生的费用主要有设备投资额、运营费用和装卸作业成本等项。

(1) 设备投资额。设备投资额是平均每年机械设备投资总和(包括购置费用、安装费用和直接相关的附属设备费用)与相应的每台设备在一年内完成装卸作业量的比值。

(2) 运营费用。装卸搬运设备的运营费用是指某种设备一年运营总支出(包括维修费用、劳动工资、动力消耗、照明等项)和其完成作业量的比值。

(3) 作业成本。作业成本是指在某一物流作业现场设备每完成一吨货物所支出的费用,即每年平均设备投资支出和运营支出的总和与每年设备作业现场完成的作业吨数之比。

3. 装卸搬运设备配套

装卸搬运设备的配套是指根据作业现场性质、运送形式、速度、装卸搬运距离等要求合理选择不同类型的相关设备。按装卸搬运作业量和被装卸搬运货物的种类进行设备配套。在确定各种设备生产能力的基础上,按每年完成一定量货物需要的

模块六 装卸搬运设备与应用

设备台数和每台设备所担任装卸搬运货物的种类及每年完成装卸搬运货物的吨数进行配套。建成的装卸搬运系统应能提供尽可能大的连续的货物流。

此外,还可以采用线性规划方法来设计装卸搬运作业设备的配套方案,即根据装卸搬运作业现场的要求,列出数个线性不等式,并确定目标函数,然后求出最优的各种设备台数。在进行物料装卸搬运设备系统规划设计时要通盘考虑,避免使用不便和资源浪费。

小 结

本模块主要内容是各类装卸搬运设备(起重设备、输送设备、搬运设备等)的工作原理、特点、分类以及应用的基本知识。通过能力训练项目、实例分析与理论学习相结合,加深学生对一些物流活动中常用的装卸搬运设备的了解,并掌握其应用场合,力图使学生具备装卸搬运设备选择与应用的初步能力。

核心知识点

起重机、输送机、叉车、自动导引车

复 习 题

1. 物流装卸搬运设备有哪些作用?
2. 什么是起重设备?常用的起重机有哪些?它们各适用于哪些场合?
3. 什么是输送设备?常用的输送机有哪些?简述其应用场合。
4. 什么是叉车?它有哪些性能特点?简述不同叉车的应用场合。
5. 什么是自动导引车?它在物流活动当中的应用主要有哪些?
6. 用于集装箱装卸搬运的设备主要有哪些?试举例说明其应用情况。
7. 搬运设备的配置原则有哪些?这些原则是否可以被引用到其他设备的配置上?
8. 如何选择装卸与搬运设备?

实 践 题

以小组或个人为单位,对所在学校周边地区的港口或有关物流企业的装卸搬运设备进行调查,并选择其中一种设备写成调查报告,在课堂上进行交流。

模块七 流通加工设备与应用

能力目标

1. 运输包装作业的一般技能
2. 能根据商品的要求选择合适的流通加工和包装方法

知识目标

1. 了解流通加工的概念和作用、流通加工合理化
2. 了解包装的概念、分类
3. 了解包装技术方法,包装机械的概念、分类、特点及常见包装机械
4. 熟悉流通加工与包装的技术方法
5. 了解其他常用的流通加工设备种类及应用场合

能力训练项目 I

配送中的流通加工案例

经过了几十年的发展,物流配送在国外已经形成一定的规模,下面通过几个具体案例来了解国外食品行业是如何进行物流配送操作的。

1. 迪安食品公司鲜牛奶配送

迪安食品公司打算在墨西哥市场投放牛奶制品和冷冻蔬菜。对于这家有23亿美元资产、总部设在芝加哥、仅在美国从事销售活动的公司来说,这是一项重大的举措。由于《北美自由贸易协定》允许开放墨西哥市场,迪安食品公司正利用机会将其产品介绍给9千万新的消费者。

墨西哥新鲜牛奶短缺,而人口中有一半年龄在18岁以下(主要的喝牛奶者),并且因为政府的限价还没有什么动力驱使批发商和零售商推销该产品。在投入这项冒险事业之前，迪安食品公司指派了两名经理去研究墨西哥市场营销和物流需求，还寻求专业厂商 TetraPak 公司的合作，这是它的包装供应商之一，经营着一家大型的墨西哥公司。

迪安食品公司首先通过建立一家合资企业把目标对准墨西哥奶制品市场。该合资企业期望配送商有经验处理迪安的牛奶和奶制品，将其装运到边界城镇。墨西哥现在消费迪安的 ElPaso 奶制品公司的 1/3 的产品。迪安食品公司的合资企业仍然需解决几个问题。第一个问题是冷藏问题，因为绝大部分产品是在小型的"夫妻"店里出售的，这类店里几乎没有什么冷藏设备。因为产品的堆放空间缩小了，在货架上的保存期也缩短了，迪安食品公司就把加仑壶包装改成小纸箱包装。第二个问题与超市有关。这些超市常常通宵停电，造成冰淇淋产品反复融化和冻结，以致损害了产品的质量。迪安食品公司正在考虑的一个解决办法就是自己购买冰箱并对店里 24 小时维持供电进行补贴。第三个问题是墨西哥缺少奶牛场。这一短缺正在迫使迪安食品公司考虑发展与原奶生产商的关系，而不是实际经营这些奶牛场。第四个问题是低质量牛奶的问题。因为在墨西哥所出售的全部牛奶中有相当一部分未经巴氏法灭菌就直接输送到消费者手中。

2．布鲁克林酿酒厂空运鲜啤

布鲁克林酿酒厂在美国分销布鲁克林拉格和布郎淡色啤酒，已经营了 3 年。虽然在美国它还未确立起一种国家名牌，但在日本市场却已为其创建了一个每年 200 亿美元的市场。

Taiyo 资源有限公司是 Taiyo 石油公司的一家国际附属企业。在这个公司的 Keiji Miyamoto 访问布鲁克林酿酒厂之前，该厂还没有将其啤酒出口到日本的计划。Miyamoto 认为日本消费者会喜欢这种啤酒，并说服布鲁克林酿酒厂与 Hiroyo 贸易公司会面，讨论在日本的营销业务。Hiroyo 贸易公司建议布鲁克林酿酒厂将啤酒航运到日本，并通过广告宣传其进口啤酒具有独一无二的新鲜度。

这种做法不仅是个令人感兴趣的营销战略，而且也是一种独一无二的物流作业，因为高成本，目前还没有其他哪一家酿酒厂通过航空将啤酒出口到日本。布鲁克林啤酒厂于 1989 年 11 月装运了它的第一箱布鲁克林拉格到达日本，并在最初的几个月里使用了各种航空承运人。最后，日本金刚砂航空公司被选为布鲁克林酿酒厂唯一的航空承运人。金刚砂航空公司之所以被选中，是因为它向布鲁克林酿酒厂提供了增值服务。金刚砂航空公司在其 J.F.K.国际机场的终点站交付啤酒，并在飞往东京的商务航班上安排运输。金刚砂航空公司通过其日本报关行办理清关手续。这些服务有助于保证产品完全符合新鲜要求。

啤酒之所以能达到新鲜要求，是因为这样的物流作业可以在啤酒酿造后的 1 周内将啤酒从酿酒厂立即运达顾客手中，而海外装运啤酒的平均订货周期为 40 天。

啤酒的新鲜度使之能够超过一般价值定价,高于海运装运的啤酒价格的5倍。虽然布鲁克林拉格在美国是一种平均价位的啤酒,但在日本它是一种溢价产品,获得了极高的利润。

布鲁克林拉格的高价并没有阻碍啤酒在日本的销售。1988年即其进入日本市场的第1年,布鲁克林酿酒厂取得了50万美元的销售额。1989年销售额增加到100万美元,而1990年则为130万美元,其出口总量占布鲁克林酿酒厂总销售额的10%。

将来布鲁克林酿酒厂将改变包装,通过装运小桶装啤酒而不是瓶装啤酒来降低运输成本。虽然小桶重量与瓶装啤酒相等,但减少了玻璃破碎而使啤酒损毁的机会。此外,小桶啤酒对保护性包装的要求较低,这将进一步降低装运成本。在不久的将来,布鲁克林酿酒厂将把这种啤酒出口到其他国家。

3. 旧瓶新酒陈亦醇

日本有一家著名的7-11连锁店,有7000多处店面。这是一家电子商务购物站点,顾客在线订货,第二天早上在最近处的店面取物和付款,既降低成本又方便顾客。7-11连锁店在美国和加拿大也有6000多家店面,在美国每天有600万人访问7-11的网站,为网上购物的商品配送发挥了无与伦比的作用。

7-11连锁店与美国快递公司合作联手搞了一个200店行动,推出一批V.com在线购物终端(日本公司称之为Kiosk),顾客可以用这种设备兑现和支付个人支票、支付账单、申请和接收贷款,也可以购买体育门票、邮票、礼品及购物。这种V.com终端具有标准ATM机的所有功能,还可以访问Web网站。

7-11连锁店在得克萨斯州奥斯汀市的35家商店测试V.com终端。据V.com副总裁盖得的说法,每个月有4万用户使用这种设备进行了除ATM交易以外的其他各种商务,他说:"这是一种电子商务终端机,有了它人们就可以无需再使用家用PC机了。"

7-11连锁店在达拉斯地区的200家店面安装和更新用于V.com的windowsNT版本,并对设备进行了测试和细调,以便在美加地区的全部6000家店面使用这种设备。按7-11连锁店的设想,在不久的将来,顾客一大早就能从V.com订购日用杂货,并在当日从临近的店面取货。当顾客下班后取货时,还可以再买早上订货时遗漏的物品。

7-11连锁店的商品配送模式肯定会对采用"当日送货到家"服务方式的网上零售商产生冲击,因为"当日送货到家"的配送方式很多是免费的,成本较高。与亚马逊网上书店合作的配送公司Kozmo去年就是亏损的,另一家公司webvan的亏损则更高。有一家通信公司的分析人士认为,目前还没有哪一家电子商务配送公司能拿出"当日送货"也挣钱的好办法。所以7-11连锁店还没有送货到家的打算。这家连锁店的官员说,7-11连锁店的目的是利用现有的资源降低销售成本,即利用现有的人员、设备和车辆进行网上购物,从电子商务方式中实现成本的大幅度降低。

模块七　流通加工设备与应用

盖得副总裁认为，7-11 连锁店的最大优势在于公司分布广泛的物流管理网络，依此实现了向-11 连锁店的大部分商店当日送货。盖得先生认为，很多人不想在家里等着送货上门；对商家而言，如果顾客住的地方太远，住地不安全或不好找，送货到家的确也不见得是一种好办法。7-11 连锁店一直坚持着自己的想法和做法，现在还在继续扩大自己的物流网络，计划在一年多的时间内实现每天向全部 6 000 家商店至少送货一次。这样做的结果是，将使其当天购物、当天取货的地域覆盖美国和加拿大的绝大部分地区。

↘ 讨论

1. 分别阐述以上几个物流配送的案例中可能用到的流通加工设备。
2. 谈谈流通加工与配送服务的联系。
3. 选择配送中心承担流通加工服务的优势有哪些？

理论环节 1

⚪ 流通加工设备概述

流通加工是指根据顾客的需要，在流通过程中对产品实施简单加工作业活动（如包装、分割、计量、分拣、刷标志、拴标签、组装等）的总称。流通加工是现代物流系统构架中的重要结构之一。在现代物流系统中，流通加工主要担负着提高系统对于用户的服务水平的任务，此外还起着提高物流效率和使物流活动增值的作用。

流通加工是产品从生产到消费之间的一种增值活动，属于产品的初加工，是社会化分工、专业化生产的一种形式，是使物品发生物理性变化（如大小、形状、数量等变化）的物流方式。通过流通加工，可节约材料、提高成品率、保证供货质量和更好地为用户服务。流通加工是物流过程中"质"的升华，能使流通向更深层次发展。例如，深海捕鱼时，在船上将海产品进行分选、挖脏等加工，叫海产品的流通加工；钢卷在流通中心进行剪切、套裁、弯曲、压型等工序，叫钢材流通加工；水泥搅拌站将沙石、水泥和添加剂加以搅拌后再运往工地浇注，叫水泥流通加工；将砍下的原木运到木材厂加工成板材、板坯或制成复合材料等，叫木材流通加工。

一、流通加工的作用

（1）提高原材料利用率。利用流通加工环节进行集中下料，将生产部门运来的简单规格产品，按使用部门的特殊要求进行下料。集中下料可以优材优用、小材大用、合理套裁，有很好的技术经济效果。

（2）进行初级加工，方便用户。部分使用单位，由于用量小或临时需要，缺乏进行高效率初级加工的能力，通过流通加工可使这些使用单位省去进行初级加工的投入，方便了用户，搞活了供应。常见的初级加工有：将水泥加工成生混凝土，将原木或板方材加工成门窗，冷拉钢筋及冲制异型零件，钢板预处理、整形、打孔等加工。

（3）提高加工效率及设备利用率。流通加工以集中加工的形式建立加工点，通过采用效率高、技术先进、加工量大的专门机具和设备，解决了单个企业加工效率不高的弊病，并提高加工效率及设备利用率。

（4）衔接不同运输方式，使物流合理化。在干线运输及支线运输的节点设置流通加工环节，可有效解决大批量、低成本、长距离干线运输与多品种、小批量、多批次末端运输和集货运输之间的衔接问题。在流通加工点与生产企业间形成大批量、定点运输的渠道；在流通加工点将运输包装转换为销售包装，组织对多用户的配送，有效衔接不同目的的运输方式，使物流合理化。

二、合理的流通加工

1．流通加工合理化

流通加工合理化是实现流通加工的最优配置，要做到综合考虑加工与配送、合理运输、合理商流等的有机结合。为避免各种不合理现象，对是否设置流通加工环节，在什么地点设置，选择什么类型的加工，采用什么样的技术设备等，需要作出正确的选择。

实现流通加工合理化主要考虑以下方面：

（1）加工与配送相结合。将流通加工设置在配送点中，一方面按配送的需要进行加工，另一方面加工又是配送业务流程中分货、拣货、配货中的一环，加工后的产品直接投入配货作业。这样使流通加工与中转加工巧妙结合。同时，由于配送之前有加工，可使配送服务水平大为提高。

（2）加工和配套相结合。在对配套要求较高的流通中，配套的主体来自各个生产单位，但完全配套有时无法全部依靠现有的生产单位，进行适当流通加工，可有效促成配套，提高流通的桥梁和纽带作用。

（3）加工和合理运输相结合。流通加工能有效衔接干线运输与支线运输，促进两种运输形式的合理化。利用流通加工，无需进行一般的支线转干线或干线转支线，而是按干线或支线运输合理的要求进行适当加工，从而提高运输转载水平。

（4）加工和合理商流相结合。通过加工有效促进销售，使商流合理化。加工和配送相结合，通过加工，提高配送水平，强化销售，是加工与合理商流相结合的成功例证。

(5) 加工和节约相结合。节约能源、设备、人力，节约耗费是流通加工合理化的重要考虑因素。

对于流通加工合理化的最终判断是看其能否实现社会和企业自身的效益，是否取得了最优效益。与一般生产企业不同，流通加工企业更应树立社会效益为第一的观念，只有在补充完善为己任的前提下才有存在的价值。如果只追求企业的微观效益，不适当地进行加工，甚至与生产企业争利，这就有违于流通加工的初衷，除非其本身已不属于流通加工范畴。

2. 不合理流通加工的形式

流通加工是在流通领域中对生产的辅助性加工，是生产本身或生产工艺在流通领域里的延续。这个延续有正、反两面的作用，即一方面能起到补充完善的作用，另一方面不合理的流通加工将产生负效应。

不合理流通加工的形式主要有以下类型。

(1) 流通加工方式选择不当。选择流通加工方式时，要考虑流通加工对象、流通加工工艺、流通加工技术、流通加工程度等因素。流通加工方式的不合理形式常体现在：本该由生产加工完成的却错误地由流通加工完成；本该由流通加工完成的却错误地由生产加工去完成。

流通加工是对生产的一种补充和完善，而不是替代。如果工艺复杂，技术设备要求高，或可由生产过程延续或轻易解决的都不宜设置流通加工，尤其不宜涉及生产过程中要求较高、效益较高的最终生产环节，更不宜利用某一时期市场的压力把生产者变成初级加工或前期加工，而流通企业完成装配或最终形成产品的加工。如果流通加工方式选择不当就会出现与生产夺利的不良局面。

(2) 流通加工地点设置的不合理。流通加工地点设置及布局状况是决定整个流通加工是否有效的重要因素。一般而言，为衔接单品种、大批量生产与多元化需求的流通加工，加工地点应设置在需求地区才能实现大批量的干线运输与多品种末端配送的物流优势。此外，还有流通加工在小地域范围的正确选址问题，如果处理不善仍会出现不合理。例如，交通不便；流通加工与生产企业或用户之间距离较远；流通加工点的投资过高（如受选址地价的影响）；加工点周围的环境条件差；等等。

(3) 流通加工作用不突出。有的流通加工过于简单，或对生产及消费者作用不大，甚至有时由于流通加工的盲目性，不但未能解决品种、规格、质量、包装等问题，反而增加了实际环节。

(4) 流通加工成本过高，效益差。流通加工的优势在于有较大的投入产出比，起到补充完善的作用。除了一些必需的、从政策要求即使亏损也应进行的加工外，高投入、低产出的流通加工都是不合理的。

三、流通加工设备的种类

流通加工设备是完成流通加工任务的专用机械设备。它通过对流通中的商品进行加工，改变或完善商品的原有形态来实现生产与流水线的桥梁和纽带作用。

流通加工大都是对物品进行浅层次的初级加工，除部分手工操作外，大部分要借助于机械加工设备。按照加工方式的不同，可将流通加工设备大致分为包装机械、切割机械、印贴标记条码设备、拆箱设备、称重设备等。

能力训练项目 2

打包机的使用与操作

1．实训目的

通过实训掌握打包机的操作要领，本实训以最传统的手动打包机为例。

2．实训器材

手动打包机（图 7-1），铁扣，打包带，纸箱，箱内物品，填充物。

 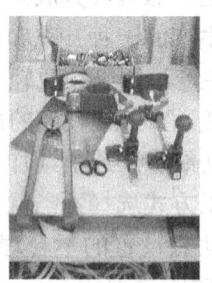

图 7-1　手动打包机

3．实训步骤

此款打包机是由速紧器和咬口器组成，配套使用。其使用步骤如下：

（1）将打包带绕物品一圈，左右边线头预留约 10 厘米夹入速紧器。

（2）使用速紧器上迫紧把手（圆球把手）使两边打包带缩紧，缩至适当紧度即可。

（3）将右边打包带穿过切带器将多余的打包带切断。

（4）将打包带由左、右两侧穿过铁扣使之重叠，再用咬口器将铁扣夹扁。

（5）放松速紧器左、右两侧的打包夹，再取出速紧器。

4．实训过程

教师按以上操作步骤做示范，然后由学生轮流操作。

模块七　流通加工设备与应用

理论环节 2

包装技术与设备

一、包装概述

包装是指为在物流过程中保护产品，方便储运，促进销售，按一定技术方法采用容器、材料及辅助物等将物品包封并予以适当包装和标志的工作总称。简单地讲，包装是包装物及包装操作的总称。

包装处于生产过程的末尾和物流过程的开始，既是生产的终点，又是物流的始点。在现代物流观念形成以前，包装被看做是生产的终点，是生产领域的活动，包装的设计主要考虑生产的要求，常常不能满足流通的要求。物流研究认为，包装与物流的关系比其与生产的关系要密切，其作为物流始点的意义远大于其作为生产终点的意义。应根据生产后的物流系统情况来考虑包装，同时物流也受包装的制约。

物流系统的所有构成因素均与包装有关：①以包装与运输的关系而言，杂货装运时，过去用货船混载，须用木箱包装，而改用集装箱后，只用纸箱就可以了。②以包装与搬运的关系而言，如用手工搬运，应按工人能够承运的重量单位进行包装。但若全部使用叉车，则无须包装成小单位，只要在交易上允许，可尽量包装成较大的单位，如用柔性集装箱容器。③以包装与保管的关系而言，货物在仓库保管，如果码高，下层货物的包装，应能承受压在上面的货物的总重量。以重量为 30 千克的货箱为例，如果货物码放 6 层，最下边的箱子最低承重应为 150 千克。物流系统也受包装的制约。如果纸箱运输，则不能不用集装箱，如设计只能承受码放 6 层的包装，就是仓库再高也只能码放 6 层货物，这样就不能有效地利用仓库空间。

（一）包装的分类

1. 一般分类

包装一般可分为商业包装和运输包装。

（1）商业包装。它是以促进销售为主要目的的包装。这种包装的特点是外形美观，有必要的装潢，包装单位适于顾客的购买量以及面店陈设的要求。在流通过程中，商品越接近顾客，越要求包装有促进销售的效果。

（2）运输包装。它是指以强化输送、保护产品为目的的包装。运输包装力求在满足物流要求的基础上使包袋费用最低。为此必须在包装费用和物流要求之间寻找最佳的效果。

2．按照形态划分

按照形态的不同，包装大致可分为逐个包装、内部包装和外部包装。

（1）逐个包装。它是指交到使用者手里的最小包装，把物品全部或一部分装进袋子或其他容器里并予以密封的状态或技术。

（2）内部包装。它是指将逐个包装的物品归并为一个或多个较大单位放进中间容器里的状态和技术，包括为保护里边的物品在容器里放入其他材料的状态和技术。

（3）外部包装。它是指从运输作业的角度考虑，为加以保护并便于搬运而将物品放入箱子、袋子等容器里的状态和技术，包括缓冲、固定、防湿、防水等措施。

3．按照功能划分

按照功能的不同，包装可分为工业包装和商业包装。

（1）工业包装。它是以运输、保管为主要目的的包装，即从物流需要出发的包装，也称运输包装，是一种外部包装（包含内部包装）。工业包装主要有保护功能、定量（单位化）功能、便利功能和效率功能。

1）保护功能包括：避免搬运过程中的脱落、运输过程中的振动或冲击以及保管中由于承受物重所造成的破损；避免异物的混入和污染；防湿、防水、防锈、遮光，防止因为化学或细菌的污染而出现的腐烂变质；防霉变、防虫害。

2）定量功能包括：将货物整理成为适合搬动、运输的单元；整理成适合使用托盘、集装箱、货架或载重汽车、货运列车等运载的单元。

3）便利功能包括：将货物包装成便于运输、搬运或保管的形状；便于实施运输、搬动或保管等物流作业；便于生产；便于废弃物的处理。

4）效率功能有利于提高生产、搬运、销售、输配送、保管等效率。

（2）商业包装。商业包装也被称为零售包装或消费者包装，主要是根据零售业的需要，作为商品的一部分或为方便携带所作的包装，即逐个包装。商业包装的主要功能是定量功能、标志功能、商品功能、便利功能和促销功能，主要目的在于促销或便于商品在柜台上零售或为了提高作业效率。在有些情况下工业包装同时又是商业包装。例如，装橘子的纸箱（15千克装）应属工业包装，连同箱子出售时也可以认为是商业包装。为使工业包装更合理并促进销售，在有些情况下也可采用商业包装的办法来做工业包装，如家电用品就是兼有商业包装性质的工业包装。

此外，按包装的保护技术，包装可分为防潮包装、封存包装、防虫包装、防腐包装、防震包装、危险品包装等。

（二）包装的保护技术

1．防震保护技术

防震包装又称缓冲包装，在各种包装方法中占有重要地位。产品从生产出来到开始使用要经过一系列的运输、保管、堆码和装卸过程，为防止产品受损要设法减小外力的影响。防震包装是指为减缓内装物受到冲击和振动，保护其免受损坏所采取的一定防护措施的包装，主要有全面防震包装、部分防震包装。对于整体性好的产品和有内装容器的产品，仅在产品或内包装的拐角或局部地方使用防震材料进行衬垫即可，所用包装材料主要有泡沫塑料防震垫、充气型塑料薄膜防震垫和橡胶弹簧等，还有悬浮式防震包装方法。对于某些贵重易损的物品，为了有效地保证其在流通过程中不被损坏，外包装容器应比较坚固，然后用绳、带、弹簧等将被装物悬吊在包装容器内，使内装物在各个操作环节都被稳定悬吊而不与包装容器发生碰撞，从而减少损坏。

2．防破损保护技术

缓冲包装有较强的防破损能力。此外还可以采取以下防破损保护技术：

（1）捆扎及裹紧技术。其作用是使杂货、散货形成一个牢固整体，以增加整体性，便于处理及防止散堆来减少破损。

（2）集装技术。利用集装减少与货体的接触，从而防止破损。

（3）选择高强度保护材料。通过外包装材料的高强度来防止内装物受外力作用破损。

3．封存包装技术

（1）防锈油封存包装技术。大气锈蚀是空气中的氧、水蒸气及其他有害气体等作用于金属表面引起的化学作用。防锈油包装技术将金属涂封使金属表面与引起大气锈蚀的各种因素隔绝来防止锈蚀。用防锈油封装金属制品，要求油层要有一定厚度，油层的连续性好，涂层完整。不同类型的防锈油要采用不同方法进行涂覆。

（2）气相封存包装技术。气相封存包装技术就是用气相缓蚀剂（挥发性缓蚀剂），在密封包装容器中对金属制品进行防锈处理的技术。气相缓蚀剂能减慢或完全停止金属在侵蚀性介质中的破坏过程。

4．防霉腐包装技术

包装防霉烂变质的措施，通常采用冷冻包装、真空包装或高温灭菌方法。冷冻包装的原理是减慢细菌活动和化学变化的过程以延长储存期，但不能完全消除食品的变质。高温杀菌法可消灭引起食品腐烂的微生物，可在包装过程中用高温处理防霉。有些经干燥处理的食品包装可选择防水汽和气密性好的包装材料，采取真空和充气包装。真空包装法也称减压包装法或排气包装法，采用真空包装法要注意避免过高的真空度，以防损伤包装材料。

5．防虫包装技术

防虫包装技术常用的是驱虫剂。常用驱虫剂有对位二氯化苯、樟脑精等，也可采用真空包装、充气包装、脱氧包装等技术,使害虫无生存环境,从而防止虫害。

6．危险品包装技术

按危险性质,交通运输及公安消防部门将危险品分为10大类,即爆炸性物品、氧化剂、压缩气体和液化气体、自燃物品、遇水燃烧物品、易燃液体、易燃固体、毒害品、腐蚀性物品、放射性物品。有些物品同时具有两种以上危险性能。

对有毒商品的包装要明显地标明有毒的标志。防毒的主要措施是包装严密不漏、不透气。例如,重铬酸钾(红矾钾)和重铬酸钠(红矾钠),为红色透明结晶,有毒,应用坚固铁桶包装,桶口要严密不漏,制桶的铁板厚度不能小于1.2毫米;对有机农药一类的商品应装入沥青麻袋,缝口严密不漏,如用塑料袋或沥青纸袋包装的,外面应再用麻袋或布袋包装。

对有腐蚀性的商品要注意商品和包装容器的材质发生化学变化。金属类的包装容器,要在容器壁涂上涂料,防止腐蚀性商品对容器的腐蚀。例如,包装合成脂肪酸的铁桶内壁要涂有耐酸保护层,防止铁桶被商品腐蚀,从而使商品也随之变质。

对于易燃、易爆商品,如有强烈氧化性的,遇有微量不纯物或受热即急剧分解引起爆炸的产品,防爆炸包装的有效方法是采用塑料桶包装,然后将塑料桶装入铁桶或木箱中,每件净重不超过50千克,并应有自动放气的溢流阀,当桶内达到一定气体压力时,能自动放气。

7．特种包装技术

(1)充气包装。它是采用二氧化碳气体或氮气等不活泼气体置换包装容器中空气的一种包装方法,也称为气体置换包装。充气包装起到防霉、防腐和保鲜的作用。

(2)真空包装。它是将物品装入气密性容器后,在容器封口之前抽真空,使密封后的容器内基本没有空气的一种包装方法。一般的肉类商品、谷物加工商品以及某些容易氧化变质的商品都可采用真空包装。

(3)收缩包装。它是用收缩薄膜裹包物品(内包装件),然后对薄膜进行适当加热处理,使薄膜收缩而紧贴于物品(内包装件)的包装方法。

(4)拉伸包装。它是依靠机械装置在常温下将弹性薄膜围绕被包装件拉伸、紧裹,并在其末端进行封合的一种包装方法。由于拉伸包装不需要进行加热,所以消耗的能源只有收缩包装的1/20。拉伸包装可以捆包单件物品,也可用于托盘包装之类的集合包装。

(5)脱氧包装。它是在密封的包装容器中使用能与氧气起化学作用的脱氧剂与之反应,从而除去包装容器中的氧气,以达到保护内装物的目的。适用于某些对氧气特别敏感的物品,用于那些即使有微量氧气也会促使品质变坏的食品包装中。

模块七　流通加工设备与应用

二、包装机械

包装机械是指完成全部或部分包装过程的机器。包装过程包括充填、裹包、封口等主要包装工序以及与其相关的前后工序。例如，清洗、干燥、杀菌、计量、成形、标记、紧固、多件集合、组装、拆卸及其他辅助工序。

（一）包装机械的分类

（1）根据包装机械的自动化程度，包装机械可分为全自动包装机和半自动包装机。全自动包装机是自动供送包装材料和内装物，并能自动完成其他包装工序的机器。半自动包装机是由人工供送包装材料和内装物，但能自动完成其他包装工序的机器。

（2）根据包装产品类型，包装机械可分为专用包装机、多用包装机和通用包装机。专用包装机是专门用于包装某一种产品的机器。多用包装机是通过调整或更换有关工作部件，可以包装两种或两种以上产品的机器。通用包装机是在指定范围内适用于包装两种或两种以上产品的机器。

（3）根据包装机械的功能，包装机械可分为充填机械、灌装机械、封口机械、裹包机械、清洗设备、干燥设备、杀菌设备、贴标机械、集装和拆卸设备、辅助包装设备、多功能包装机械等。

（二）包装机械的作用

现代工业生产主要包括原料处理、中间加工和产品包装。包装是工业设计的重要环节。包装机械是使包装实现机械化、自动化的根本保证，包装机械在现代工业中起着相当重要的作用。

（1）能够大幅度地提高生产效率。例如，啤酒灌装机的生产效率可高达36 000瓶/小时，这是手工灌装无法比拟的；蛋形巧克力的包装，用手工包装每人每班可包装20千克，而用机械包装，每人每班可包装250千克以上。

（2）降低劳动强度，改善劳动条件。例如，手工包装糖果，工人一天要重复动作8万多次；再如用人工袋装化肥，往往造成粉尘飞扬、污染环境等。如果广泛采用包装机械代替手工包装，不但能将包装工人从繁重的体力劳动中解放出来，还能改善工人的劳动条件。

（3）保护环境，节约原材料，降低产品成本。手工包装液体产品时易造成产品外溅；包装粉状产品时易造成粉尘飞扬，既污染了环境，又浪费了原材料。采用机械包装能较容易地解决这类问题。

（4）有利于被包装产品的卫生，提高产品包装质量，增强市场销售的竞争力。有些产品的卫生要求很严格，如药品、食品等，采用机械包装能避免人手与产品的直接接触，避免了对产品的污染。同时由于机械包装速度快，食品、药品在空气中停留时间短，从而也减少了污染机会。另外，由于包装机械的计量准确、精度高，产品包装的外形美观、整齐、统一、封口严密，从而提高了产品销售的竞争力，使企业获得较好的经济效益。

（5）延长产品的保质期，利于产品的流通。采用真空、换气、无菌等包装机械，可使产品的流通范围更加广泛，延长产品的保质期。

（6）可减少包装场地面积，节约基建投资。当产品采用手工包装时，由于包装工人多、工序不紧凑，包装作业占地面积大、基建投资多。而采用机械包装，产品和包装材料的供给比较集中，各包装工序安排比较紧凑，可减少包装作业的占地面积，节约基建投资。

（三）包装机械的基本结构

包装机械一般由动力系统、传动系统和执行系统组成。通常将包装机械分成下列组成部分。

（1）包装材料的整理与传送系统。该系统是将包装材料进行定长切断或整理排列，并逐个输送到预定工位的系统。例如，糖果包装机中包装纸的传送、切断机构；封灌机对罐盖的定向、供送等。

（2）被包装物品的计量与供送系统。该系统是对被包装物品进行计量、整理、排列，并输送到预定工位的系统。例如，饮料灌装机的计量和液料供送系统，饼干包装机的饼干整理、排列和供送系统。

（3）主传送系统。该系统将包装材料和被包装物品由一个工位顺序传送到下一个包装工位。

（4）包装执行机构。该机构直接完成包装操作，即完成裹包、灌装、封口、贴标、捆扎等操作。例如，糖果裹包机的前后推糖板、抄纸板、糖钳子和扭结手等组成的机构。

（5）成品输出机构。该机构把包装好的产品从包装机上卸下、定向排列并输出。但有部分包装机械的成品输出是由主传送机构完成或靠包装产品的自重卸下的。

（6）电动机与传动系统。传动系统是指将电动机的动力传给执行机构和控制系统，使其实现预定动作的装置。通常由传动零件如带轮、齿轮、链轮、凸轮、涡轮、蜗杆等组成，或由机、电、液、气等多种形式的传动组成。

（7）控制系统。控制系统由各种手动、自动装置组成。在包装机械中，从动力的输出、传动机构的运转、包装执行机构的动作及相互配合以及包装产品的输出，都是由控制系统指令操作的。它包括包装过程、包装质量、故障与安全的控制。

（8）机身。机身是用于安装、固定、支承包装机械所有的零部件，满足其相互运动和相互位置的要求。

(四)包装机械的特点

包装机械既具有一般自动机械的共性,也有其自身的特性。其主要特点如下:

(1)大多数包装机械结构复杂,运动速度快,动作精度高。为满足性能要求,对零部件的刚度和表面质量等都有很高的要求。

(2)用于食品和药品的包装机要便于清洗,与食品和药品接触的部位要用不锈钢或经化学处理的无毒材料制成。

(3)进行包装时的作用力一般都较小,所以包装机的电动机功率较小。

(4)包装机一般都采用无级变速装置,以便灵活调整包装速度、调节包装机的生产能力。

(5)包装机械是特殊类型的专业机械,种类繁多,生产数量有限。为便于制造和维修,减少设备投资,在各种包装机的设计中应注意标准化、通用性及多功能性。

(五)主要的包装机械

1．计量充填机械

充填机是将产品按预定量填充到包装容器内的机器。充填液体产品的机器通常称为灌装机。充填机种类很多,国家标准《包装机械术语》中对充填机主要是按计量方式分类的。充填机按计量方式不同,可分为容积式充填机、称重式充填机和计数式充填机;按填充物的物理状态可分为粉料充填机、颗粒物料充填机、块状物料充填机、膏状物料充填机、液体灌装机;按功能可分为制袋充填机、成型充填机、仅完成充填功能的充填机等。

将产品按预定的容量填充至包装容器内的充填机叫做容积式充填机(图7-2)。容积式充填机适合于干料或稠状流体物料的充填。它的特点是结构简单、计量速度快、造价低,但计量精度较低。它适用于价格较便宜的物品包装作业。由于容积式充填机计量精度不高,对一些流动性差、比重变化较大或易结块物料的包装往往效果较差。对于这些计量精度要求较高的各类物料的包装,采用称重式充填机。计数式充填机是将产品按预定数目充填至包装容器内的机器。

2．灌装机械

将液体产品充填到包装容器内的机器通常称为灌装机械。可以灌装的液体产品有:①低黏度液体产品,如酱油、醋、白酒、果汁等,借助液体的自重流入包装容器内;②高黏度液体产品,如豆瓣酱、番茄酱、牙膏、香脂、肉糜等,需借助外部压力才能将液体产品充填到包装容器中。另外,根据液体产品中是否溶有二氧化碳气体,将液体产品区分为含气液体产品(如矿泉水、汽水)和不含气液体产品(如白酒、醋)。自动定量灌装机如图7-3所示。

图 7-2　容积式充填机　　图 7-3　自动定量灌装机

根据灌装方法可将灌装机械分为常压灌装机、负压灌装机、等压灌装机和压力灌装机。

（1）常压灌装机。它是指在常压下将液体产品充填到包装容器中，只适宜灌装低黏度不含气体的液体产品，如白酒、醋、酱油等。

（2）负压灌装机。它是指先将包装容器抽气形成负压，然后再将液体产品充填到包装容器中，适用于灌装含维生素的饮料、有毒的农药和化工试剂等。

（3）等压灌装机。它是指先将包装容器充气，使其内部的气体和储液箱内的气体压力相等，然后将液体产品充填到包装容器，适合于灌装含气饮料和含气酒类，如汽水、可乐、啤酒、汽酒等，它可保证灌装产品的质量和计量精度。

（4）压力灌装机。它是利用外部的机械压力将液体产品充填到包装容器中，适用于灌装黏稠性物料，如牙膏、番茄酱、豆瓣酱、香脂等。

3．封口机械

封口机械是指在包装容器内盛装产品后对容器进行封口的机械。封口的作用是保证包装的密封性从而保证商品的质量，达到商品防腐、保质的目的。常见封口机械有手压封口机、脚踏式封口机、落地式封口机、立式自动封口机、超声波封口机、自动缝合机、半自动手扳热排封口机及半自动旋合式封口机等。薄膜封口机如图 7-4 所示。

图 7-4　薄膜封口机

4．裹包机械

裹包机械（图 7-5）适用于具有一定刚度的块状物品的包装。有些粉体和散粒体物品经过浅盘、盒等预包装后可按块状物品进行包装。块状物品形状各异，有方形、圆柱形、球形等，可以是单件物品，也可以是若干件物品的集合。例如，糖果、香皂、方便面为单件裹包，饼干、火柴等排列组合后则为集合裹包。另外，香烟盒、茶叶盒等也可进行裹包包装。用于裹包的材料很多，常用的有纸、玻璃纸、单层塑料薄膜及复合材料等。

5．捆扎机械

捆扎通常是指直接将单个或数个包装物用绳、钢带等捆紧扎牢以便于运输、保管和装卸的一种包装作业。捆扎机械按自动化程度分为全自动捆扎机、半自动捆扎机和手动式捆扎机；按捆扎材料分为：绳捆扎机、钢带捆扎机、塑料带捆扎机。

由于包装物不同，捆扎要求不同，其捆扎的形式也多种多样，有单道、交叉、井字等多种形式。图 7-6 为生产线上的包装捆扎机。

图 7-5 裹包机械

图 7-6 生产线上的包装捆扎机

6．装箱机与纸箱包装机

将若干包装件或产品，按一定方式装入箱内的机械，称为装箱机。由于被包装物品种类繁多，装箱机的形式也多种多样，目前无统一的分类标准。一般根据物品装箱形式，分为充填式装箱机和裹包装箱机。图 7-7 为工厂纸箱包装线现场图片。

图 7-7 工厂纸箱包装线现场

7．贴标机和打码机

贴标机（图 7-8）是将标签粘贴在包装件或产品上的机器。贴标机的基本组成有供标装置、取标装置、涂胶装置、打印装置和联锁装置等几部分。打码机（图 7-9）是在产品包装上打印出产品批号、出厂日期、有效期等字样的机器。根据打码方式的不同，打码机可以分为打击式和滚印式两种。

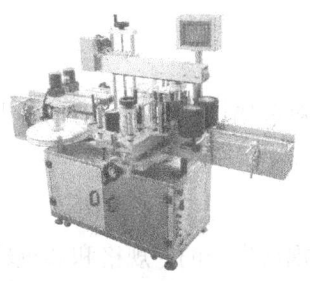
图 7-8 贴标机

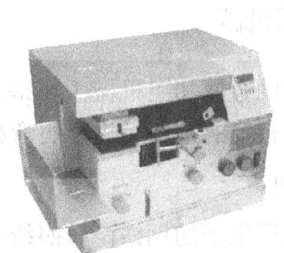
图 7-9 打码机

能力训练项目3

钢材剪切加工配送

钢材流通企业与钢厂联手打造剪切配送加工中心，是钢铁流通的一个重要模式。在一些发达国家，剪切配送加工也是钢铁流通的主要方式之一。在美国，通过剪切加工配送的钢材占整个钢材消费量的45%左右，它的主要客户是一些中小用户。根据流通行业的特点，如果买卖双方都是分散的中小厂商或中小用户，且数量众多，此时在买卖双方中间有一个专业化的商业企业来承担买卖的职责，比直销的效率更高，成本更低，而剪切加工配送中心则起到重要作用。

在国外，剪切配送加工中心模式是由钢厂、剪切中心、终端用户三方共同建立的供应链。通过这一稳定的供应链，其产品能够有序流通，市场信息能够快速、有效传递，更关键的是在有序稳定的"供应链"内，各种市场信息，特别是需求、供给和价格信息，能做到准确、及时，而不会被其他因素扭曲，也不会被其他渠道放大。可见，在钢铁供应链中，剪切配送加工是供应商、制造商、物流中心、零售商最终到用户的供应链中的一个重要环节，它与商流、物流、信息流、资金流融为一体。

◎ 讨论

1. 钢铁流通为什么要进行剪切加工配送？
2. 钢铁流通用到什么流通加工机械，简述其工作过程。

理论环节3

其他流通加工机械

流通加工机械的种类很多，除了包装机械外，根据流通加工的对象不同，可以分为金属加工机械、玻璃加工机械、木材加工机械、食品加工机械等。

一、金属加工机械

流通领域的金属加工机械主要是指对金属进行剪切、弯曲、下料、切削加工的机械。应用较多的是剪板机和折弯机。

1．剪板机

由于钢铁厂生产的钢铁是按照统一规格生产的，规格和卷重较大，通过剪板机可将大规格的钢材裁小或剪切成毛坯，降低了销售起点，便于用户使用。普通剪板机一般由机身、传动系统、刀架、压料器、前后挡料架、托料装置、刀片间隙调整装置、灯光对线装置、润滑装置和电气控制装置等部件组成。

按剪板机的刀刃形式和功能不同，剪板机可分为摆式剪板机、多用途剪板机、多条板料剪板机、圆盘剪板机和冲型剪切机等多种。下面以冲型剪切机为例，说明其工作原理。

冲型剪切机（图 7-10）的工作原理是通过曲柄连杆机构带动刀具做高速往复运动，行程次数由每分钟数百次到数千次不等。冲型剪切机是一种万能板料加工设备，在进行剪切下料时，利用刀杆上的上冲头沿事先划好的线或样板对被加工板料进行逐步剪切。此外冲型剪切机还能进行冲孔、下料、冲口、冲槽、压肋、折弯及锁口等工序。冲型剪切机广泛应用于各种薄板加工业，它具有重量轻、体积小、工艺适应性广、工具简单等优点，但生产效率低，剪切和工作时要人工操作，振动噪声大，加工精度不高。

2．折弯机

折弯机（图 7-11）主要用于板料、带料的折弯成形加工。

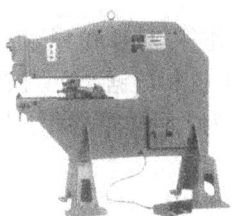 

图 7-10　冲型剪切机　　　　图 7-11　折弯机

二、玻璃加工机械

流通领域的玻璃加工机械主要指对玻璃进行切割的各种专用机械。平板玻璃的"集中套裁、开片供应"是重要的流通加工方式。在玻璃加工配送中心，整箱玻璃被拆封后，可按照各个用户对玻璃形状、尺寸的不同要求进行套裁和开片，可提高玻璃的利用率。另外还可对玻璃进行钻孔、磨边等加工，以满足不同客户的需求。

数控玻璃切割机（图 7-12）具有高精度、高速度、低噪声的特点，可对平板玻璃进行直线和异型切割。它还可自行设定切裁数量、自动落刀、走刀、自动滴油、自动计数，速度、压力、油量、延割以及延升的大小均可调节，在切割异形玻璃时切割刀头在运行到拐角处时可自动降速，从而保证了切割效果。

图 7-12　数控玻璃切割机

三、木材加工机械

木材的流通加工一般有以下两种情况。

1. 磨制、压缩木屑

树木在生产地被伐倒后,消费不在当地,不可能连枝带杈地运输到外地,先在原处去掉树枝和树杈,将原木运走,剩下来的树杈、树枝、碎木、碎屑,掺入其他材料,在当地木材加工厂进行流通加工,做成复合木板。也有将枝木在产地磨成木屑,采取压缩方法加大容重后运往外地造纸厂造纸,根据美国的经验,采取这种方法比直接运送原木节约一半的运费。

2. 锯木

在流通加工点利用木锯机等机械将原木加工成板材,或按用户需要加工成各种形状的材料,供给家具厂、木器厂。还可以根据需要进行打眼、凿孔等初级加工。对原木进行集中流通加工、综合利用,出材率可提高到72%,原木利用达到95%,经济效益相当可观。

木工锯机按刀具的运动方式可分为刀具作往复运动的锯机,如弧锯机、线锯机和框锯机;刀具作直线运动的锯机,如带锯机和链锯;刀具做旋转运动的锯机,如各种圆锯机。图7-13、图7-14、图7-15为各种典型的木工锯机。

图7-13 框锯机　　图7-14 带锯机　　图7-15 木工圆锯机

四、食品加工机械

食品的流通加工类型很多。当我们在超市中购物时不难发现,货柜中摆放的各类洗净的蔬菜、干鲜水果、肉制品等许多都是流通加工的结果。这些商品的分类、清洗、贴商标和条码、包装、装袋等是在摆进货柜之前就已进行了的流通领域的加工作业。食品流通加工的具体项目主要有冷冻加工、分选加工、精制加工、分装加工等,所涉及的主要加工机械有冷库、冷藏车、冷藏箱、净菜加工设备、分装设备等。

模块七 流通加工设备与应用

1．冷库

冷库一般是指用各种设备制冷并能人为控制和保持稳定低温的设备。它的基本组成部分是制冷系统、电控装置、有一定隔热性能的库房、附属性建筑物等。冷库主要用于食品的冷冻加工及冷藏。

冷库温度调节是根据不同品种在不同时期对温度的要求，控制冷库制冷剂的蒸发速度以控制冷库库温。冷库常因冷却管系统结霜而阻碍热的传导，影响冷却效果，并且因结霜致使冷库库内湿度过低，故应定期升温除霜，并及时淋湿或喷雾调节冷库湿度。冷库的通风换气宜在夜间进行，若冷库库内二氧化碳积累过多，可装置空气净化器，也可用7%的烧碱吸收。

2．冷藏车

冷藏车是在有保温层的封闭式车厢上装有强制冷却装置（即制冷机）的汽车。冷藏车能在长时间运输中使车厢内货物保持一定温度，适用于要求可控低温条件货物的长途运输。冷藏车的制冷方式以机械制冷为主。但从环保和节能角度考虑，机械制冷具有排放废气和噪声、能量利用系数较低等不足，因而新能源冷藏车的比例会有所增加，采用冷板机制冷方式没有运行噪声和废气排放的污染，又能综合利用地面电能，节能效果显著，将会在重型和半挂车上得到应用。

3．冷藏箱

冷藏箱是一种应用广泛的冷藏设备，可在宾馆、医院、汽车、船舶、家庭卧室、客厅、外卖等多种环境中灵活应用。图7-16为食品冷藏箱。

4．净菜加工设备

净菜是由新鲜蔬菜经挑选、整理、净化（清洗）处理并经严格的检验后，以小包装形式上市的洁净型商品蔬菜。净菜上市减少了蔬菜在批发、运输、零售过程中环境对蔬菜的污染，同时也减少了蔬菜销售、加工、食用过程中产生的垃圾，净菜在自选市场和大型超市副食品商场中便于销售，也便于消费者携带。净菜具有干净、卫生、方便、安全等特点。净菜加工的主要品种有黄瓜、西红柿、豆角、荷兰豆、苦瓜、丝瓜、洋葱、菜花、青椒、辣椒、茄子、胡萝卜、蒜薹、莲藕、香菇、佛手瓜等。

图7-16 食品冷藏箱

小 结

本模块以包装机械为重点介绍流通加工设备,介绍几种典型的包装机械及其使用特点,介绍其他常用的流通加工设备种类及应用场合。通过相关案例分析等加深学生对流通加工设备基本知识的理解,并掌握主要流通机械的应用。通过实训训练学生运输包装作业的一般技能、常用流通加工设备选择与应用的初步能力。

核心知识点

流通加工、包装、流通加工设备、主要包装机械、其他常用的流通加工设备

复 习 题

1. 简述流通加工与生产加工的区别。
2. 举例说明合理的流通加工和不合理的流通加工。
3. 简述包装的主要保护技术。
4. 简述通用包装技术。
5. 简述包装机械的种类和作用。
6. 简述包装机械的基本结构。
7. 在流通加工领域,对钢材、木材等采取集中下料,按需供给有哪些优点?

实 践 题

运输包装综合训练

一、案例

顺德荣兴电子公司有一批电磁炉准备销往法国马赛,目前在该公司的仓库里准备装柜经顺德北滘港到中国香港转大船,力争赶上当地的销售旺季。

问题:若你为该公司的仓库负责人,请问该批货物的装载涉及哪些流通加工设备?

二、运输包装操作训练

分小组,用所提供的用具与物品(单件商品、纸箱、塑料薄膜、绳子等)完成运输包装作业。

三、讨论

分小组讨论,可以用哪些包装机械完成这些任务?

模块八 集装单元化设备与应用

能力目标

托盘与集装箱的选择与应用的能力

知识目标

1. 了解集装单元的定义、类型和基本原则，集装单元化系统及其基本要素
2. 掌握集装单元的优越性并能把集装单元意义进行延伸
3. 了解集装箱、托盘的定义以及分类
4. 掌握集装箱以及托盘的标准和相关参数
5. 熟悉托盘、集装箱的使用与管理

能力训练项目1

集装箱与托盘的配合

现有内部尺寸为长5 867毫米，宽2 330毫米的1C集装箱两个，分别装载1 200毫米×800毫米和1 200毫米×1 000毫米两种规格的托盘。

➔ 讨论

1. 应分别如何装盘使其底面积利用率最高？
2. 计算出底面积的利用率分别为多少？

理论环节1

↻ 集装单元化概述

一、集装单元概述

集装是将许多单件物品，通过一定的技术措施组合成尺寸规格相同、重量相近的大型标准化的组合体。在货物的储运过程中，为便于装卸和搬运，用集装器具或采用捆扎方法将物品组成标准规格的单元货件，称为货物的集装单元化。被集装单元化的货物称为单元货物。用于集装货物的工具称为集装单元器具，它必须具备两个条件：①能使货物集装成一个完整、统一的重量或体积单元；②具有便于机械装卸搬运的结构，如托盘有叉孔，集装箱有角件吊孔等，这是它与普通货箱和容器的主要区别。

从包装角度来看，集装按一定单元将杂散物品组合包装，是属于大型包装的形态。在多种类型的产品中，小件杂物很难像机床、构件等产品那样进行单件处理，由于其杂、散，且个体体积、重量都不大，所以需要进行一定程度的组合才能有利于销售、物流和使用。从这一点上说，商品的外包装，粉粒体物料的纸袋及液体和气体的容器等也是一种集装单元。但一般物流技术上所称的集装单元化，是指固体物料（如机械零部件）和商品运输包装的集装单元化，如零件堆放在集装盘内或洗衣皂纸箱堆码在托盘上等。

二、集装单元化系统

集装单元化系统（以下简称集装系统），是以集装方式进行物流全过程各项活动并对此进行综合、全面管理的物流形式。集装系统有时简称集装或集装化，这是许多活动综合的总称，既是一种包装形式，又远远超出包装的范畴；既是一种运输或储存形式，又不完全只起运输或储存的作用，它贯穿于物流的全过程，在全过程中发挥作用。

集装系统有效地将分散的物流各项活动联结成一个整体，是物流系统化的核心内容和主要方式，集装系统能在多方面起作用，因而被看成是干线物流的发展方向。在集装系统中，首要的问题是将货物形成集装状态，即形成一定大小和重量的组合体，这是集零为整的方式。将零散货物集中成一个单元，称单元组合，又称集装，这样形成的货载称单元组合货载或集装货载。

1. 集装系统的基本要素

（1）工具要素。集装系统的工具主要是各种集装工具及配套工具，如集装箱、托盘、集装网络、集装袋、滑板、散装罐等。这些工具的主要作用是将零杂货物组合成单元货物，并以这些工具为承托物，以单元货物为整体进行物流。这些工具以不同形式进行集装，适用于不同的货物。与之配套的还有一些辅助工具，主要有：①装卸辅助工具，如集装的吊具、索具、叉车以及装卸集装的叉车附件属具等；②搬运辅助工具，如在运输设施上移动的托盘移动器等；③包装辅助工具，如集装货载的稳固工具、装箱和出箱工具等。

（2）装置、设施要素。这些要素主要有：①集装站、场站、码头。它们是衔接集装运输的节点,如火车集装装运站、集装处理场、集装码头等。在集装站、场站、码头中的活动主要是集装的存放及装卸。②集装装卸设备。它主要包括集装箱吊车、托盘叉车、集装箱半挂车、散装管道装卸设备、散装输送传送设备等。③集装运输设备。它主要包括集装箱船、集装箱列车、散装罐车等。④集装储存设施。它主要包括集装箱堆场、托盘货架、集装货载、立体仓库等设施。

（3）管理要素。集装系统的管理和一般工厂管理、商业管理区别很大,整个系统依靠有效的管理才能形成内在的有机联系。由于集装的范畴很广,从地域上说集装货载的运动可能遍及全国甚至全球。因此管理有很强的特殊性,其管理的主要内容有以下几点。

1）托盘、集装箱的周转管理。托盘、集装箱、集装罐等集装工具一旦发运,如何回收、复用、返空是管理中的一个重大问题。因此,管理上采取集装箱网络、托盘联营等方式可有效地解决此类管理问题。

2）集装联运经营管理。集装的整个物流过程涉及若干种运输方式、许多部门和站场,必须进行一种有效的协作才能使集装箱联运顺利实现,所以联运合同、协议、责任等都有其特殊之处。

3）集装信息。这是管理中重要的一部分,也是集装系统的独立要素。

（4）集装系统的支撑要素。其主要包括体制、法律、制度等。

能力训练项目 2

日韩为何如此关心我国托盘标准

托盘是物流产业中最不起眼,又无处不在的一块货物垫板。尽管只有一米见方大小,却"可以移动整个地球"。它起源于20世纪30年代太平洋战争,美国军队首次使用托盘来改善货物搬运效率,保证后勤物资供应。从此以后,托盘在世界各国得到了广泛应用。目前美国有80%的商品贸易由托盘运载,在欧洲每年有2.8亿个托盘在企业间循环。我国大约有1亿个托盘,其中90%是木质托盘,可循环利用的塑料托盘仅占8%。由于我国物流规模的迅速扩张,托盘总量每年也在以2000万个的速度增长。

澳大利亚得益于第二次世界大战美国军队留下的军用托盘而成为当今世界上标准化托盘使用比例最高的国家,拥有南半球最大的托盘共用系统。但由于澳大利亚2/3的贸易市场在中国、东南亚和北美地区,这些国家和地区采用的国际托盘标准1200毫米×1000毫米与该国的托盘标准1165毫米×1165毫米不同,澳大利亚政府甚至打算以7亿美元的代价更换本国托盘的国家标准。可见选择一个合适的托盘标准对一国经济发展具有多么重大的经济价值。

2000年以来，日本与韩国的物流专家、政府主管官员、标准协会、托盘协会与托盘租赁企业的代表，无数次来到中国以学术研讨会、商务洽谈会、托盘推介会的名义与我国物流专家、政府官员和企业界代表一起，共同探讨建立代表亚太地区的托盘共用系统，在中国推广代表日本与韩国利益的T11（1 100毫米×1 100毫米的简称）托盘标准。通过日韩托盘专家、协会代表和企业人士20多年的不懈努力，2003年在中国等亚洲国家的默认下，T11托盘标准以代表亚洲托盘的名义列入ISO6780《联运通用平托盘主要尺寸及公差》国际标准。此后他们继续在中国游说，建议中国采用日韩托盘国际标准，日韩关心中国托盘标准已经到了白热化的程度。
（资料来源：南京农业大学经济管理学院.日韩为何如此关心我托盘标准.中国包装网，2006-10-7）

讨论
1. 为什么澳大利亚政府愿意打算以7亿美元的代价更换本国托盘的国家标准？
2. 为什么日本韩国那么关心中国的托盘标准？

理论环节2

托 盘 技 术

托盘是集装单元作业中使用的典型器具，在物流作业中具有重要作用。

一、托盘的概念、特点

托盘是为了使物品能有效地装卸、运输、保管，将其按一定数量组合放置于一特定形状的台面上，这种台面有供叉车从下部叉入并将台板托起的叉入口，以这种结构为基本结构的平板台板和这种基本结构基础上所形成的各种形式的集装器具，都可统称为托盘。

托盘是一种重要的集装器具，是在物流领域中适应装卸机械化而发展起来的一种集装器具，托盘的发展可以说是与叉车同步，叉车与托盘的共同使用，形成的有效装卸系统大大促进了装卸活动的发展，使装卸机械化水平大幅度提高，使长期以来在运输过程中的装卸瓶颈得以解决或改善。托盘的出现有效地促进了物流水平的提高。

托盘的出现也促进了集装箱和其他集装方式的形成和发展。现在托盘尤其以其简单方便的特点在集装领域中备受青睐。托盘已成为与集装箱一样重要的集装方式，共同形成了集装系统的两大支柱。

托盘与集装箱都有其各自的特点，形成优势互补的局面，难以利用集装箱的地方可利用托盘，托盘难以完成的工作由集装箱完成。

托盘的主要优点有以下几点。

（1）自重量小，便于装卸。运输托盘本身所消耗的劳动较小，比集装箱的无效运输、装卸更少。

（2）返空容易。返空时，托盘占用运力很少。由于托盘造价不高，易于互相代用，互以对方托盘抵补，无须像集装箱那样必有固定归属者，也无须像集装箱那样返空，即使返运，也比集装箱容易。

（3）装盘容易。托盘无须像集装箱那样深入到箱体内部，装盘后可采用捆扎、紧包等技术处理，使用更简便。

（4）装载量虽较集装箱小，但也能集中一定的数量，比一般包装的组合量大得多。

托盘的主要缺点是保护性比集装箱差，露天存放困难，需要有仓库等配套设施。

二、托盘的分类

托盘按其结构一般分为平托盘和带有上部结构的托盘（如立柱式托盘、箱式托盘和笼式托盘等）两种。

1．平托盘

平托盘（图 8-1）是托盘中使用量最大的一种，可以说是一种通用型托盘，通常所说的托盘主要指平托盘。

图 8-1　平托盘

2．柱式托盘

柱式托盘（图 8-2）的基本结构是托盘的四个角有固定或可卸式的柱子，这种托盘进一步发展为可从对角的柱子上端用横梁连接，使柱子成门框型。柱式托盘的柱子部分用钢材制成，按柱子固定与否可分为固定柱式和可卸柱式两种。柱式托盘的主要作用有：①防止托盘上所置货物在运输、装卸等过程中发展塌垛；②利用柱子支撑承重，可以将托盘货载堆高叠放，而不用担心压坏下部托盘上的货物。

3．箱式托盘

箱式托盘（图 8-3）的基本结构是沿托盘四个边由板式、栅式、网式等各种平面组成箱体，有些箱体上有顶板，有些箱体上没有顶板。箱板有固定式、折叠式和可卸式三种。箱式托盘的主要特点是：①防护能力强，可有效防止塌垛，防止货损；②由于四周有护板护栏，装运范围较大，不但能装运可码垛的整齐形状包装货物，也可装运各种异型不能稳定堆码的物品。

4．轮式托盘

轮式托盘（图 8-4）的基本结构是在柱式、箱式托盘下部装有小型轮子。这种托盘不但具有一般柱式、箱式托盘的优点，而且可利用轮子作小距离运动，无需搬运机具就能实现搬运，也可利用轮子作滚上滚下的装卸，还有利于在装进车、船后移动位置，轮式托盘有很强的搬运性。此外，轮式托盘在生产物流中还可以兼做作业车辆。

图 8-2　柱式托盘　　　　图 8-3　箱式托盘　　　　图 8-4　轮式托盘

5．特种专用托盘

上述托盘都带有一定的通用性，可装多种中小件杂、散、包装货物。由于托盘制作简单、造价低，某些较大数量运输的货物，都可制作出装载效率高、装运方便，适于某种物品有特殊要求的专用托盘。现在各国采用的专用托盘种类不计其数。在某些特殊领域发挥着重要作用，其中比较典型的有六种。

（1）航空托盘。航空货运或行李托运用托盘，一般采用铝合金制造。为适应各种飞机货舱及舱门的限制，一般制成平托盘。托盘上所载物品以网络覆罩固定，如图 8-5 所示。

（2）平板玻璃集装托盘。它又称平板玻璃集装架，能支撑和固定立放的平板玻璃。在装运时，平板玻璃顺着运输方向放置以保持托盘货载的稳定性。

（3）油桶专用托盘。它是专门装运标准油桶的异型平托盘。油桶专用托盘为双面型，两个面皆有稳固油桶的波形表面或侧挡板。油桶卧放于托盘上面，由于波形槽或挡板的作用，不会发生滚动位移。此外还可几层叠垛，解决桶形物难以堆高码放的困难，也方便了储存。

（4）货架式托盘。它是一种框架形托盘，框架下面尺寸比平托盘略宽，以保证托盘能放入架内，架的深度比托盘宽度窄，以保证托盘能搭放在架上。这种货架式托盘叠高组合，便成了托盘货架。它也是托盘货架的一种，是货架与托盘的组合。

（5）长尺寸物托盘。它是专门用于装放长尺寸材料的托盘。这种托盘叠高码放后便成了组装式长尺寸货架。

（6）轮胎专用托盘。轮胎专用托盘（图 8-6）是专门堆放轮胎的托盘，可实现轮胎多层码放，不挤不压，大大提高了装卸和储存效率。

模块八　集装单元化设备与应用

图 8-5　航空托盘　　　　　　　　图 8-6　轮胎专用托盘

此外，按制造材料不同平托盘可分成以下四种：

（1）木制平托盘。木制平托盘（图 8-7）是采用松木、杨木、桦木、桐木、硬杂木等为原料制造而成。其优点是精确度高、不易变形，用高强度螺钉加固，不会起钉，牢固性好；可根据需求，进行熏蒸处理。

（2）钢制平托盘。钢制平托盘（图 8-8）由钢制面板和支腿焊接而成，具有外形美观、坚固耐用、便于清洁、无须维护的优点，使用范围较广。

图 8-7　木制平托盘　　　　　　　图 8-8　钢制平托盘

（3）塑料制平托盘。塑料制平托盘（图 8-9）是使用 PE\PP 等热塑性塑料，加上一些改善性能的添加剂，通过注塑、吹塑等工艺加工而成。由于具有质轻、美观、强度高、使用寿命长、耐腐蚀、可回收等优点，塑料制平托盘广泛用于食品、医药、机械、汽车、烟草、化工、立体仓储等行业，是现代运输、仓储、包装的重要工具。

（4）高密度合成板制平托盘。高密度合成板制平托盘（图 8-10）是用各类废弃物经高温高压压制而成，避免了传统木托盘的木结、虫蛀、色差、耐湿性能差等缺点，具有高抗压、重承载、低成本的优点。它适合各类货物的运输，尤其是重货的成批运输，是替代木托盘的一种选择。

图 8-9　塑料制平托盘　　　　　图 8-10　高密度合成板制平托盘

三、托盘的标准

目前世界上主要工业国家都有自己的标准托盘，但所用尺寸各国不同。每个国家都希望自己国内已普遍使用规格成为国际标准，以便在国际经济交流中更为有利。国际标准组织无法统一，只能接受既成事实，做到相对统一。ISO 标准（ISO6780）原来有 4 种托盘标准规格，即 1 200 毫米×800 毫米，1 200 毫米×1 000 毫米，1 219 毫米×1 016 毫米，1 140 毫米×1 140 毫米。2003 年 ISO 规格又通过了新方案，增加了 1 100 毫米×1 100 毫米和 1 067 毫米×1 067 毫米两种规格，变为 6 种标准规格。但 ISO6780 规格并不是真正的国际标准规格，因为每个地区仍然推行自己的托盘规格。例如，英国以 1 200 毫米×1 000 毫米、美国和加拿大以 1 219 毫米×1 016 毫米、日本和韩国以 1 100 毫米×1 100 毫米作为自身标准的托盘统一的规格。

我国《联运通用平托盘主要尺寸及公差》国家标准（GB/T2934—1996）套用原 ISO 规定的 4 种并列的标准，即 1 200 毫米×800 毫米，1 200 毫米×1 000 毫米，1 219 毫米×1 016 毫米，1 140 毫米×1 140 毫米。GB/T2934—2007《联运通用平托盘主要尺寸及公差》作为新的国家标准，最终确定了 1 200 毫米×1 000 毫米和 1 100 毫米×1 100 毫米两种托盘规格，且特别注明 1 200 毫米×1 000 毫米为优先推荐规格。2007 年 10 月 11 日由国家标准化管理委员会发布，并于 2008 年 3 月 1 日正式实施。联运托盘标准的出台，将结束我国托盘行业混乱的局面，为托盘联营、循环，有力促进托盘租赁市场的健康发展起到推动作用。

四、托盘的使用

（一）托盘的选用

在托盘选用过程中，应综合考虑下列因素。

1. 货物属性及要求

托盘承载的货物具有腐蚀性或所承载的货物要求托盘有较高的清洁程度，就要选择耐腐蚀性强的塑料托盘，或者塑木复合托盘。许多国家对于进口货物使用的包装材料要求进行熏蒸杀虫处理，用于出口的托盘应尽量选择一次性的塑料托盘或简易的免熏蒸复合材料的托盘。

2．托盘的使用条件

（1）货架堆放的托盘。用于货架堆放的托盘应选择刚性强、不易变、动载较大的托盘，如钢制的托盘和木质较硬的硬杂木的木质托盘。如果托盘是用在立体库内的货架上，还要考虑托盘的结构是否适合码放在货架上。由于通常只能在两个方向从货架上叉取货物，用于货架上的托盘应尽可能选用四面进叉的托盘，这样便于叉车叉取货物，提高工作效率。这样的托盘一般选择"田"字形的结构。

（2）作为地铺板使用的托盘。如果托盘作为地铺板使用，即托盘装载货物以后不再移动，只是起到防潮防水的作用，可选择结构简单、成本较低的托盘，如简易的塑料托盘，但是应该注意托盘的净载量。

（3）堆垛的托盘。根据托盘装载货物以后是否要堆垛，决定选择单面的还是双面的托盘。单面托盘只有一个承载面不适合用于堆垛，否则易造成下层货物的损坏，因此转载货物后需要堆码的一定要尽量选择双面的托盘。

（4）用于运输、搬运、装卸的托盘。用于运输、搬运、装卸的托盘，要选择强度高、动载大的托盘。这一类托盘要反复使用，且要配合叉车使用，对托盘的强度要求较高，要求托盘的结构是"田"字形或者是"川"字形的。

3．托盘使用环境

（1）温度情况。不同的使用温度直接影响到托盘制造材料的选择，因为不同材料的托盘有其性能正常发挥的温度范围。例如，塑料托盘的使用温度就在-25℃～40℃。

（2）潮湿度。某些材料的托盘有较强的吸湿性，如木托盘就不能用于潮湿的环境，否则将直接影响使用寿命。

（3）清洁度。使用托盘时，要考虑使用环境对托盘的污染程度。污染程度高的环境一定要择耐污染、易于清洁的托盘，如塑料托盘、复合塑木托盘等。

4．托盘的通用性

选用托盘的尺寸也要考虑通用性，以利于流通过程中的标准化与通用化。

（二）托盘货物的装盘码垛方式

在托盘上放装同一形状的立体包装货物时，可采取各种交错咬合的办法码垛，以提高货垛的稳定性。从货物在托盘上堆码的行列配置来看，有如下四种基本堆积方式（图8-11）。

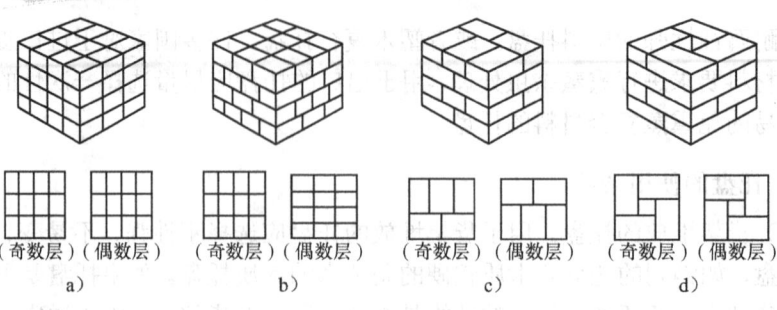

图 8-11 四种基本堆积方式
a) 重叠式 b) 纵横交错式 c) 正反交错式 d) 旋转交错式

1. 重叠式

重叠式即各层码放方式相同，上下对应。其优点是操作速度快，各层重叠之后，包装物四个角和边重叠垂直，能承受较大的荷重。其缺点是各层间缺少咬合作用，货垛稳定性差，易发生塌垛。一般情况下，重叠式码放需再配以各种紧固方式。

2. 纵横交错式

纵横交错式是指相邻两层货物摆放旋转 90°交叉堆码的方式。其层间有一定咬合效果，但咬合强度不高，如果配以托盘转向器，装完一层之后利用转向器将托盘旋转 90°，装盘操作劳动强度和重叠式相同。在正方形托盘一边长度为货物的长、宽尺寸的公倍数的情况下，可以采用这种堆码方式。

重叠式和层间纵横交错式都适合用自动装盘机进行装盘码垛。

3. 正反交错式

正反交错式是指同一层中不同列的货物以 90°垂直码放，而相邻层间旋转 180°进行堆码的方式。其不同层间咬合强度较高，相邻层间不重缝，货垛稳定性高，但操作较麻烦，且包装体间不是垂直互相承受载荷，下部货体易被压坏。

4. 旋转交错式

旋转交错式是一种风车型的码垛方式，在各层中改变货物的方向进行堆码，每层相邻的两个货体呈 90°角，上、下两层间的码放又相差 180°角。其优点是层间相互咬合强度大，托盘货物稳定性高，不易塌垛；缺点是码放难度大，中心有空隙，致使托盘的表面利用率低，降低了托盘装载能力。

（三）托盘货物的紧固

托盘货物常用的紧固方法有捆扎、黏合紧固、加框架紧固、网罩紧固、专用金属卡具固定、中间夹摩擦材料紧固、收缩薄膜紧固、拉伸薄膜紧固、平托盘周边垫高稳固等。

（1）捆扎。它是指用绳索、打包带等对托盘货体进行捆扎以保证货体稳定，在防止箱形货物（瓦楞纸箱、木箱）散垛时用得较多。捆扎的方法（图 8-12）有水平、对角和加卡箍等。这种方式存在着扎带部分能防止货物移动，未扎带部分容易发生货物脱出的缺点，且容易由于保管时多层货物的堆压以及输送中振动冲击而使带子变松，从而降低防止散垛的效果。

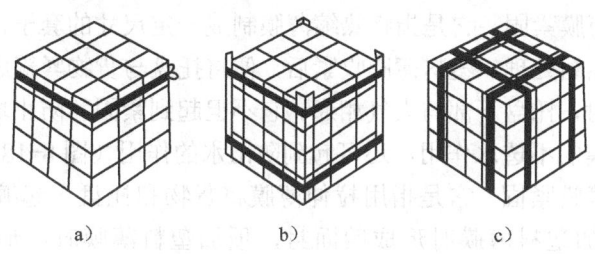

图 8-12 捆扎的方法
a）水平捆扎 b）对角捆扎 c）加卡箍

（2）黏合紧固。黏合的方法有两种：①在货垛层间用双面胶条黏结；②在下一层货箱上涂上胶水使上下货箱黏合（图 8-13）。

（3）加框架紧固。它是指将框架加在托盘货物相对的两面或四面上后进行捆扎，用于增大托盘货物的刚性和稳定性（图 8-14）。

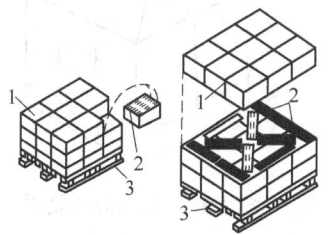
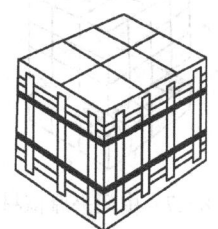

图 8-13 黏合的方法　　　　图 8-14 加框架紧固

（4）网罩紧固。它主要用于装有同类货物托盘的紧固，多见于航空运输，将航空专用托盘与网罩结合起来，就可达到紧固的目的（图 8-15）。

（5）专用金属卡具固定。它是指对某些托盘货物，在货体上部如能伸入专用金属夹卡，则可用专用夹卡将相邻的包装物卡住，以使每层货物通过金属卡具成为一整体，防止散垛（图 8-16）。

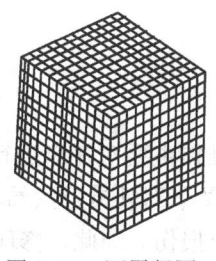
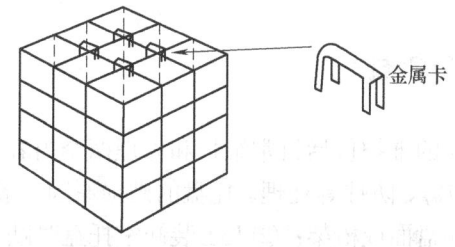

图 8-15 网罩紧固　　　　图 8-16 专用金属卡具固定

（6）中间夹摩擦材料紧固。它是指将具有防滑性的纸板、纸片或软塑料片夹在各层货体间，增大摩擦力，防止货体移动或冲击时托盘货物各层间的移位（图8-17）。

（7）收紧薄膜紧固。它是指将热缩薄膜制成一定尺寸的套子，套在托盘货垛上，然后进行热缩处理，塑料薄膜收紧后，便将托盘与货物紧箍成一体。这种紧固形式属五面封，托盘下部与大气相通。它不但起到紧固和防止塌垛的作用，而且由于塑料薄膜的不透水作用，还可起到防雨水的作用（图8-18）。

（8）拉伸薄膜紧固。它是指用拉伸薄膜将货物和托盘一起缠绕包裹形成集装件，顶部不加塑料薄膜时形成四面封，顶加塑料薄膜时，形成五面封（图8-19）。

（9）平托盘周边垫高紧固。它是指将平托盘四边稍稍垫高，托盘上所放货物会向中心靠拢，在物流中发生摇摆、振动时可防止层间滑动错位，防止货垛外倾，因而能起到稳固的作用（图8-20）。

图8-17　中间夹摩擦材料紧固

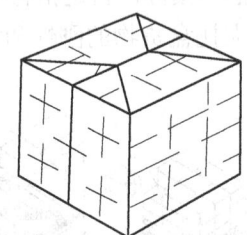

图8-18　收紧薄膜紧固

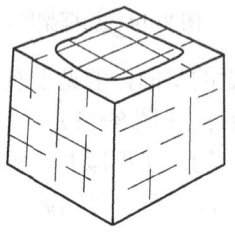

图8-19　拉伸薄膜紧固

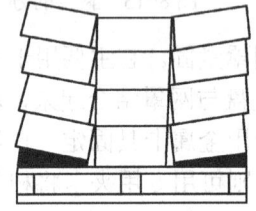

图8-20　平托盘周边垫高紧固

五、托盘的维护

托盘的维护包括日常维护和修理两个内容，日常维护主要对托盘进行清洁、防潮、防霉、防蛀等处理。托盘的破损原因一般有：①叉车驾驶员野蛮驾驶操作，货叉损伤盘面或桁架；②人工装卸空托盘时跌落而造成损伤。因此，修理托盘主要做的是盘面重钉修理。

模块八　集装单元化设备与应用

能力训练项目 3

集装箱运用案例

1989年5月16日成立的多特蒙德集装箱到发场有限责任公司（以下简称"公司"）是德国铁路一家私营公司，主要由多特蒙德港口（31.42%股份）、德国铁路货运公司（30%股份）、Rehnus Gruppe 公司（14.28%股份）、Eurogate 公司（10.72%股份）等公司组成。其中多特蒙德港口提供土地，德国铁路货运公司组织铁路班列。公司的地理位置颇具优势，可通过水运、铁路、公路将比利时、荷兰、卢森堡三国的港口和德国港口连接。

公司成立之初，共有员工24人，现场工人9人，其一是负责技术的组长，另外8人分为2组，分早、晚班工作。公司设有铁路分配部、运输分配部（包括前期任务分配、仓储、重载汽车分配部）、办公室和营销部。建立初期，公司没有先进的计算机系统支持现场操作，工人使用集装箱桥式门吊要对照很大的草图，经过确认后才能将需换装的集装箱放到集装箱换装场上合理放置，偶尔会发生错误换装。如今由于业务的扩大，集装箱换装场地由4.3万平方米扩大到9万平方米，换装能力也整体提高了1倍，同时使用了计算机系统操作，精确率得到很大提高。

公司的主要业务是集装箱的装卸、保管、出售和修理等，同时办理危险货物集装箱、冷藏集装箱、大型平托盘和特种集装箱的运输、换装与保管。

德国工人工资比较高，为节省劳动力，公司的人员基本都是一岗多能。现场的工人往往掌握起重机、叉车、重载汽车等多种机械的操作技能。办公室人员一般能够互相补充，工作可以互换，这得益于德国良好的培训方式。

公司没有生产集装箱的能力，但利用集装箱换装场的有利地势出售各种集装箱，根据顾客需要，及时将信息反馈给集装箱经营业务伙伴，通过中间差价获得盈利。公司也没有能力修理集装箱，但将部分场地出租给其他公司，由其他公司代替该公司修理集装箱。这样增加了公司的业务范围，提高了整体竞争能力。

在1989年组建之初，公司换装能力为3 500个集装箱，1990年换装能力为10 200个集装箱，1991年换装能力为26 000个集装箱，1994年换装能力为36 000个集装箱，2004年换装能力为60 000个集装箱。业务的不断增长得益于集装箱换装场的有利位置和该地区集装箱运量的增长，而该公司由于良好的经营和飞速的发展，被称为"多特蒙德港的珍珠"。

公司拥有9万平方米集装箱换装场，同时拥有多特蒙德威斯特豪因茨货物转运站的专用线。公司有4股到发线，其中3股均为300米长、1股为400米长。公司同时拥有多特蒙德港口的400多米长码头，该港口是属于多特蒙德至埃姆运河的一部分。公司的任务是：每周 5 次的从多特蒙德港口到不来梅和汉堡的"信天翁"铁路专列运输，Necoss 公司每周 4 次的铁路集装箱专列运输和每周 3 次的船运集装箱任务。

（资料来源：www.examda.com）

▸ 讨论

1. 分析集装箱对运输的影响。
2. 简述集装箱工作流程。
3. 德国公司的运作对我国集装箱业务发展有什么启示？

理论环节 3

集　装　箱

一、集装箱的定义

集装箱是指具有一定强度、刚度和规格专供周转使用的大型装货容器。使用集装箱转运货物可直接在发货人的仓库装货，运到收货人的仓库卸货，中途更换车、船时，无须将货物从箱内取出换装。

集装箱是一种运输设备，应具备下述功能。

（1）具有足够的强度，能长期反复使用。

（2）以箱为整体进行物流。集装箱适宜于一种或多种运输方式运送，途中转运时箱中货物无需倒装、换装。箱内货物只在起点和终点进行逐个处置。

（3）具有快速搬运和装卸的装置，便于物流过程中以集装箱为一体进行运输方式的转换。

（4）对内装货物有较强的防护、保护功能。

（5）设计时注意到便于货物装满和卸空。

（6）箱内净空在 1 立方米以上。

二、集装箱的种类

（一）按箱内适装货物分类

1．通用干货集装箱

通用干货集装箱（图 8-21）也被称为杂货集装箱，是一种具有集装箱的基本结构，但不需调控温度，内部也不装其他特殊设备的适用于一般杂货的封闭集装箱。其箱门设于一端或侧面，是使用最广、数量最大的一类集装箱。

模块八 集装单元化设备与应用

2．散货集装箱

散货集装箱（图 8-22）是一种密闭式集装箱，有玻璃钢制和钢制两种。前者由于侧壁强度较大，故一般装载麦芽和化学品等相对密度较大的散货；后者则用于装载相对密度较小的谷物。散货集装箱顶部的装货口应设水密性良好的盖，以防雨水侵入箱内。

3．专用集装箱

专用集装箱具有集装箱的基本结构，但为满足不同专业领域的特殊需求，装有专用设备或特殊构造的集装箱。它还可进一步分为以下几种。

（1）保温集装箱。它是能进行适度温度控制的集装箱，其内部有温度控制设备，如制冷机等，为适应保温需要，集装箱体采用隔热保温材料或隔热保温结构。保温集装箱又分冷藏集装箱（图 8-23）、低温恒温集装箱及隔热集装箱（图 8-24）三类。

图 8-21 通用干货集装箱

图 8-22 散货集装箱

图 8-23 冷藏集装箱

图 8-24 隔热集装箱

（2）通风集装箱（图 8-25）。它是一种具有空气调节能力的集装箱，内设通风装置（如排风扇等），或在集装箱上装设通风孔、通风栅栏，甚至箱壁采用金属网等通风材料制造。它主要用于动、植物装运，也在需要满足动、植物呼吸，保持空气更新的场合下采用。

（3）罐式集装箱（图 8-26）。它是能装运各种液体、气体及部分颗粒体的特殊形状的集装箱。

图 8-25 通风集装箱

（4）动物集装箱（图8-27）。它是一种专用的以装运活动物（如牛、羊、猪、马匹等）为主要功能的集装箱。

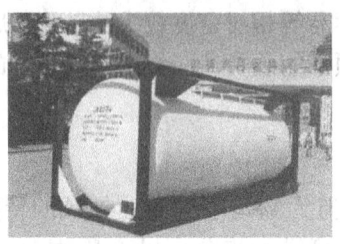

图8-26 罐式集装箱

图8-27 动物集装箱

（5）平板玻璃专用集装箱。它是指专门用于装运建筑用、设备用平板玻璃的集装箱，在箱内设有立放、固定和稳定平板玻璃的支架。用其装运平板玻璃可省去平板玻璃的一般包装，箱的密封效果及防护效果比一般包装强得多，可减少平板玻璃在物流过程中的破碎损失及受潮变质损失。

（6）车辆集装箱。它是一种运输车辆的专用集装箱。其特点是在箱的框架安有简易箱底，无侧壁，其高度与车辆相一致，可载运一层或两层。

（7）机械及部件专用集装箱。它是用于专门装运某种机械部件的专用集装箱。根据装运的机械部件不同，内部有不同的支撑、支护、防护、分隔设备。现在投入使用的有发动机集装箱、纺织机械零件集装箱、煤矿机械零件集装箱、液压件专用集装箱等，一般都是小型非通用集装箱。

（8）铝、铜及贵重金属专用集装箱。铝、铜等金属较为贵重，且其板材规格型号很多，难以用其他方式集装。用集装箱装运上述金属，箱内设不同尺寸的隔板，可装运多种尺寸的材料。由于箱的封闭安全性很高，可防止贵重金属材料的丢失。

（二）按运输方式分类

1．联运集装箱

联运集装箱（图8-28）是能满足物流系统多种运输形式，并在转运节点能进行快速转运，不需要对箱内装运物重组的集装箱。一般而言，这种集装箱需满足国际联运要求，主要指符合国际标准（ISO标准）的国际海上运输大型集装箱，尤其是指20英尺（6058毫米）和40英尺（12192毫米）这两种标准箱。

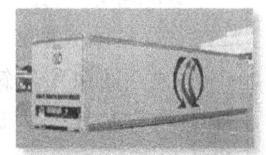

图8-28 联运集装箱

2．海运集装箱

海运集装箱和国际联运集装箱是相同的，因为国际集装箱运输以海运为联运的核心。

模块八 集装单元化设备与应用

3．铁道集装箱

铁道集装箱（图 8-29）是铁道系统为适应货车运输要求和小范围铁—水、铁—陆联运而具有一定专用性的集装箱。一般的铁道集装箱尺寸及吨位均小于国际联运集装箱。我国铁道集装箱主要有 1 吨、5 吨、6 吨、10 吨等几种。

4．空运集装箱

空运集装箱（图 8-30）是适合于航空货运及航空行李托运用的集装箱。即使是同一飞机用的集装箱，在机腹不同位置，箱的形状尺寸也不同，一架飞机需若干集装箱相配套，才能保证飞机的有效装运。

图 8-29　铁道集装箱

图 8-30　空运集装箱

（三）按制造材料分类

1．铝合金集装箱

它是由铝合金和板材构成的集装箱，其特点是重量轻，箱体尺寸不大，但造价高。它在航空集装箱领域中使用较多。

2．钢质集装箱

它是用钢材制成的集装箱，其优点是强度大、价格低，但重量大，防腐蚀性比较差。钢质集装箱目前被广泛采用。

3．玻璃钢集装箱

它是用玻璃纤维和合成树脂混合在一起制成薄薄的加强塑料，用黏合剂粘在胶合板的表面上形成玻璃钢板而制成的集装箱（图 8-31）。它具有隔热性好、易清扫等特点。

图 8-31　玻璃钢集装箱

4．不锈钢集装箱

它与钢质集装箱相比，重量轻、防腐蚀性能高。

（四）按箱体构造分类

1．开顶集装箱

开顶集装箱（图 8-32）也被称为敞顶集装箱，是一种没有刚性箱顶的集装箱，它的箱顶及侧壁上面的一部分可以打开，货物能从上面装卸。为了保持开口部分的水密性，用帆布覆盖，其他的构件与干货集装箱类似。这种集装箱适于装载大型货物和重货，如钢铁、木材，特别是像玻璃板等易碎的重货。

图 8-32　开顶集装箱

2．台架式集装箱和平台式集装箱

台架式集装箱（图 8-33）没有箱顶和侧壁，甚至连端壁也没有而只有底板和四个角柱。平台式集装箱（图 8-34）是在台架式集装箱上再简化而只保留底板的一种特殊结构的集装箱。此类集装箱可以利用各种机械从前、后、左、右及上方进行装卸作业。

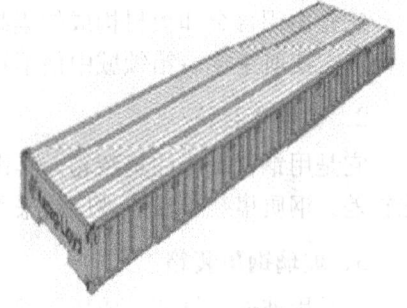

图 8-33　台架式集装箱　　　　　图 8-34　平台式集装箱

3．抽屉集装箱

抽屉集装箱箱内由一定尺寸的抽屉组成，打开箱门后便可抽出抽屉装取货物，一般是小型集装箱。它主要用于装卸仪器、仪表、武器、弹药及贵重物品。

4．隔板集装箱

它是一种箱内有若干隔板分隔的集装箱。隔板可组合拆卸拼装，适用于装运需分隔的物品。隔板集装箱按开门位置不同还可分为侧开门、前开门、前后双开门及顶开门四种形式。

三、集装箱的标准

集装箱标准对集装箱的发展有非常重要的作用,在整个物流系统中也有着重要地位。集装箱的标准不仅与集装箱本身有关,也与各运输设备、各装卸机具,甚至与车站、码头、仓库的设施都有关。为有效开展国际集装箱多式联运,必须强化集装箱标准化,进一步做好集装箱标准化工作。

目前集装箱标准按使用范围分为国际标准、国家标准、地区标准和公司标准四种。

1. 国际标准集装箱

国际标准集装箱是指根据国际标准化组织第104技术委员会制定的国际标准类建造和使用的国际通用的标准集装箱。国际标准化组织 ISO/TC104 技术委员会自 1961 年成立以来,对集装箱国际标准作过多次补充,增减和修改现行的国际标准为第 1 系列共 13 种,其宽度为 2 438 毫米(8 英尺),长度有 12 192 毫米(40 英尺)、91 258 毫米(30 英尺)、6 058 毫米(20 英尺)和 2 991 毫米(10 英尺)4 种,高度有 2 896 毫米(9 英尺 6 英寸)、2 591 毫米(8 英尺 6 英寸)、2 438 毫米(8 英尺)和小于 2 438 毫米 4 种,第一系列集装箱外形尺寸见表 8-1。

表 8-1 第一系列集装箱外形尺寸

箱 型	高	宽	长
1A	8 英尺	8 英尺	40 英尺
1AA	8 英尺 6 英寸	8 英尺	40 英尺
1AAA	9 英尺 6 英寸	8 英尺	40 英尺
1AX	<8 英尺	8 英尺	40 英尺
1B	8 英尺	8 英尺	30 英尺
1BB	8 英尺 6 英寸	8 英尺	30 英尺
1BBB	9 英尺 6 英寸	8 英尺	30 英尺
1BX	<8 英尺	8 英尺	30 英尺
1C	8 英尺	8 英尺	20 英尺
1CC	8 英尺 6 英寸	8 英尺	20 英尺
1CX	<8 英尺	8 英尺	20 英尺
1D	8 英尺	8 英尺	10 英尺
1DX	<8 英尺	8 英尺	10 英尺

由于在火车、货车的同一车皮、堆场的同一箱位、可装载(堆存)一个 40 英尺集装箱的位置,必须可同时装载(堆存)两个 20 英尺集装箱或一个 30 英尺与一个 10 英尺集装箱,所以,实际上除了 40 英尺集装箱的长度允许正好为 40 英尺外,30 英尺、20 英尺、10 英尺的集装箱,其长度均必须小于其公称长度。

国际标准规定：其长度之间的间距，必须为 3 英寸（76 毫米）。其长度尺寸关系如图 8-35 所示。

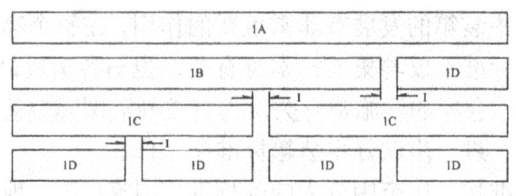

图 8-35　集装箱长度尺寸关系

不同箱型尺寸（其中间距 I 为 76 毫米）的换算关系为

$$1A=40 \text{ 英尺}=12\,192（毫米）$$
$$1B=1D+I+1D+I+1D=3\times2\,991+2\times76=9\,125（毫米）$$
$$1C=1D+I+1D=2\times2\,991+76=6\,058（毫米）$$

2．国家标准集装箱

国家标准集装箱是指各国政府参照国际标准并考虑本国的具体情况制定的本国集装箱标准。我国现行国家标准《集装箱外部尺寸和额定质量》（GB1413—1988）中，明确地规定了集装箱各种型号的外部尺寸，极限偏差及额定质量。

我国国内集装箱标准：1978 年国家标准局颁发的《货物集装箱外部尺寸和重量系列》（GB1416—1978）中规定：我国集装箱的重量系列用 5 吨、10 吨、20 吨、30 吨四种。相应的型号为 5D、10D、1CC、1AA。5 吨和 10 吨集装箱主要用于国内运输；20 吨（1CC）和 30 吨（1AA）主要用于国际运输。

3．地区标准集装箱

地区标准集装箱是由地区组织根据该地区的特殊情况制定的，根据此类标准建造的集装箱仅适用于该地区，如根据欧洲国际铁路联盟（VIC）所制定的集装箱标准而建造的集装箱。

4．公司标准集装箱

公司标准集装箱是某些大型集装箱船舶公司根据本公司的具体情况和条件而制定的公司标准集装箱，主要在该公司运输范围内使用，如美国海陆公司的 35 英尺（10 668 毫米）集装箱。目前世界上还有不少非标准集装箱，但 20 英尺（6 058 毫米）集装箱总重达 24 吨的越来越多，且受到普遍欢迎。

四、集装箱使用管理

（一）集装箱的选择

在进行集装箱货物装箱前要选择合适的集装箱，首先应根据所运输的货物种类、包装、性质和其运输要求，选择合适的集装箱。所选择集装箱应符合以下基本条件：①符合 ISO 标准；②四柱、六面、八角完好无损；③箱子各焊接部位牢固；④箱子内部清洁、干燥、无味、无尘；⑤不漏水、不漏光；⑥具有合格检验证书。

选用集装箱时，应根据货物的不同种类、性质、形状、包装、体积、重量，以及运输要求采用合适的集装箱：首先，要考虑的是货物是否装得下；其次，再考虑在经济上是否合理，还要考虑其与货物所要求的运输条件是否符合；最后，还应根据货物的情况以及航线上所经港口的条件和运输路线的环境来决定。

（二）集装箱的检查

集装箱在装载货物之前必须经过严格检查。有缺陷的集装箱，轻则导致货损，重则在运输、装卸过程中造成箱毁人亡事故。所以对集装箱的检查是货物安全运输的基本条件之一。发货人、承运人、收货人以及其他关系人在相互交接时，除对集装箱进行检查外，则应以设备交接单等书面形式确认集装箱交接时的状态。货运代理人亲自办理集装箱检查时，通常对集装箱的检查应做到以下几点。

（1）外部检查。它是指对集装箱进行六面察看，外部是否有损伤、变形、破口等异样情况，如有即作出修理部位的标志。

（2）内部检查。它是指对集装箱的内侧进行六面察看，是否漏水、漏光、有无污点、水迹等。

（3）箱门检查。它是指检查门的四周是否水密，门锁是否完整，箱门能否270°开启。

（4）清洁检查。它是指检查集装箱内有无残留物、污染、锈蚀异味、水湿，如不符合要求，应予以清扫、甚至更换。

（5）附属件的检查。附属件的检查即对货物的加固环节，如板架式集装箱的支援、平板集装箱、敞篷集装箱上部延伸用加强结构等状态的检查。

如果货运代理人无法亲自对集装箱进行检查，则应该告知集卡车队及集卡驾驶员有关对集装箱检查的要求。

（三）集装箱的装箱

货物装箱的一般方法随着集装箱运输的不断发展，不同种类、不同性质、不同包装的货物都有可能装入集装箱内进行运输。同时，从事集装箱运输的管理人员以及操作人员不断增多，为确保货运质量的安全，做好箱内货物的积载工作是很重要的。许多货损事故的发生都是装箱不当造成的。货物在集装箱内的堆装、紧固等工作看起来比较简单，但由于集装箱货物在整个运输过程中可能涉及多种运输方式，特别是海上运输区段风险更大，货损事故难免发生。货物在箱内由于积载、装箱不当不仅会造成货损，还会给运输及装卸机械等设备造成损坏，甚至人身伤亡。

货物在装入集装箱内时应注意的事项有以下几点。

（1）在不同件杂货混装在同一箱内时，应根据货物的性质、重量、外包装的强度、货物的特性等情况，将货区分开。将包装牢固、重件货装在箱子底部，包装不牢、轻货则装在箱子上部。

（2）货物在箱内的重量分布应均衡。如集装箱某一部位装载的负荷过重，则有可能使集装箱底部结构发生弯曲或脱开的危险。在吊机和其他机械作业时，集装箱会发生倾斜，致使作业不能进行。此外，在陆上运输时，如存在上述情况，拖车前后轮的负荷因差异过大，也会在行驶中发生故障。

（3）在进行货物堆码时，则应根据货物的包装强度，决定货物的堆码层数。另外，为使箱内下层货物不致被压坏，应在货物堆码之间垫入缓冲材料。

（4）货物与货物之间，也应加隔板或隔垫材料，避免货物相互擦伤、沾湿、污损。

（5）货物的装载要严密整齐，货物之间不应留有空隙，这样不仅可充分利用箱内容积，也可防止货物相互碰撞而造成损坏。

（6）在目的地倒箱时，由于对靠箱口附近的货物没有采取紧固措施，易发生货物倒塌，造成货物损坏和人身伤亡的事故。因此在装箱完毕，关箱前应采取措施，防止箱口附近货物的倒塌。

（7）应使用清洁、干燥的垫料（胶合板、草席、缓冲器材、隔垫板），使用潮湿的垫料容易发生货损事故。

（8）应根据货物的不同种类、性质、包装，选用不同规格的集装箱，选用的集装箱应符合国际标准，经过严格的检查，并具有检验部门发给的合格证书。

（四）集装箱的管理

为能随时掌握和控制集装箱使用的各种状态，企业广泛采用高效率的集装箱管理信息系统进行集装箱的管理。集装箱管理信息系统是用来对集装箱的自动识别，将集装箱运输中的相关信息记录到箱体的集装箱电子标签中，使集装箱成为集装箱运输信息的载体，实现对运输过程中的集装箱货物状态和运输信息的有效监控和实时管理。集装箱管理信息系统主要有集装箱编目控制系统、集装箱电子封条监管系统以及集装箱自动识别系统。

1．集装箱编目控制系统

它是将有关集装箱的固定特征，如箱号、箱类、箱型、尺寸、购（租）箱、地点、日期等资料事先储存在计算机中。

2．集装箱电子封条监管系统

它是在设备的外部和内部均使用或加装多个射频自动识别产品，包括一张电子封条（即电子标签），一张传感器封条，这些标签可以贴在运输货物的集装箱上。

3. 集装箱自动识别系统

它是信息网络的基础，在诸多的标准化信息中，如代码、报文、单证、通信、安全保密等，只有实现箱体自动识别系统的标准统一，才能使单证标准化。

自动识别系统有以下几种主要形式。

（1）电视识别系统。电视识别系统利用安装在线路或道路旁的摄影设备，传送车辆、集装箱的车号和箱号等数据信息，用人工方式或自动方式把它记录下来。这种装置误读率高，可靠性和精确度都很低，采用的国家不多。

（2）条码识别系统。条码识别系统通过光学识别系统对条码进行识别。这一新的科技成果已被广泛运用，用激光枪识读铜箔、银箔制成的金属条码，识读距离可达 5 米。金属条码耐腐蚀、耐高温、耐低温，抗风、雨、雪和日晒，可适应温度范围大。它能在户外环境下长期使用，能广泛运用于自动控制、检测自动化管理等领域。其主要缺点是抗污性能差，受油污、沙尘等侵蚀需经常擦洗，识读的可靠性达不到 ISO10374 国际标准规定的 99.99%。

（3）微波反射系统。在国际上，从 20 世纪 80 年代开始开发使用微波反射调制式技术进行识别。它不受雨、雪、雾和噪声、振动等的影响，抗污染性强，已被世界各国广泛运用在车辆和集装箱等自动识别系统上。

阅读材料

其他集装方式

除了集装箱、托盘这两种应用面广，适用种类多的主要集装方式外，还有若干对某些货物、在某些领域能发挥特殊作用的集装方式，如滑板、集装袋、集装网络、罐体集装和货捆等，下面作简单介绍。

1. 滑板

滑板又称薄板托盘的滑片，是托盘的一种变形体。其结构只是一片无支撑的薄板，也是可使叉车的钢叉沿滑板滑动插入板底。在不伤毁其他货物的情况下，对滑板连同滑板上的货物一起进行装卸操作。滑板和托盘相比，由于减少了一个盘面和纵梁、垫块，所以无效操作更少。与滑板相匹配，需要有带钳口的推拉器的叉车。取货时先用推拉器的钳口夹住滑板的壁板，将叉向前伸，并同时将滑板货体拉到叉上，卸货时先对好位，然后启用推拉器将滑板货体推出，使货体就位。滑板集装的最大缺点是对叉车有特殊要求，影响叉车的通用性，且叉车附件造价高。另外，对操作人员的操作要求也较高，操作难度大。

2. 集装袋

集装袋是一种袋式集装容器。它的主要特点是柔软、可折叠、自重轻、密闭隔绝性强。集装袋的制作材料是高强度纺织材料。为保护基材，提高强度，加强密封性能，在表面涂以橡胶或塑料复合而成。集装袋主要的基本材料是聚丙烯纺织材料，也采用天然纤维帆布材料，表面涂覆材料有 EVA 塑料、乳胶、聚丙烯及聚氯乙烯等。采用集装袋，可利于粉粒体、液体等难于处理的物品的物流，而且可提高装卸效率，降低费用和减少物流损失，由于集装袋本身又可折曲，所以与同样用途的金属容器相比，易于整个物流过程的处理，在返空、清洗、存放方面更有优势。

集装袋有以下种类：

（1）按集装袋形状，集装袋可分为圆筒形和方形两种，一般以圆筒形居多。

（2）按适装物品形状，集装袋可分为粉粒体集装袋和液体集装袋两种。两种集装袋在构造及材质上均有区别。

（3）按吊带设置方式，集装袋有顶部吊带、底部托带和无吊带三种。顶部吊带在顶部袋口处，底部托带是指4根吊带从底部托起，从上部吊运。顶部吊带集装袋、底部托带集装袋在装卸时可叉可吊。无吊带集装袋只能依靠叉车装卸。

（4）按装卸料方式，集装袋可分为上部装料下部卸料两个口和上部装料并卸料一个口两种。

（5）按集装袋的材质，集装袋可分为聚丙烯和聚乙烯两种。

3．集装网络

集装网络是用高强纤维材料制成的集装工具。集装网络比集装袋更轻，因而运输中的无效运输更少，网络价格较低，节省集装费用。集装网络主要装运有包装货物和无包装的块状货物，每网络通常一次装运 500～1 500 千克，在装卸中采取吊装方式。集装网络的缺点主要是对货物防护能力差，因而应用范围有较大限制。

4．罐体集装

罐体集装和罐式集装箱类似，但不属于集装箱系统。而单独构成专用系列，其集装能力有时超过罐式集装箱。这种集装方式有两个典型的代表体系：①水泥集装；②石油、燃料油集装。

5．货捆

货捆是依靠捆扎将货物组合成大单元的集装方式。许多条形及柱形货物是强度比较高的，无须防护的材料，如钢材、木材，各种棒、柱建材，还有能进行捆扎组合的铝锭、其他金属锭等，采用两端捆扎或四周捆扎的方式，可以组合成各种各样的捆装整体。

小　　结

本模块主要介绍集装单元化系统里面的两大支柱：托盘和集装箱。介绍了托盘的概念、特点、分类，以及托盘的标准；介绍了集装箱的概念、特点、根据不

模块八　集装单元化设备与应用

同标准进行的分类,以及国际、国家关于集装箱的标准。通过实训环节培养学生对托盘与集装箱的选择与应用的能力。

核心知识点

集装单元化、集装箱、托盘、托盘标准、集装箱标准

复 习 题

1．名词解释:(1)托盘;(2)集装箱。
2．集装单元化的优越性有哪些?
3．集装单元化系统管理的主要内容有哪些?
4．简述集装箱的特点以及分类。
5．集装箱作为一种物流设备,应该具备哪些功能?
6．简述集装箱、托盘的应用场合。

实 践 题

托盘堆垛比赛

1．实践目的

(1)掌握托盘堆垛的基本方法。
(2)学会托盘应用的评价方法。

2．实践内容

(1)不同规格箱子在同一托盘上采用不同堆垛方法的效果。
(2)不同规格的托盘对同一种箱子堆垛作业的影响。

3．实践器材

不同规格的托盘各一个,不同规格的纸箱若干。

4．实践步骤

(1)以小组为单位,每一小组均要完成所有的堆垛作业。
(2)各小组先确定工作任务,抽签决定采用各种堆垛方法的作业顺序。
(3)由专业老师或各小组派一名同学做评委,依次对各小组的作业情况进行打分。

5．实践报告

课后各小组总结出利用不同方式进行堆垛对托盘利用率及稳定性的影响,分析箱子尺寸对堆垛效果的影响,并写出实践报告。

模块九 物流信息技术设备与应用

能力目标

物流信息技术设备应用的初步能力

知识目标

1. 了解条码及条码设备的基础知识
2. 了解 RFID 以及射频识别技术在物流中的应用
3. 了解 GPS 系统的组成及 GPS 在物流领域中的应用
4. 了解 GIS 的现状和 GIS/GPS 的应用
5. 初步了解物流领域的各种信息技术及相关设备；掌握条码设备、射频设备、GPS、GIS 系统设备的基本使用方法

能力训练项目 1

条码技术在邮政车厢作业中的应用案例

条码技术在现代物流系统中被广泛采用，在发达国家已被广泛应用于商业仓储、交通运输、生产控制过程、金融、海关、邮政、医疗卫生、票证管理、质量跟踪等领域；在我国，条码技术也被广泛普及应用到商品流通领域，而且不断拓展在物流及生产控制过程等方面的应用。

邮政行业拥有全国最大的物流配送网络，接触、应用条码技术较早，但应用的范围较小，目前仅限于根据邮件的登单作业以及特快专递查询反馈系统，大部分邮件的作业流程还没有真正条码化管理，仍处于手工作业阶段，工作效率低、劳动强度大、出错概率高。条码技术的总体应用水平不仅落后于国外邮政发达国家，甚至落后于国内铁运、民航及一些物流配送企业。特别是火车邮厢总包点数、分堆作业仍完全是手工作业。随着铁路部门客车大面积提速，站停时间越来越短，

模块九 物流信息技术设备与应用

而邮件总包量又呈增长趋势，往往造成邮件装不完、卸不尽，延误邮件传递，对社会效益和企业效益带来负面影响。

根据现时邮件在火车车厢的运作状况，火车转运车厢采用的是接收地面中心局交来的总包后，对接收总包进行点数交接，人工录入或通过软盘接收路单信息。但由于存在火车停站时间较短及考虑到数据传送的稳定性与可行性，这种做法已越来越不适应。应采用条码自动识别技术，在火车车厢门口装配全方位扫描装置以解决邮袋总包信息识别和自动输入问题。

邮局收寄邮件，经粗分、细分（不含直封）后，装入邮袋，在每袋袋牌上使用含有128码及PDF417条码的标签，标签由条码打印机按邮政行业要求的格式在各营业窗口（直封邮袋）或分拣封发部门进行现场打印。出口总包经过自动分拣后按铁路沿线到达地点的顺序生成路单。总包上火车时，装有全方位条码扫描装置对总包上的条码信息进行快速自动识别，生成总包交接清单。邮袋装车完成后，总包信息经扫描设备传到计算机系统，利用车厢配置的微型打印机打印生产路单。根据路单按顺序分堆，以利于沿途下车。到站后，地面工作人员利用带红外传输的识别设备，与车上的识别设备进行对接传输，把数据传送到地面站。然后利用扫描器逐袋扫描，进行自动勾、挑、核、对，实现作业流程的条码管理自动化。

通过利用条码识别技术实现火车邮件处理信息的自动化，可以实现车上与地面站的双向数据自动传递，代替原有的手工操作，不仅可提高生产效率，而且出错率也会大幅下降，将会带来显著的经济效益和社会效益，增强邮政的竞争力。

（资料来源：http://www.vlan9.com/cio/182/w134395.html）

讨论
1. 说说你所了解的条码技术。
2. 条码技术在邮政作业中带来了哪些效果？

理论环节1

条码技术设备

条码技术是在计算机技术和信息技术的基础上发展起来的一门实用的数据采集及自动输入技术，是物流信息管理系统的一部分。从系统的角度看，条码技术涉及编码技术、通信技术、光电传感技术、印刷技术及计算机应用技术。由于条码技术具有成本低、识别快速、准确、操作简单、出错率低等优点，在现代物流信息的形成和传输过程中，条码技术起着重要的支撑作用，在现代物流系统中被广泛采用。应用条码的主要目的是为了及时而准确地获取信息。通过及时掌握准确的物流信息，实现对客户的需求作出快速响应，从而最大限度地占有市场份额。通过条码获取货品的信息比人工抄写或键盘输入速度快且准确率高,加快了货品的流通速度,减少配送过程中的差错。当今,在欧美等发达国家兴起的有效客户反应(ECR)、快速响应(QR)、自动连续补货等供应链管理决策,都离不开条码的应用。条码是实现销售时点(POS)系统、电子数据交换(EDI)、电子商务、供应链管理的技术基础,是物流管理现代化、提高物流企业管理水平和竞争能力的重要技术手段。

(一)条码基本知识

条码是将宽度不等的多个黑条和空白,按照一定的编码规则排列,用以表达一组信息的图形标志符。常见的条码是由反射率相差很大的黑条(简称条)和白条(简称空)排成的平行线图案。

在20世纪40年代,美国乔·伍德兰德(Joe Wood Land)和伯尼·西尔沃(Berny Silver)两位工程师就开始研究用代码表示食品项目及相应的自动识别设备,但条码得到实际应用和发展是在20世纪70年代左右。现在条码技术已普遍使用,且正快速向世界各地推广,条码可以标出物品的生产国、制造厂家、商品名称、生产日期、图书分类号、邮件起止地点、类别、日期等许多信息,因而在商品流通、图书管理、邮政管理、银行系统等许多领域都得到了广泛应用。

条码技术是在计算机应用和实践中产生并发展起来的,把计算机所需要的数据用一种条码来表示,并将条码符号所表示的数据转变成计算机可以自动采集的数据的技术。它主要包括条码编码规则、条码技术标准、条码扫描与译码技术、条码印刷与检测技术,涉及数据通信技术、计算机技术、光电技术等。为阅读条码符号所包含的信息,需要有扫描装置和译码装置。当扫描器扫描条码符号时,根据光的反射和光电转换,条和空的宽度变成电流波,被译码器译码后转换成计算机可读的数据。

一个完整的条码符号由两侧的静区、起始字符、数据字符、校验字符(可选)和终止字符组成(图9-1)。静区没有任何印刷符或条码信息,通常是白色的,位于条码符号两侧,其作用是提示阅读器准备扫描条码符号。起始字符是条码符号的第一位字符,其特殊条空结构用于识别一个条码符号的开始,阅读器首先确认此字符的存在,进而处理由扫描器获得的一系列脉冲。数据字符位于起始字符的后面,是条码包含的数据。终止字符是条码符号的最后一位符号,其特殊条空结构用于识别一个条码符号的结束,其作用是通知阅读器条码符号扫描完毕,有校验位时终止字符还指示阅读器对数据字符进行计算。

起始字符和终止字符的条、空结构通常是不对称的二进制序列,此非对称性允许扫描器对条码双向扫描,当反向扫描时,阅读器会自动重排,然后进行校验计算。校验字符是通过对数据字符进行一种算术运算而确定的。

模块九　物流信息技术设备与应用

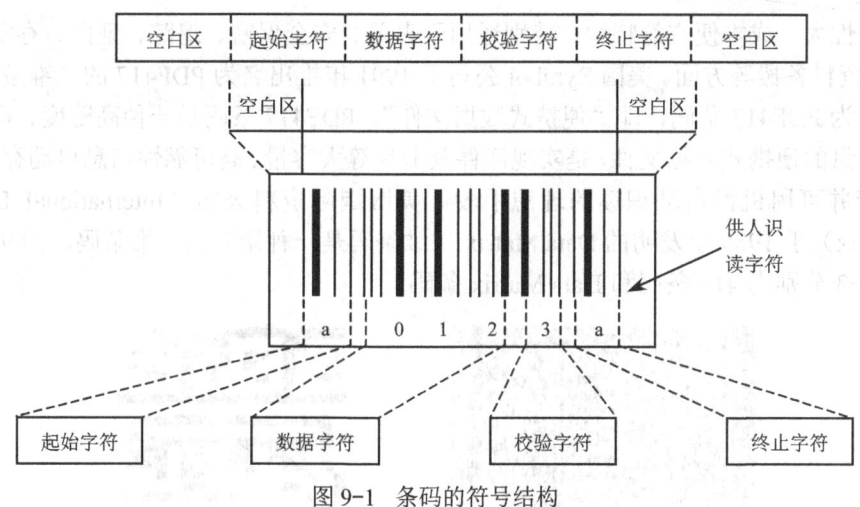

图 9-1　条码的符号结构

条码是迄今为止最经济、实用的一种自动识别技术。条码技术具有以下几个方面的优点：

（1）输入速度快。条码输入的速度是键盘输入的 5 倍，并且能实现"即时数据输入"。

（2）可靠性高。键盘输入数据出错率为三百分之一，利用光学字符识别技术出错率为万分之一，而采用条码技术误码率低于百万分之一。

（3）采集信息量大。利用传统的一维条码一次可采集几十位字符的信息，二维条码更可以携带数千个字符的信息，并有一定的自动纠错能力。

（4）灵活实用。条码标志既可以作为一种识别手段单独使用，也可以和有关识别设备组成一个系统实现自动化识别，还可和其他控制设备联接起来实现自动化管理。另外，条码标签易于制作，对设备和材料没有特殊要求，识别设备操作容易，不需特殊培训，设备也相对便宜。

1. 条码的分类

根据不同的分类标准，条码可以分为不同的种类。

（1）按维数分类。条码按维数不同，可分为一维条码、二维条码和多维条码。

1）一维条码（传统条码）。世界上约有 225 种以上的一维条码，每种一维条码都有自己的一套编码规则，其按照应用可分为商品条码和物流条码。此外，书籍和期刊也有国际统一的编码，称为 ISBN（国际标准书号）和 ISSN（国际标准丛刊号）。普通的一维条码问世后很快得到普及并广泛应用，但由于一维条码的信息容量很小，如商品上的条码仅能容 13 位的阿拉伯数字，更多的描述商品的信息只能依赖预先建立的数据库的支持，因而应用范围受到一定限制。

2）二维条码。二维条码具有储存量大、保密性高、追踪性高、抗损性强、备援性大、成本便宜等特性，特别适用于表单、安全保密、追踪、证照、存货盘点、资料备援等方面。美国 Symbol 公司于 1991 年推出名为 PDF417 的二维条码，简称为 PDF417 条码，即"便携式数据文件"。PDF417 条码是一种高密度、高信息含量的便携式数据文件，是实现证件及卡片等大容量、高可靠性信息自动存储、携带并可用机器自动识读的理想手段。美国国际资料公司（International Data Matrix）于 1989 年发明的 Data Matrix 二维条码是一种矩阵式二维条码。图 9-2、图 9-3 分别为 417 条码和 Data Matrix 条码。

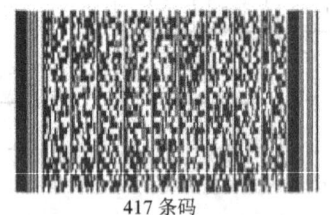

图 9-2　417 条码

图 9-3　Data Matrix 条码

二维条码的按编码原理可分为三种类型：①线性堆叠式二维码是在一维条码编码原理的基础上将多个一维码在纵向堆叠而产生的，有 Code 16K、Code 49、PDF417 等；②矩阵式二维码是在一个矩形空间通过黑、白像素在矩阵中的不同分布进行编码，有 Aztec、Maxi Code、QR Code、Data Matrix 等；③邮政码通过不同长度的条进行编码，主要用于邮件编码，如 Postnet、BPO 4-State。

二维条码常用的码制有：Data Matrix, Maxi Code, Aztec, QR Code, Vericode, PDF417, Ultracode, Code 49, Code 16K 等，其中：Data Matrix 主要用于电子行业小零件的标志；Maxi Code 是由美国联合包裹服务（UPS）公司研制的，用于包裹的分拣和跟踪；Aztec 由美国韦林（Welch Allyn）公司推出，最多可容纳 3 832 个数字或 3 067 个字母字符或 1 914 个字节的数据。

3）多维条码。信息密度是描述条码符号的一个重要参考数据，多维条码可以记录比以往条码更加丰富的信息，应用前景十分广阔。

（2）按使用的目的分类。条码按使用的目的不同，可分为商品条码和物流条码。

1）商品条码是以直接向消费者销售的商品为对象，以单个商品为单位使用的条码。它由 13 位数字组成，如图 9-4 所示。商品条码包括 EAN 码和 UPC 码，其中 EAN 码是国际通用的符号体系，是一种长度固定、无含义的条码，所表达的信息全部为数字，主要应用于商品标志。

图 9-4　商品条码

商品条码工作是一项集行政管理、监督管理和技术管理于一体的综合性管理工作。国家质量监督检验检疫总局是全国商品条码工作的主管部门。中国物品编码中心及其分支机构设立了条码质量监督检验站,专门负责对商品条码质量的检验工作。

2)物流条码是物流过程中以商品为对象,以集合包装商品为单位使用的条码。标准物流条码由 14 位数字组成,除了第一位数字以外,其余 13 位数字代表的含义与商品条码相同。物流条码包括 128 码、ITF 码、39 码、库德巴(Codabar)码等。其中 39 码和 128 码是目前国内企业内部自定义码制,可按需要确定条码的长度和信息,编码的信息可以是数字,也可包含字母,主要应用于工业生产线领域、图书管理等;93 码是一种类似于 39 码的条码,它的密度较高,能够替代 39 码;25 码主要应用于包装、运输以及国际航空系统的机票顺序编号等;Codabar 码应用于血库、图书馆、包裹等的跟踪管理。

商品条码与物流条码的区别见表 9-1。图 9-5 为物流标签示例,其上方条码标示承运商区段,中部条码标示客户区段,下方条码标示供应商区段。

表 9-1 商品条码与物流条码的区别

	应用对象	数字构成	包装形式	应用领域
商品条码	向消费者销售的商品	13 位数字	单个包装	POS 系统、补充订货系统
物流条码	物流过程中的商品	14 位数字(标准物流条码)	集合包装(如纸箱、集装箱等)	出入库管理、运输保管、分拣管理

图 9-5 物流标签示例

(3)按码制分类。条码按码制不同,可分为 EAN 码、UPC 码、交叉 25 码、Codabar 码、Code39 码、128 码、93 码、49 码、25 码、矩阵 25 码、Plessey 码等。

1988年12月28日成立的中国物品编码中心负责统一组织、协调、管理我国的条码工作。1991年4月中国物品编码中心代表我国加入国际物品编码协会EAN。

(二) 条码技术在物流领域的应用

国际上条码技术已经广泛应用于物流的各个领域。在我国，条码技术已作为一种成熟的识别技术被广泛普及应用到商品流通领域，并且在物流及生产控制过程等方面的应用也在不断发展。条码技术在现代物流业中正确使用，能够大大提升物流作业的自动化程度，减少运作数据录入差错，提高企业物流管理效率。截至2008年年底，中国物品编码中心设立了9批共71个推进工程项目，内容涵盖物流领域的仓储、供应链管理、食品安全、建材物流、特种设备管理等多个领域，建立了多个条码物流供应链应用示范系统，使条码在食品安全追溯、医疗卫生、服装、化工、建材、机械与电子、军工、现代物流、电子商务等领域得到了广泛应用，推动了国民经济和社会发展。

物流条码是储运单元的唯一标志，是标志多个或多种类商品的集合。通过扫描能将物流对象的有关信息通过条码（可以是一维或多维）的方式记录下来，形成各种货物的"身份证"，并可准确识别物流对象的信息。物流过程中不论是储存、搬运、销售或是配送，通过条码技术都能快速提高物流效率和物流的准确性。

与商品条码相比较，物流条码优点较多，它服务于整个物流供应链，从生产厂家生产出产品，经过包装、运输、仓储、分拣、配送，直到零售商店，物流条码是这些中间环节中的唯一标志，因此它成为多种行业共享的通用数据；物流条码是一个可表示货物的体积、重量、生产日期、批号等多种含义、多种信息的条码；物流条码具有可变性，易维护，其应用范围在不断扩大，包含内容也日益丰富。

具体来看，作为物流管理的工具，条码的应用主要集中在以下环节。

1. 物料管理

在物料管理中应用条码带来的好处是多方面的。条码可以作状态标志，准确确定目前物料的消耗与供给情况；条码对物料的标志为建立产品档案奠定了基础。通过条码反映的数据，管理者可以得知某一成品的部件的来源与批次，这些数据可作为物料管理的反馈输入，形成物料管理控制的闭环。可利用条码技术对仓库进行基本的进、销、存管理，有效降低库存成本。通过产品编码，建立物料质量检验档案，产生质量检验报告，与采购订单挂钩建立对供应商的评价。

2. 生产线物流管理

条码生产线物流管理是产品条码应用的基础，它可以建立产品识别码。在生产中应用产品识别码可监控生产，采集生产测试数据和生产质量检查数据，进行产品完工检查，建立产品识别码和产品档案，有序地安排生产计划，监控生产及产品流向，提高产品下线合格率。

3．分拣运输

国际运输协会作出规定，货物运输中，物品的包装上必须贴上条码符号，以便对所运物品进行自动化统计管理。铁路运输、航空运输、邮政通信等许多行业都存在货物的分、拣、搬运问题，大批量的货物需要在很短的时间内准确无误地装到指定的车厢或航班。应用物流标志技术，将预先打印好的条码标签贴在发送的物品上，并在每个分拣点装一台条码扫描器，使包裹或产品自动分拣到不同的运输机上。

4．仓储管理

仓储管理是条码应用的传统领地，其应用已经贯穿出入库、盘点、库存管理等多方面。在出入库过程中，条码可以加快出入库的速度，也能减少出入库操作的差错。在仓储系统，采用条码可以通过应用标志符分辨不同的信息，经过计算机对信息进行处理后，更有利于对商品的采购、保管和销售。

5．机场通道

当机场的规模达到一个终端要在 2 小时内处理 10 个以上的航班时就必须实现自动化，否则会因为来不及处理行李导致误机。根据国际航空运输协会标准的要求，条码应包含航班号和目的地等信息。在自动化系统中，将条码标签按需要打印出来系在每件行李上；当运输系统把行李从登记处运到分拣系统时，一组通道式扫描器包围了运输机的各个侧面，扫描器对准每一个可能放标签的位置，甚至是行李的底部；当扫描器读到条码时，会将数据传输到分拣控制器中，然后根据对照表，行李被自动分拣到目的航班的传送带上。

6．货物通道

货物通道与机场的通道一样也是由一组扫描器组成。全方位扫描器能从所有的方向上识读条码，无论包裹有多大，无论运输机的速度有多快，无论包裹间的距离有多小，所有制式的扫描器一起工作，决定当前哪些条码需要识读，然后把所有信息传送给主计算机或控制系统。

7．运动中称量

运动中称量与条码自动识别相结合，把电子秤放在输送机上可以得到包裹的重量而不需要中断运输作业或人工处理，使系统能保持很高的通过能力，同时实时提供重量信息，计算净重，检验重量误差，验证重量范围。在高效的物料搬运系统中，运动中称量可以与其他自动化过程如条码扫描、标签打印及粘贴、包裹分拣、码托盘、库存管理、发运和其他功能集成在一起。

（三）条码设备

1．条码识读设备

条码识读设备是用来读取条码信息的设备，它使用一个光学装置将条码的条、空信息转换成电频信息，再由专用译码器翻译成相应的数据信息。条码识读设备一般不需要驱动程序，接上后可直接使用。条码扫描设备从原理上可分为光笔扫描器、CCD 扫描器和激光扫描器三类，从形式上有手持式和固定式两种。光笔与卡槽式条码扫描器只能识读一维条码，激光条码扫描器只能识读线性堆叠式二维条码（如 PDF417 码）和一维条码，图像式条码扫描器可以识读常用的一维条码，还能识读线性堆叠式二维条码和矩阵式的二维条码。

（1）按扫描原理分类。条码识读设备按扫描原理不同，可分为触式光笔、CCD 条码扫描器和激光扫描器。

1）触式光笔扫描器（图 9-6）必须与被扫描阅读的条码接触，才能达到读取数据的目的。光笔扫描器的优点是成本低、耗电低、耐用，适合数据采集，可读较长的条码符号；其缺点是光笔对条码有一定的破坏性，条码在因保存不当而产生损坏或上面有一层保护膜时，光笔都不能使用，而且其首读成功率低及误码率较高。随着条码应用的推广，目前已逐渐被 CCD 取代。

图 9-6　触式光笔扫描器

2）CCD 条码扫描器是利用光电耦合（CCD）原理，对条码印刷图案进行成像，然后再译码。它无转轴、使用寿命长，耗电省、体积小、价格便宜。手持式 CCD 扫描器（图 9-7）操作方便，易于使用，只要在有效景深范围内，光源照射到条码符号即可自动完成扫描，对于表面不平的物品、软质的物品均能方便地进行识读。但其阅读条码符号的长度受扫描器的元件尺寸限制，扫描景深长度不如激光扫描器。

图 9-7　手持式 CCD 扫描器

激光扫描器是一种远距离条码识读设备，其性能优越，被广泛应用。激光扫描器的扫描方式有单线扫描、光栅式扫描和全角度扫描三种方式。激光扫描器缺点是对识读的角度要求比较严格，而且只能识读堆叠式二维码（如 PDF417 码）

和一维码，常见的有激光蓝牙无线条码扫描器，如图9-8所示。

激光手持式条码扫描器是利用激光二极管作为光源的单线式扫描器，其景深较大，扫描识读率和精度较高，扫描宽度不受设备开口宽度限制。它主要有转镜式和颤镜式两种：转镜式的采用高速电动机带动一个棱镜组旋转，使二极管发出的单点激光变成一线；颤镜式的制作成本低于转镜式，但不易提高扫描速度，一般为33次/秒。

卧式激光扫描器为全角扫描器，其操作方便，操作者可双手对物品进行操作，只要条码符号面向扫描器，不管其方向如何，均能实现自动扫描，超市大都采用这种设备。

图9-8 激光蓝牙无线条码扫描器

（2）按使用方式分类。条码识读设备按使用方式不同，可分为手持式扫描器、台式扫描器、固定式扫描器等。

1）手持式条码扫描器包括CCD、激光枪、光笔等。手持式条码扫描器是应用最广泛的条码识别设备。它们大多通过电缆连接到PC、POS或其他固定终端上，构成一个条码扫描工作站；也可接入手持数据终端或车载数据终端组成移动工作站；通过人机配合，可灵活应用于多种场合，也可与扫描器支架配合，组成固定式的条码扫描工作站。

2）台式条码扫描器包括CCD、激光平台。在零售连锁店、便利店、书店或药店，收银员通常要将商品拿到柜台上进行条码扫描。台式条码扫描器（图9-9）结构紧凑，可安放在收银柜台上，与POS系统连接。它通过较大的扫描窗形成多条交叉的网状扫描线，从而实现全方向条码扫描。操作者不需要仔细地调整条码的方向，就能够快速方便地识读商品条码，加快收银过程。

图9-9 台式条码扫描器

3）固定式条码扫描器。在生产线上自动控制或跟踪在制品，或者在传送带上自动分拣物品，都需要自动地扫描条码。固定式条码扫描器（图9-10）与传感器或PLC配合，组成扫描系统，将数据或信号传送到计算机或PLC。固定式条码扫描器有单线扫描、光栅式扫描和全向扫描三种。目前主流产品均以图像技术为潮流。固定式条码扫描系统的构成较为复杂，要根据具体的应用对象进行专门设计：通常需考虑扫描对象的外形尺寸、传送带速度、条码方位、扫描方式、识读分辨率、扫描区域、识读景深、安装方式、触发信号和接口方式等因素；也可用多个扫描器组成条码扫描隧道或网络，成组工作，再加上软件分析技术，从而完成在特定环境下的条码自动识别工作。

图9-10　固定式条码扫描器

4）条码和射频识别（RFID）系统。随着射频识别（RFID）技术的推广应用，条码标志和射频标志共存于一个标签或系统的情况越来越普遍。同时扫描条码和读写出射频标志成了一种基本需求，因此出现了双功能的扫描器或可与手持终端组成双功能系统的射频标志模块。

2. 条码打印设备

条码打印机是一种专用设备，一般有热敏型和热转印型打印方式，使用专用的标签纸和碳带。条码打印机（图9-11）打印速度快，可打印特殊材料（PVC等），可外接切刀进行功能扩展；但其价格昂贵，使用维护较复杂，适合于需大量制作标签的专业用户使用。

图9-11　条码打印机

3. 数据采集器

条码数据采集器（图9-12）是手持式扫描器与掌上电脑的功能组合为一体的设备单元，具有现场实时数据采集、处理功能，比条码扫描器多了自动处理、自动传输的功能，它具备实时采集、自动存储、即时显示、即时反馈、自动处理、自动传输功能，为现场数据的真实性、有效性、实时性、可用性提供了保证。数据采集器按处理方式分为在线式数据采集器和批处理式数据采集器；按产品性能分为手持终端、无线型手持终端、无线掌上电脑、无线网络设备。

图9-12　条码数据采集器

（1）便携式数据采集终端（Portable Data Terminal，PDT）。它又被称为手持终端（Hand-hold Terminal，HT）。便携式数据采集器是集激光扫描、汉字显示、数据采集、数据处理、数据通信等功能于一体的高科技产品。便携式数据采集器又分为数据采集型、数据管理型两种。

（2）无线式数据采集器。它不需像普通便携式数据采集器那样依靠通信座和PC进行数据交换，而可直接通过无线网络和PC、服务器进行实时数据通信。每个无线数据采集器都是一个自带IP地址的网络节点，通过无线的登录点（AP），实现与网络系统的实时数据交换。无线数据终端在无线LAN网中相当于一个无线网络节点，它的所有数据都必须通过无线网络与服务器进行交换。

条码的识别快速、准确、易于操作，在各个物流环节中都引入条码，采用应用计算机系统与数据采集器的结合方式可以方便、准确地完成商品流通的相关管理。

4. 条码设备选择及使用

条码设备选择应遵循以下原则：①与所要识别的条码符号相匹配；②首读率符合要求；③满足工作空间的要求；④符合与设备及系统的接口要求；⑤具有良好的性价比，零件价格便宜，维修有保障。条码设备的选择不能只考虑单一指标，而应根据实际情况全面考虑。

选择CCD条码扫描器要注意景深和分辨率参数。优秀的CCD应无须紧贴条码即可识读，且体积适中，操作舒适；如要提高CCD分辨率，必须增加成像处光敏元件的单位元素。低价CCD一般是5口像素（pixel），足以识读EAN，UPC等商业码，对于别的码制识读会困难一些。中档CCD以1024像素为多，有些甚至达2048像素，能分辨最窄单位元素为0.1毫米的条码。

选择激光条码扫描器时要注意扫描速度和分辨率，而景深并不是关键因素。因为当景深加大时分辨率会大大降低。优秀的手持激光扫描器应当是高扫描速度，固定景深范围内很高的分辨率。

全角度条码扫描器通过光学系统使激光二极管发出激光折射或多条扫描线,选择时应注意其扫描线花斑分布:在一个方向上有多条平行线;在某一点上有多条扫描线通过;在一定的空间范围内各点的解读概率趋于一致。符合以上三点的全角度条码扫描器是首选。

采用条码识读器时,常会遇到条码识读器不能读取条码的情形,其常见的原因有:没有打开识读这种条码的功能;条码符号不符合规范;工作环境光线太强,感光元件进入饱和区;条码表面覆盖有透明材料,反光度太高;硬件故障等。

选择数据采集器时,液晶屏幕、RAM 芯片等是关键部件,其低温、高温特性受限制,用户要根据自身的使用环境情况选择手持终端产品。此外,抗震、抗摔性能也是手持终端产品另一项操作性能指标。目前大多数产品能够满足 1 米以上的跌落高度。使用数据采集器时,要注意避免剧烈摔碰、挤压,远离强磁场;注意防潮、防湿;通信口避免杂物进入;电池电力不足时,手持终端将会提示,应及时充电;当用户程序不能正常运行,应重新设置系统程序及应用程序;在寒冷的冬天使用手持终端在户外进行数据采集,当工作完毕返回室内时,室内外的温度差会造成电路板的积水,此时如马上开机工作,电流流过潮湿的电路板会造成机器电路短路。在使用手持终端产品时要十分注意避免以上现象的发生。

能力训练项目 2

一、自动识别技术应用

到使用了自动识别技术设备的企业参观(或用视频代替),讨论并回答以下问题:

(1)演示资料中的自动识别技术应用在什么场合?使用了什么设备?
(2)自动识别技术在物流业中有哪些应用?

二、中国提出的集装箱 RFID 标准

我国的 RFID 标准化工作一直在持续有效地推进,国家层面与地方层面的标准意识都逐渐增强,我国实质性参与国际标准化活动的能力也在不断提升。据悉,我国已承担 45 个 ISO/IEC 技术机构秘书处工作,担任 24 个 ISO/IEC 技术机构主席和副主席职务。由我国提出或推动制定的国际标准草案 210 项,其中已被批准为国际标准的达 96 项。

前不久,中国的 RFID 标准工作又取得一个重大突破:一项新的集装箱标准——《ISO/PAS18186:集装箱-RFID 货运标签系统》正式成为国际标准化组织(ISO)认可的国际公共规范,这个规范是在物流和物联网领域第一项由我国提出并积极推动制定,由 ISO 正式发布的可公开提供的规范,采用有源 RFID 技术来实现集装箱相关物流数据的自动识别。

《ISO/PAS18186：集装箱–RFID 货运标签系统》从源自对 ISO17363 标准的修订，到形成新的 ISO/NP18186，再到 ISO/PAS18186，经历了专家们不断的修订提升之后尘埃落定，至此，中国制定国际标准的能力又上升了一个层次。

（资料来源：http://www.56135.com/56135/info/infoview/inforesearchview/39713.html；2010-09-02）

➲ 讨论

1. 你了解 RFID 吗？它有什么作用？
2. 《ISO/PAS18186：集装箱–RFID 货运标签系统》正式成为国际标准化组织（ISO）认可的国际公共规范对中国来说有何重大意义？

理论环节 2

➊ 射频技术设备

射频识别（Radio Frequency Identification, RFID）俗称电子标签，广泛用于零售业。RFID 是一种非接触式的自动识别技术，其基本原理是利用射频信号和空间耦合（电感或电磁耦合）或雷达反射的传输特性进行非接触双向通信，实现对被识别物体的自动识别，并交换数据，RFID 系统的射频卡和读写器之间不用接触就可完成识别，可工作于各种恶劣环境。20 世纪 80 年代，由于大规模集成电路技术的成熟，RFID 系统的体积大大缩小，使得射频识别技术进入实用化的阶段。

射频识别技术自第二次世界大战出现以来，已广泛应用于各个领域和环节。目前，电子标签在我国主要应用于铁路、邮政、公安、制造、物流、烟草、零售、医药、金融收费等领域。

（一）RFID 系统的组成

1．标签

射频识别标签（图 9-13），又称射频标签、电子标签，主要由存有识别代码的大规模集成线路芯片和收发天线构成，目前主要为无源式。每个标签具有唯一的电子编码，附着在物体上标志目标对象；电子标签是射频识别系统的数据载体，由标签天线和标签专用芯片组成。与条码、磁卡、IC 卡等识别技术相比，射频卡具有非接触、工作距离长、适于恶劣环境、可识别运动目标等优点。内置 RFID 标签的托盘如图 9-14 所示。

依据电子标签供电方式的不同，电子标签可以分为有源电子标签、无源电子标签和半无源电子标签。有源电子标签内装有电池，无源电子标签没有内装电池，半无源电子标签部分依靠电池工作。电子标签依据频率的不同可分为低频电子标签、高频电子标签、超高频电子标签和微波电子标签；依据封装形式的不同可分为信用卡标签、线形标签、纸状标签、玻璃管标签、圆形标签及特殊用途的异形标签等。

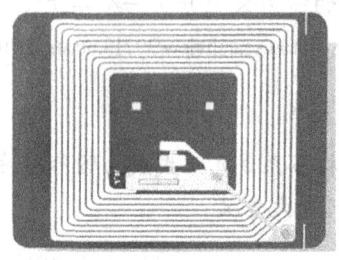

图 9-13　射频识别标签

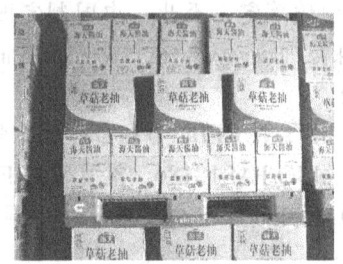

图 9-14　内置 RFID 标签的托盘

2．RFID 阅读器

RFID 阅读器通过天线与 RFID 电子标签进行无线通信，可实现对标签识别码和内存数据的读出或写入操作。典型的阅读器含有高频模块（发送器和接收器）、控制单元以及阅读器天线（图 9-15）。

图 9-15　RFID 阅读器

（二）RFID 系统的分类

（1）RFID 系统根据工作频率的不同可分为低频系统和高频系统。

1）低频系统一般指其工作频率小于 30 兆赫的系统。其射频卡的成本较低，标签内保存的数据量较少，阅读距离较短（无源情况下，典型阅读距离为 10 厘米），射频卡外形多样（卡状、环状、纽扣状、笔状），阅读天线方向性不强等。低频系统多用于短距离、低成本的应用中，如多数的门禁控制、动物监管、货物跟踪等。

2）高频系统一般指其工作频率大于 400 兆赫的系统。其射频卡及读写器成本均较高，卡内保存的数据量较大，阅读距离较远（可达几米到十几米），适应物体高速运动性好，外形一般为卡状，阅读天线及射频卡天线均有较强的方向性。高频系统多应用于需要较长读写距离和高读写速度的场合，像火车监控、高速公路收费等系统。

（2）RFID 系统根据射频卡的不同可分可读写（RW）卡、一次写入多次读出（WORM）卡和只读（RO）卡三种。RW 卡一般比 WORM 卡和 RO 卡贵得多，

模块九 物流信息技术设备与应用

一般情况下改写数据所花时间远大于读取数据所花时间（改写所花时间为秒级，阅读所花时间为毫秒级）。WORM 卡是用户可一次性写入的卡，写入后数据不能改变，比 RW 卡要便宜。RO 卡存有一个唯一的号码，不能修改，保证了安全性，RO 卡成本最低。

（3）RFID 系统根据射频卡的有源与无源可分为有源射频卡及无源射频卡两种。有源射频卡使用卡内电池的能量，识别距离较长，可达十几米，但是寿命有限（3～10 年），且价格较高；无源射频卡不含电池，利用读写器发射的电磁波提供能量，重量轻、体积小、寿命长、价格便宜，但发射距离受限制，一般是几十厘米，且需读写器的发射功率足够大。

（4）RFID 系统根据调制方式的不同还可分为主动式和被动式两种。主动式的射频卡用自身的射频能量主动发送数据给读写器。被动式的射频卡使用调制散射方式发射数据，必须利用读写器的载波调制自己的信号，读写器可确保只激活一定范围之内的射频卡，适宜在门禁或交通的应用中使用。

目前使用的多数系统中一次只能读写一个射频卡，射频卡之间要保持一定距离，确保一次只能有一个卡在读写区域内。读写距离长射频卡之间的距离就要大，应用不便。现在的射频卡具有防碰撞的功能，碰撞是指多个射频卡进入识别区域时信号互相干扰的情况。具有防碰撞性能的系统可同时识别进入识别距离的所有射频卡，其并行工作方式提高了系统效率。

（三）RFID 技术在物流中的应用

1．RFID 技术在产品库存控制和智能物流中的应用

RFID 技术提高了物品分拣的自动化程度，降低了差错率，使合理的产品库存控制和智能物流技术成为可能，使整个供应链管理显得透明而高效。每个产品出厂时都被附上电子标签，然后通过读写器写入唯一的识别代码，并将物品的信息录入数据库。此后，装箱销售、出口验证、到港分发、零售上架等各个环节都可通过读写器反复读写标签。借助电子标签可实现对商品从原料、半成品、成品、运输、仓储、配送、上架、最终销售，甚至退货处理等环节进行实时监控。

2．RFID 技术在交通行业的应用

RFID 技术在交通行业的应用主要是在高速公路收费及智能交通方面。通过在汽车上安装射频识别卡，可使汽车被自动识别，在车辆高速通过收费站的同时完成交费，大大提高行车速度和效率，避免拥堵，解决交通瓶颈问题。而将该系统与车辆信息数据库、缴费信息数据库连接后还可自动对过往车辆实施不停车检查，通过与资料中心数据库进行对照能在几秒钟内查到车辆欠费情况和违规情况，遏制车辆偷逃交通费用和违规营运的行为。

现阶段 RFID 技术在集装箱的应用上成为焦点，专家认为电子标签在集装箱

上的运用对整个航运业会产生深远的影响。RFID 技术在集装箱上的应用主要要解决几个问题：集装箱箱号的自动识别问题；集装箱门的开关状态的自动识别与监管问题；集装箱的物流运输信息在供应链中的自动识别和管理问题；集装箱的智能化以及在整个供应链下的全面可视问题。通过解决这些问题，RFID 技术能进行信息追踪，消除集装箱在运输过程中的错箱、漏箱，提高集装箱过闸速度，实时记录集装箱的开关次数和时间，提高集装箱运输的工作效率和安全性能。

3. RFID 技术在邮政物流中的应用

RFID 技术可有效提高速递邮件传递速度和服务质量，提高速递生产的劳动生产率，它在邮政的应用有力地推动了信息流与实物流统一化、分拣自动化、总包交接勾核便捷化的进程，可实现邮件从收寄、运输、分拣、投递整个环节的高度信息化管理，促进传统邮政企业向现代化信息化综合物流企业发展。

RFID 技术在邮政物流集装箱应用中牵涉到的生产环节主要包括：区域集散中心出口集装箱封发环节；区域集散中心的集装箱接发环节；火车专列站台上的集装箱交接环节；区域集散中心进口集装箱开箱环节。在每一环节工作人员使用手持式读写器读出每个集装箱射频标签所记录的 ID 信息或内件清单信息，并将其传送到信息系统中。采用 RFID 技术后可以更好地实现对集装箱和货物跟踪、管理和调度。

4. RFID 技术在零售业中的应用

由沃尔玛、麦德隆等大超市一手推动的 RFID 技术应用，可为零售业带来降低劳动力成本、提高商品可视度、降低商品断货损失、减少商品偷窃现象等好处。RFID 技术可应用的过程包括商品的销售数据实时统计、补货、防盗等。

由国际物品编码协会（EAN）和美国统一代码委员会（UCC）共同组成的 EPCglobal 主要负责 EPC 网络的全球化标准，目前该组织计划在全球建立起一个庞大的"物联网"（所有参与流通的物品的编码网络），实现货物的全程跟踪和追踪，通过结合计算机互联网和无线通信网络，人、计算机、货物在供应链网络的行为规则将发生改变，RFID 的应用前景将影响人类生活的各个方面。

能力训练项目 3

GPS 定位监控系统在公交行业的应用案例

针对公交系统出现的车辆延迟、堵塞等问题，神州数码网络利用公司无线通信技术的优势和全球卫星定位技术，设计了一套综合解决 APTS（先进的公共交通系统）的应用方案，即全球定位系统。利用 GPRS/CDMA1x 等移动通信网络相结合，构建一个集公交指挥调度、综合业务通信、乘客信息服务为一体的现代化、全方位的智能车辆监控调度管理服务系统。

公交车辆定位系统如图 9-16、图 9-17 所示，共分为 GPS 差分站、总调中心、区域监控站、车载设备四部分，GPRS/CDMA1x 移动通信网络、区调平台均为与车辆定位系统相关、用于实现数据传输以及其他辅助的功能的内容。

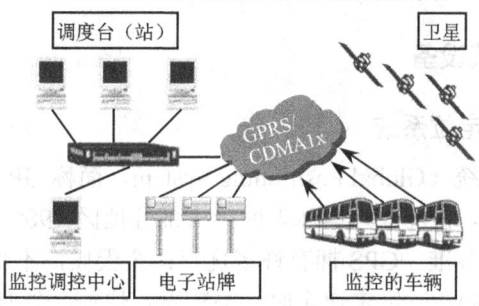

图 9-16　公交车辆定位系统

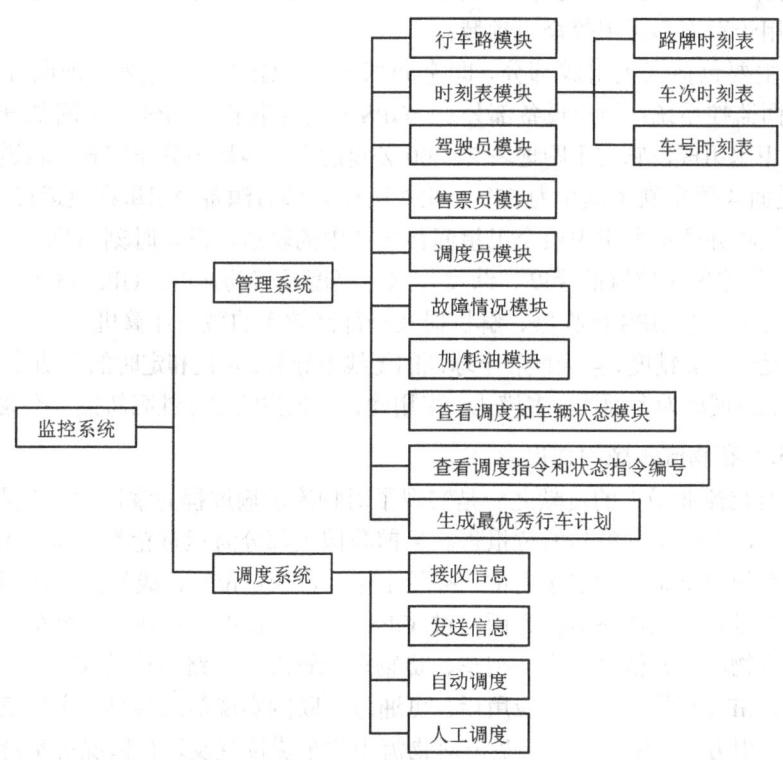

图 9-17　公交车辆定位系统系统功能模型

▶ 讨论

1. 这套 GPS 定位监控系统的采用将带来哪些好处？
2. 对货运企业有何借鉴意义？

理论环节 3

⊙ GPS、GIS、通信与网络技术设备

一、GPS 和 GPS 系统设备

（一）全球卫星定位系统

全球卫星定位系统（Global Positioning System，简称 GPS）是一个中距离圆形轨道卫星导航系统，它可以为地球表面绝大部分地区（98%）提供准确的定位、测速和高精度的时间标准。GPS 拥有许多优点：全天候，不受任何天气的影响；全球覆盖（高达 98%）；三维定速定时、高精度；快速、省时、高效率；应用广泛、多功能；可移动定位；使用过程中接收机不需要发出任何信号等。目前，GPS 已广泛应用于军事和民用等众多领域。

GPS 主要包括三大组成部分，即空间部分——GPS 卫星星座；地面控制部分——地面监控系统；用户设备部分——GPS 信号接收机。GPS 的空间部分是由 24 颗工作卫星组成，它位于距地表 20 200 公里的上空，均匀分布在 6 个轨道面上（每个轨道面 4 颗），轨道倾角为 55°。此外还有 4 颗有源备份卫星在轨运行。GPS 设备用于接收并解析太空中数个卫星回传电波中的轨道信息及时刻信息，来计算出 GPS 接收器所在位置的经度、纬度、水平高度及移动速度。GPS 设备基本配备通常包含了一个 GPS 接收器、解析器及一部高效率的微型计算机。

GPS 是一个高精度、全天候和全球性的无线电导航、定位和定时的多功能系统。GPS 技术已发展成为多领域、多模式、多用途、多机型的国际性高新技术产业。

1. GPS 在物流领域的作用

GPS 对物流业最大的贡献之一是实现了对物流运输过程的掌控。GPS 民用最初在海运上，主要是导航与船位报告。目前我国大部分海运货轮都装备了 GPS，并取代了其他定位系统如雷达定位、芬兰定位、台卡定位等，成为海上应用最多的导航定位设备。在铁路运输方面通过 GPS 可实时收集全路列车、机车、集装箱及所运货物的动态信息，实现列车、货物跟踪管理。公路运输是 GPS 大量应用的领域。GPS 在物流业普及应用后，可通过互联网实现信息共享，实现三方应用。车辆使用方、运输公司、接货方对物流中的车货位置及运行情况等都透明准确，利用三方协调好商务关系，从而获得最佳的物流流程方案，取得最大的经济效益。

GPS 具有导航功能、车辆跟踪功能、货物配送路线规划功能、信息查询、调度指挥、紧急援助等功能。GPS 能预设运输路线，把在途信息数据打包发回监控中心，

客户坐在家中就能对自己的货物实时监控,可以实时了解货物的在途情况,并推算到达目的地的时间。GPS 促进解决物流调度与管理的瓶颈问题,对车辆进行远程管理,掌握车辆基本信息,有效避免车辆的空载现象,加强管理,减少资源浪费,减少费用开销,提高工作效率,有助于降低成本;通过限速提醒功能,可有效提高驾驶员行车安全性,减少车辆事故率、爆胎率,便于调度人员管理;通过 GPS 定位和监控管理系统可以对遇有险情或发生事故的车辆进行紧急援助;通过记录行程轨迹,可避免公车私用、拉私活等情况的发生,有利于物流企业加强对司机的管理。

2．物流 GPS 配置

利用现代的微控制技术以及电源管理技术,将 GPS 模块和 Flash 存储相结合可记录移动轨迹。物流公司人员或车辆携带 GPS 手持终端,可提高生产率,规范管理。物流 GPS 配置如下:

（1）手持终端。它内置卫星定位模块、GSM 短信模块、电池供电。

（2）控制中心。它包括 GSM 无线 Modem（接收短消息）、大屏幕显示器（可用普通的显示器代替）、高性能计算机和管理软件。

（3）管理软件。它包括电子地图、图形显示（具有绘图、连线、放大、缩小等功能）,设置终端编号,显示人员具体位置和历史轨迹回显,查询人员具体位置等功能。

GPS 卫星接收机种类很多,根据型号分为测地型、全站型、定时型、手持型、集成型;根据用途分为车载式、船载式、机载式、星载式、弹载式;而按用途分类则可分为:①导航型接收机主要用于运动载体的导航,可实时给出载体的位置和速度,单点实时定位精度较低,一般为±10 米,有 SA 影响时为±100 米。这类接收机价格便宜,应用广泛。根据应用领域的不同,此类接收机还可以细分为车载型（用于车辆导航定位）、航海型（用于船舶导航定位）、航空型（用于飞机导航定位）、星载型（用于卫星的导航定位）。②测地型接收机主要用于精密大地测量和精密工程测量,定位精度高,仪器结构复杂,价格较贵。③授时型接收机主要利用 GPS 卫星提供的高精度时间标准进行授时,常用于天文台及无线电通信中时间同步。

图 9-18、图 9-19 为 GPS 定位系统的车载设备。图 9-20、图 9-21 为 GPS 监控管理系统的构成及其信息显示界面。

图 9-18　GPS 定位系统的车载传感器

图 9-19　GPS 定位系统的车载显示设备

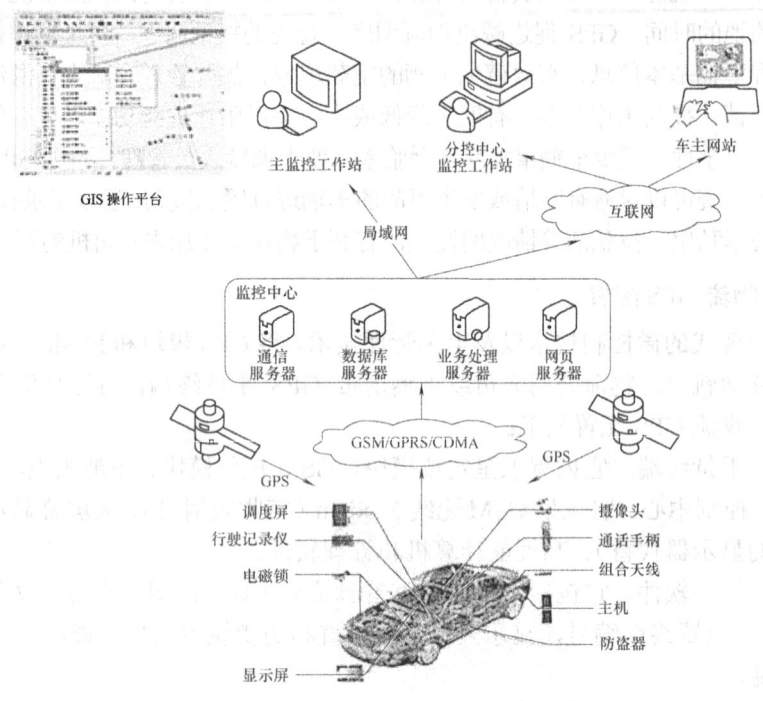

图 9-20 GPS 监控管理系统示意图

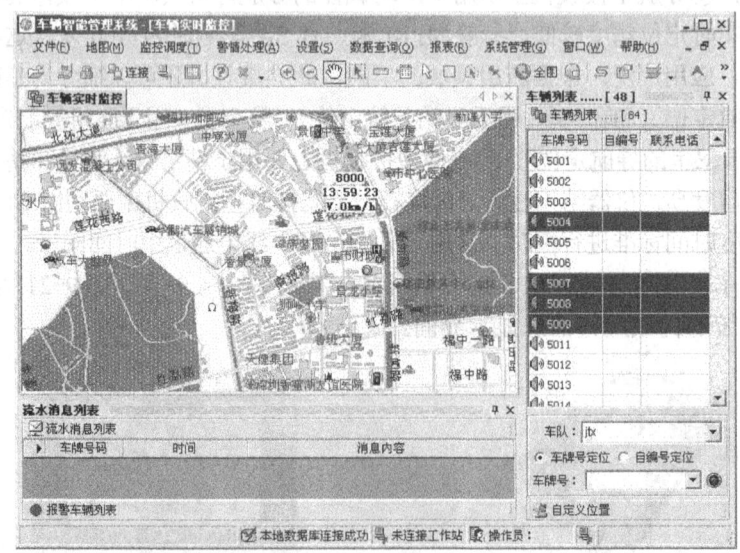

图 9-21 GPS 监控管理系统信息显示界面

（二）地理信息系统设备

地理信息系统（Geographic Information System，GIS）作为获取、存储、分析和管理地理空间数据的重要工具、技术和学科，近年来得到了广泛关注和迅猛发展。

地理信息系统（GIS）是一种以地理空间数据为基础，在计算机硬件、软件环境支持下对空间相关数据进行采集、管理、操作、分析、模拟和显示，并采用地理模型分析方法，适时提供多种空间和动态的地理研究，为地理研究、综合评价、科学管理、定量分析和决策服务而建立的一类计算机应用系统。GIS 把地图的视觉和空间地理分析功能与数据库功能集成在一起，提供了一种对空间数据进行分析、综合和查询的智能化手段。

1. GIS 的基本功能

GIS 将表格型数据转换为地理图形显示，然后可对显示结果进行浏览和分析。GIS 一般均具备四种类型的基本功能。

（1）数据采集与编辑功能。数据采集是将地面的实体图形数据和描述它的属性数据输入到数据库中；为消除数据采集的错误，需要对图形及文本数据进行编辑和修改。

（2）属性数据编辑与分析。属性数据较规范，适应于表格表示，许多地理信息系统都采用关系数据库管理系统管理。通常关系数据库管理系统（RDBMS）都为用户提供 SQL 语言，系统设计人员可据此建立友好的用户界面，以方便用户对属性数据的输入、编辑与查询。除文件管理功能外，属性数据库管理模块提供文件管理功能和用户自定义数据结构及结构编辑等功能。

（3）制图功能。建立 GIS 首先是将地面上的实体图形数据和描述它的属性数据输出到数据库中并能编制用户所需要的各种图件。根据 GIS 的数据结构及绘图仪的类型，用户可获得矢量地图或栅格地图，不仅可输出全要素地图，而且可根据用户需要分层输出各种专题地图，如行政区划图、土壤利用图、道路交通图、等高线图等，还可以通过空间分析得到一些特殊的地学分析用图。

（4）空间数据库管理功能。GIS 一般都配有地理数据库，其基本功能包括数据库定义、数据库的建立与维护、数据库操作、通信功能。

通过空间查询与空间分析得出决策结论，是 GIS 的出发点和归宿。空间分析是 GIS 中高层次的功能，很少能够规范化，需要懂得如何应用 GIS 目标之间的内在空间联系，并结合各自的数学模型和理论来制定规划和决策。目前的 GIS 在这方面的功能总的来说是比较低下的。典型的空间分析有：拓扑空间查询、缓冲区分析、叠置分析、空间集合分析等。

GIS 经过了几十年的发展，到今天已经逐渐成为一门相当成熟的技术，并且得到了极广泛的应用。尤其是近些年，GIS 更以其强大的地理信息空间分析功能，在 GPS

及路径优化中发挥着越来越重要的作用。GIS 是以地理空间数据库为基础,在计算机软硬件的支持下,运用系统工程和信息科学的理论,科学管理和综合分析具有空间内涵的地理数据,以提供管理、决策等所需信息的技术系统。简单地说,GIS 就是综合处理和分析地理空间数据的一种技术系统。GIS 的应用示意图如图 9-22 所示。

2. GIS 的组成

(1) 从应用的角度,GIS 由硬件、软件、数据、人员和方法五部分组成。硬件和软件为 GIS 建设提供环境;数据是 GIS 的重要内容;方法为 GIS 建设提供解决方案;人员是 GIS 建设中的关键和能动性因素,直接影响和协调其他几个组成部分。

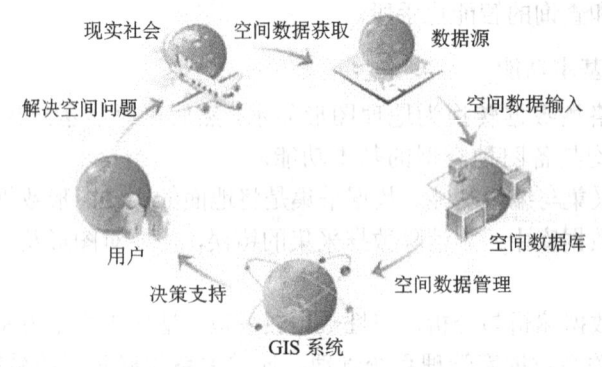

图 9-22 GIS 的应用示意图

硬件主要包括计算机和网络设备,存储设备,数据输入,显示和输出的外围设备等。软件主要包括操作系统软件、数据库管理软件、系统开发软件、GIS 软件等。GIS 软件的选型,直接影响其他软件的选择,影响系统解决方案,也影响系统建设周期和效益。数据组织和处理是 GIS 应用系统建设中的关键环节,涉及许多问题。方法指系统需要采用何种技术路线,采用何种解决方案来实现系统目标;方法的采用直接影响系统性能以及系统的可用性和可维护性。人员的技术水平和组织管理能力是决定系统建设成败的重要因素,分工协作是 GIS 成功建设的重要保证。

(2) 从数据处理的角度出发,GIS 又被分为数据输入子系统、数据存储与检索子系统、数据分析与处理子系统、数据输出子系统。

一个完整的 GIS 存储了该地区或该目标的众多空间信息,这些信息能随时方便地从数据库中调用,能快速地以图形、图像、表格或文本形式在屏幕上显示、或打印、绘制出来,并可对这些信息进行综合分析,提取有用信息,通过计算来模拟真实世界,进而提出相应的决策意见,是规划、管理和决策的有效工具。

3. GIS 在物流中的应用

GIS 应用于物流分析,主要是指利用强大的地理数据功能来完善物流分析技术。国外一些公司已开发出利用 GIS 为物流分析提供专门分析的工具软件。完整的 GIS 物流分析软件集成了车辆路线模型、最短路径模型、网络物流模型、分配集合模型和设施定位模型等。

（1）车辆路线模型。它用于解决一个起始点、多个终点的货物运输中如何降低物流作业费用，并保证服务质量的问题，包括决定使用多少辆车、每辆车的路线等功能。

（2）最短路径模型。它主要应用在物流领域主要是用于寻找完成车辆运输（配送）任务的最短路径选择问题。

（3）网络物流模型。它主要用于解决寻求最有效的分配货物路径问题，也就是物流网点布局问题。例如，将货物从 n 个仓库运到 m 个商店，每个商店都有固定的需求量，因此需要确定由哪个仓库提货送给哪个商店，所耗的运输代价最小。

（4）分配集合模型。它是可根据各个要素的相似点把同一层上的所有或部分要素分为几个组，用以解决确定服务范围和销售市场范围等问题。例如，某一公司要设立 x 个分销点，要求这些分销点要覆盖某一地区且要使每个分销点的顾客数目大致相等。

（5）设施定位模型。它主要用于确定一个或多个设施的位置。在物流系统中仓库和运输路线共同组成了物流网络，仓库处于网络节点上，节点决定线路。根据供求的实际需要并结合经济效益等原则，运用此模型可以很容易解决在既定区域内设立多少个仓库、每个仓库的位置、每个仓库的规模，以及仓库之间的物流关系等问题。

4．GIS/GPS 在物流企业的应用优势

随着企业电子商务的崛起，分销渠道的进一步整合和供应链管理的出现，要求物流企业能向客户提供全面的配送解决方案。但信息技术应用的落后使上、下游企业之间物流活动难以协调，物流成本高且可控性差，严重制约了我国物流企业的发展。随着互联网的发展和通信技术的进步，跨平台、组件化的 GIS 和 GPS 技术的逐步成熟，基于 GIS/GPS 的应用将构造具有竞争力的透明物流企业。

图 9-23 为 GIS/GPS 在物流企业的应用。

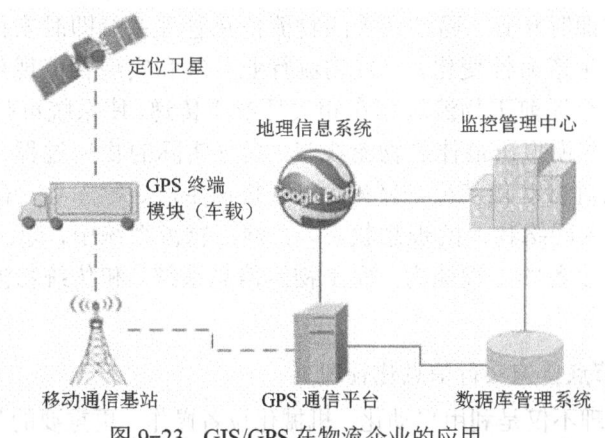

图 9-23　GIS/GPS 在物流企业的应用

GIS/GPS 在物流企业应用的优势主要体现在以下几个方面。

（1）打造数字物流企业，GIS/GPS 的应用将提升物流企业的信息化程度，使企业日常运作数字化，不仅提高企业运作效率，同时提升企业形象，能争取更多的客户。

（2）通过对运输设备的导航跟踪，提高车辆运行效率，降低物流费用，抵抗风险。GIS/GPS 和无线通信的结合，使得流动在不同地方的运输设备变得透明且可控。

1）结合物流企业的决策模型库，根据物流企业的实际仓储情况和由 GPS 获取的实时道路信息，可计算出最佳物流路径，给运输设备导航，减少运行时间，降低运行费用。

2）利用 GPS 和 GIS 技术可实时显示出车辆的实际位置，对车辆进行实时定位、跟踪、报警通信，掌握车辆基本信息，对车辆进行远程管理，有效避免车辆的空载现象，同时客户也能通过互联网了解货物在运输过程的细节情况。

3）GIS/GPS 能有效监控驾驶员行为。在物流企业中，为逃避过桥费而绕远路延误时间，私自拉货，途中私自停留等现象司空见惯，物流企业可通过 GIS/GPS 监控车辆来有效规范驾驶员的行为。

（3）通过对物流运作的协调使物流企业能用系统的观念运作业务，降低空载率，促进协同商务发展，向第四方物流角色转换。

二、通信与网络技术设备

（一）物流的网络化

互联网为物流信息的跨地区即时传递提供了经济合理的解决方案，使信息流、商流和资金流的处理得以即时请求，即时完成。网络的应用使物流信息能以低廉的成本即时传递，通过完善的物流信息管理系统即时安排物流过程，促使物流行业产生革命性变化，引致物流行业升级和实现物流现代化。由于物流信息能即时甚至提前于物流过程在相关环节中传递，使系统可收集到足够的信息，提前测算并模拟出最佳的物流线路，指导实际的物流过程，使货物实际输送过程变得相对自动化甚至是精确，使"按需生产、零库存、在途时间短、无间隙传送"成为网络物流的理想状态。在网络物流系统中，起决定作用的不再是物流设施或设备的处理能力，而是物流信息系统。和传统物流相比，网络物流呈现出以下特点。

1．物流节点普遍实行信息化管理

信息化管理不仅是利用自动化、机械化设备操作，更重要的是利用自动化设备收集处理商流、物流过程中产生的信息，对物流信息进行分析和挖掘，最大限度地利用有效信息对物流活动进行指导和管理。物流连接社会生产、生活的各个部分使之成为一个有机整体，每个参与物流过程的环节构成物流系统中的一个节点，单个节点的信息化是物流系统信息化的基础。

2．整个系统具有无限的开放性

构建在开放的互联网上的物流系统所有的物流节点都通过公用网络互相连接，和合作节点互换信息，协同处理业务。基于互联网的开放性，每个节点可以与其他任何节点发生联系，快速交换数据，整个系统具有无限的开放性和拓展能力。在传统模式下，节点之间的信息交换受到技术的限制，自动化的信息交换局限在业务合作的双方或有限的几方，信息交换的范围和速度受到制约，也制约了物资流通的范围和速度。

3．信息流在整个物流进程中起导引和整合作用

信息流贯穿于商务活动的始终，物流是商流的继续，是商务活动中实际的物资流通过程，同样需要信息流的导引和整合。在紧密联系的网络系统中，每个节点回答上游节点的询问，向下游节点发出业务请求，根据上下游节点的请求和反馈提前安排货物输送过程。信息流在物流过程中起到事前测算流通路径、即时监控输送过程、事后反馈分析的作用。在环环相扣的物流进程中，虚拟的场景和路径简化了操作程序，极大地减少了失误和误差，使每个环节之间的停顿时间大幅度降低。

4．系统具有明显的规模优势

在网络物流中，网络将各个分散的节点连接为紧密联系的有机整体，系统不以单个节点为中心，系统功能分散到多个节点处理，各节点间交叉联系，形成网状结构。大规模联合作业降低了系统的整体运行成本，提高了工作效率，也降低了系统对单个节点的依赖性，抗风险能力明显增强，如果某个节点出现意外，其他节点可以很快替补。

（二）物流网络技术的运用

1．物流信息平台的运用

构筑在国际互联网这一公共平台上，物流信息开放度高、资源共享程度高。通过互联网跨区域地实现整个物流运作过程的信息传递，提供平台与各供应链环节的信息系统无缝结合，这将使物流企业达到运作信息的及时和统一。

2．EDI信息系统的运用

20世纪90年代中期，随着EDI中心增值服务的出现和行业标准逐步发展成通用标准，加快了EDI的应用和跨行业EDI的发展。EDI在贸易伙伴间长期、稳

定的供求链中发挥着重要的作用,如快速响应、准时制(Just in Time)、降低交易成本、即时订货均体现了 EDI 的功效。

信息系统的一体化需要在买方、卖方和第三方物流的许多实体间移动数据和传递指令,传统的 EDI 是大型企业惯用的数据交换工具,但其较为复杂。随着互联网的兴起,基于互联网的 EDI、XML 等新的工具不断出现,特别是两者的结合具有比 EDI 更好的灵活性,能更容易地在数据库之间移动信息,从而使一体化进程简单得多。

3. 网络 GPS 技术的运用

网络 GPS 可以向物流企业提供实时监控、双向通信、动态调度、数据存储分析的功能。这种网络 GPS 技术优势体现在物流企业具体业务的开展上,可以为各物流运输企业充分运用自己的权限,进入网络 GPS 监控界面,对车辆进行监控、调度、即时定位等操作。物流运输企业通过使用 GPS 不仅能够提高服务质量和管理水平,实施运输全过程动态管理,而且有助于提升企业形象,树立良好的品牌,在激烈的市场竞争中取得成功。

(三)物流业是物联网应用的重要领域

物流行业的信息系统近年在系统化、可视化等方面取得巨大进展,RFID、GPS 等物联网技术在物流作业的信息采集、物品追踪、运送监控、可视化管理等方面取得很多进展;在传感技术应用方面,一些先进的物流企业或物流中心,借助于传感网络对食品冷库、药品库等进行在线智能监控与管理。很多先进的现代物流系统已具备信息化、数字化、网络化、集成化、智能化、柔性化、敏捷化、可视化、自动化等先进技术特征;很多物流系统和网络采用了最新的红外、激光、无线、编码、认址、识别、定位、无接触供电、光纤、数据库、传感器、RFID、卫星定位等高新技术,这种集光、机、电、信息等技术为一体的新技术在物流系统的集成应用是物联网技术在物流业应用的体现。

物流行业不仅是国家十大产业振兴规划的其中一个,也是信息化及物联网应用的重要领域。它的信息化和综合化的物流管理、流程监控不仅能为企业带来物流效率提升、物流成本控制等效益,也从整体上提高了企业以及相关领域的信息化水平,从而达到带动整个产业发展的目的。

阅读材料

从 RFID 产业发展看物联网的未来分析

物联网的概念已经逐渐为人所熟知。RFID(Radio Frequency Identification,射频识别)技术自 20 世纪 90 年代兴起,它对物联网的实现起着决定性的作用。

从物联网体系来看，可分为感知层、传输层和智能应用层三个层面。感知层在物联网体系中处于信息采集的最前端，对物联网的实现起着基础性作用；而在感知层中最重要的技术就是 RFID 技术。从 RFID 产业的发展中可预知物联网未来的发展趋势。

2010 年国内 RFID 产业保持了良好的发展势头。

1. 高层的重视

2009 年 8 月，温家宝总理视察国内物联网发展的前沿地区——无锡，并指示要加大对物联网核心技术的攻关力度。进入 2010 年，吴邦国委员长在对无锡进行调研时，首先视察了无锡物联网产业研究院。高层领导的重视，反映了国家对物联网发展持积极的态度。这有利于物联网行业的健康发展，也有利于加快物联网核心技术发展。

2. 技术保障

有资料显示，中科院早在 1999 年就启动了传感网的研究，并已取得了一些科研成果，建立了一些适用的传感网。随着研究的深入，国内在传感技术上已取得了一定的话语权，并且成为国际标准的主导国之一。技术上领先，尤其是在标准的制定上拥有一定的话语权，为国内的 RFID 产业快速发展提供了最关键的保障。

3. 应用的普及

物联网不可能一蹴而就，但是 RFID 技术却已经被广泛地应用，如物流、零售、制造、服装、医疗、交通、食品等多个领域。随着超高频识别技术的发展，RFID 技术的应用将会有更广阔的应用空间，产品种类也将逐渐增多。RFID 技术的普遍应用，一方面可增加人们对物联网的认知程度，另一方面对 RFID 产业自身发展也会起到积极作用。

4. "世博会"的机遇

2010 年 RFID 产业遇到极好的发展机遇，"物联网"率先在上海世博会中广泛应用，RFID 技术将会被更多的人所认知和熟悉。这对国内 RFID 产业发展将起到巨大的推动作用。

此外，一些现象也预示着 RFID 产业在 2010 年后将进入快速发展时期：①RFID 行业新进入企业的数量开始增多，有的已呈现出强劲发展势头，如苏州木兰电子科技有限公司、西安西谷微功率数据技术有限责任公司等；②RFID 类上市公司在股市上的表现。有资料称，一些和物联网产业有关的企业在股市上已经有良好表现，如厦门信达 2009 年已经有了不小的涨幅，这样的市场表现也反映了 RFID 产业的发展潜力。

综上所述，RFID 产业作为实现物联网的重要环节，在 2010 年产业链各方应抓住机遇，实现 RFID 产业的高速发展，为物联网在我国的发展奠定坚实的基础。

（资料来源：http://www.5648.cc/news/detail/5296.html）

小 结

本模块主要介绍物流信息技术设备中的条码技术设备、射频技术设备、GPS 和 GIS 系统设备、通信与网络技术设备的种类及其特点，着重说明它们在物流活动中的应用情况。使学生了解基本的物流信息设备，通过相关资料及案例分析加深学生对物流信息技术的应用状况的了解，训练学生对物流信息技术设备应用的初步能力。

核心知识点

条码、射频技术、GPS、GIS

复 习 题

1. 什么是条码？条码技术可以应用在物流行业的哪些方面？
2. 简述射频系统的组成及其应用情况。
3. GPS 系统由哪些部分组成？它在物流业的应用情况是怎样的？
4. GIS 的基本功能有哪些？它在物流业有哪些应用？
5. 仔细观察本地大型超市收银台所使用的条码设备，并做相关记录。

实 践 题

以个人或小组为单位了解学校周边的超市商品的条码及其 POS 系统（销售时点系统）；了解出租汽车公司使用 GPS 的情况。

综合训练模块

能力目标

1. 物流作业设备选择的初步能力
2. 物流设备运作系统评价的初步能力

知识目标

1. 掌握物流设施设备的配置
2. 掌握物流设施与设备的管理知识

综合训练 1

参观某物流中心,观察其作业系统运作情况(或用视频材料代替),讨论并回答以下问题:

(1) 该物流中心作业所用到的物流设备有哪些?
(2) 这些物流设备在该物流中心作业中分别起什么作用?
(3) 对该物流中心的物流作业系统进行评价。

综合训练 2

某物流企业"中秋"快递业务设备支持及应急保障方案

为了保证中秋旺季生产工作顺利进行,某物流企业组织技术人员对设备和信息系统可能出现的故障进行深入研究和分析,并制定相应的应急方案。

一、单位 A 的 MIS 信息系统应急方案

1. 速递二期接口中断故障

当速递二期企业服务总线(Enterprise Service Bus,ESB)接口中断故障时间

超过30分钟时,重新开启支局与单位A的数据传输接口,同时立即上报省中心速递二期ESB接口故障。

2. 数据库服务器故障

当数据库服务器发生故障,确认故障恢复时间超过30分钟,启用数据库服务器备机,将备机IP更改为主机IP,启动数据库,替代数据库服务器主机运行。

3. 单位A的MIS接口服务器故障

当单位A的MIS接口服务器发生故障时,采用联想M4600 PC连接MIS接口备份硬盘,开机运行MIS接口程序,启用计划任务即可。

4. 速递一期接口服务器故障

当速递一期接口服务器故障,采用联想M4600 PC连接速递一期接口服务器备份硬盘,开机启动系统即可。

5. 统计系统服务器故障

统计系统服务器由取数据和应用服务器两台服务器组成,两台服务器分别搭建了备机,应用服务器更新了服务器后,原来主机保留作为备机,因此应用服务故障时备机修改IP地址重启系统即可;当取数据服务器故障时,采用联想M4600 PC连接备份硬盘开机,运行已写好的脚本,启动数据库即可。

6. 电子报关接口服务器故障

当电子报关接口服务器故障时,采用联想M4600 PC连接电子报关接口服务器备份硬盘,开机启动即可。

7. 电子报关数据库服务器故障

电子报关数据库服务器采用DELL8450建立备机,当电子报关数据库服务器故障时,将电子报关数据库服务器备机的IP修改为(略),重启系统,运行已经写好的脚本,启动数据库。

8. 国际普邮系统服务器

国际普邮系统服务器由应用服务器和数据库服务器两台服务器组成,分别搭建了备机。当应用服务器或数据库服务器故障时,只需将备机IP修改为主机IP,重启系统,运行已经写好的脚本,启动数据库即可。

二、设备控制系统应急方案

(一)"一车双带"包裹分拣机

1. 数据库服务器故障

当数据库服务器发生故障,确认故障恢复时间超过30分钟,启用数据库服务器备机,将备机IP更改为主机IP(略),子网掩码为(略),计算机名为(略),登录密码(略),启动数据库,替代数据库服务器主机运行。

2. 通信管理机故障

当通信管理机发生故障,确认故障恢复时间超过30分钟,启用通信管理机备机，IP 设置为（略），运行管理应用软件，进行以下操作：结束频次→清除数据→选择频次→下载数据→下载完成后可以正常分拣和封发操作。

3．主控制机故障

当主控制机发生故障，确认故障恢复时间超过 30 分钟，启用主控制机备机，操作步骤如下：

（1）在主控机主控程序界面按"停止"按钮停止分拣机运行，关闭主控程序，关闭主控机。

（2）断开与主控机相连的电源线及控制线，并记清楚每条线的连接口。

（3）将备机换上，并按原有接线方式接好相关电源线及控制线。检查接线无误后，开启计算机。

（4）计算机系统开启后将自动运行主控程序。如无法自动运行，点击桌面上主控程序（略）。

（5）主控机进入程序后，检查主控界面上主控机与"上包"、"下包"、"服务器"、"数据机"、"PLC1"、"PLC2"网络连接是否正常。

（6）确认一切正常后，在分拣控制主界面，根据需要单击"设置"按钮，选择适当的运行速度，单击"启动"按钮启动分拣机。

4．数据机故障

当数据机发生故障，确认故障恢复时间超过 30 分钟，启用数据机备机，操作步骤如下：

（1）在主控机主控程序界面按"停止"按钮停止分拣机运行，关闭数据机程序，关闭数据机计算机。

（2）断开与数据机相连的电源线及控制线，并记清楚每条线的连接口。

（3）将备机换上，并按原有接线方式接好相关电源线及控制线。

（4）检查接线无误后，开启计算机。计算机系统开启后将自动运行主控程序/数据机程序。如无法自动运行，单击桌面上数据机程序（略）运行。

（5）数据机进入程序后单击"下载数据"按钮，当数据机控制主窗体右上角显示"数据下载完成"时进入工作状态。

5．乙地信息通信机故障

当乙地信息通信机发生故障，确认故障恢复时间超过 30 分钟，启用乙地信息通信机备机，重新选择分拣方案运行即可。

6．分拣机不能分拣故障

当包裹分拣机发生故障，2 小时内无法修复，但封发系统能正常运行时，启用人工处理应急方案。生产班组需要人工对邮件进行分拣，并使用分拣机封发系统的人工封发功能进行封发，此功能集成在分拣机的封发系统中。

(二) 扁平件分拣机

具体处理步骤与"一车双带"包裹分拣机的处理类似，本文省略。

(三) 推挂机主控制计算机故障

当主控制计算机发生故障，确认故障恢复时间超过 30 分钟，启用主控制计算机备机，操作步骤如下：

(1) 在推挂机上按"停止"按钮停止推挂机运行，在主控界面菜单中选择"停止运行"项停止系统运行，关闭主控程序，关闭主控机计算机。

(2) 断开与主控机相连的电源线及控制线，并记清楚每条线的连接口。

(3) 将备机换上，并按原有接线方式接好相关电源线及控制线。检查接线无误后，开启计算机。

(4) 计算机系统开启后将自动运行主控程序。如无法自动运行，单击桌面上主控程序（略）运行。

(5) 进入主控程序后选择合适的分拣方案。

(6) 确认一切正常后，在主控程序界面上按"系统运行"按钮启动系统，在推挂机上按"启动"键启动推挂机。

(四) 国际分拣机

1. 主控制机故障

当主控制计算机发生故障，确认故障恢复时间超过 30 分钟，启用主控制计算机备机，操作步骤如下：

(1) 在主控机主控程序界面单击"停机"按钮停止分拣机运行，关闭主控机。

(2) 断开与主控机相连的电源线及控制线，并记清楚每条线的连接口。

(3) 将备机换上，并按原有接线方式接好相关电源线及控制线。检查接线无误后，开启计算机。

(4) 计算机系统开启后将自动运行主控程序。如无法自动运行，单击桌面上主控程序"主控.exe"。

(5) 进入主控程序后检查两台机之间的网络连接是否正常；检查速度设置及分拣方案是否正常。

(6) 确认一切正常后，在主控程序界面按"启动"按钮启动分拣机。

2. 数据管理机故障

当数据管理机发生故障，确认故障恢复时间超过 30 分钟，启用数据管理机备机，操作步骤如下：

(1) 在主控机主控程序界面单击"停机"按钮停止分拣机运行，关闭交换台程序，关闭交换台计算机。

（2）断开与交换台计算机相连的电源线及控制线，并记清楚每条线的连接口。

（3）将备机换上，并按原有接线方式接好相关电源线及控制线。检查接线无误后，开启计算机。

（4）计算机系统开启后将自动运行交换台程序。如无法自动运行，单击桌面上交换台程序（略）运行。

（5）进入交换台程序后检查两台机之间的网络连接是否正常；检查速度设置及分拣方案是否正常。

（6）确认一切正常后，在主控程序界面按"启动"按钮启动分拣机。

注：主控和交换两台主机共用一台显示器和一套键鼠，通过键盘双击键（略）进行界面切换。

（五）海关监管线

1．主控制机故障

当主控制计算机发生故障，确认故障恢复时间超过30分钟，更换备份硬盘，操作步骤如下：

（1）退出两台上位机监控程序，关闭两台上位机。

（2）在主控制机界面按"停止"按钮停止两条监管线运行，退出主控制程序，关闭系统。

（3）断开主控机电源，换上备份硬盘。

（4）确认各接线（包括网络连线）牢固后，重新启动主控机。

（5）主控机进入Windows系统后将自动执行主控制程序。

（6）开启两台上位机，并执行上位机监控程序。

（7）在主控制机界面上按"硬件监控"按钮，确认主控制机与两台上位机连接后，返回主控界面，按"启动"按钮启动两条监管线。

2．上位机故障

当上位机发生故障，确认故障恢复时间超过30分钟，启用上位机备机，重新设定IP地址，重新运行即可。

三、分拣机系统崩溃故障，2小时内无法恢复的应急方案

1．开拆环节故障

单位A中心开拆环节使用的是由某信息局开发的国内速递系统，此套系统从单位A投产使用至今，尚未出现过任何问题，当此系统的开拆功能出问题时，直接联系某信息局技术人员远程解决。

2．封发系统故障

封发环节分别使用的是由包裹分拣机和扁平件分拣机厂家开发的配套系

统,邮件分拣后在各分拣机的封发系统中封发,封发信息由各分拣机的通信系统传给国内速递系统,最后由国内速递系统上传给速递平台全国中心。具体应急方案如下:

当包裹分拣机或扁平件分拣信息系统崩溃,2小时内无法恢复时,启用国内速递系统的应急封发功能,此系统会自动将封发信息上传至速递平台全国中心。由于获取不了分拣机系统中各寄达局最后使用的封发总包号码,分局技术人员与某信息局沟道后,将开放另一批与分拣机系统没有冲突的总包号码,具体分配如下:扁平件分拣机使用1~2000段的总包号码,包裹分拣机使用2001~6000段的总包号码,国内速递系统应急封发文件类邮件使用6001~7000段的总包号码,物品类的邮件使用7001~9999段的总包号码进行封发。

四、其他

(1)坚持预检预修和计划保养相结合,要求维护分局计划在某月某日~某日对单位A中心机电设备进行全面的检修。

(2)制定技术应急预案,成立应急小分队,应对突发事件。

应急预案包含:信息系统应急预案、大型机电设备应急预案。维护部门应成立由班组长和技术骨干组成的应急小分队,及时响应突发事件。

▶ 讨论

1. 该企业的"中秋"快递业务设备支持方案有哪些特点?根据该方案,"中秋"快递业务涉及的物流设备是如何起作用的?

2. 对该方案进行评价,并提出建议。

综合训练3

物流设备模型制作比赛

一、实训目的

通过模型制作,了解物流设备的基本性能、结构特征及应用场合。强化学生职业技能训练,增强学生动手能力,营造重视技能、争做职业技术能手的良好氛围,展示物流专业学生良好的精神风貌。

二、实训要求

1. 对学生的要求

(1)选取要制作的设备,深入了解该设备的基本结构特征,准备材料。

（2）模型材料尽可能选用废弃物。
（3）模型要在小组成员合作下利用课余时间制作完成。
（4）参赛作品必须是本组成员亲手制作的物流设备模型。
（5）竞赛时要求全组成员参与，并在讲台上展出本小组参赛作品。

2．对教师的要求

指导学生合理选择物流设备并进行辅导，组织模型制作比赛。

三、实训内容

以小组为单位，小组内通过讨论决定选择某种物流设备，上网或查书、报、刊等资料，全面了解该物流设备的结构特征；准备相关材料制作设备模型；参加比赛。

（1）各班学生分学习小组，选择所要制作的设备，准备材料。
（2）分小组制作模型，拍照。
（3）撰写制作过程及主要技术、创新点等汇报内容。
（4）以小组为单位参加比赛，比赛时现场演示及阐述。

四、实训的组织和实施

竞赛坚持公开、公正、公平的原则。

（1）比赛分两个环节组成，模型制作讲解和技术答辩。

讲解限时5分钟，答辩限时10分钟。各小组讲解时派一名代表对模型进行主阐述，其他成员可补充，但总时间不超过5分钟，答辩时除非评委指定选手回答，原则上可由任一选手回答。

（2）比赛分两个阶段进行。

第一阶段：初赛

科任教师组织学生在各班进行模型展示、汇报及评分。每班优选出2队参加决赛。

第二阶段：决赛

1）各参赛小组修改模型。
2）模型拍照，并撰写制作过程及主要技术、创新点。
3）各班参赛选手参加比赛。

五、比赛评分标准

材质选用合理性15分，模型新颖性15分，美观性20分，逼真性15分，坚固性15分，技术讲解与答辩20分。

六、奖项设置（略）

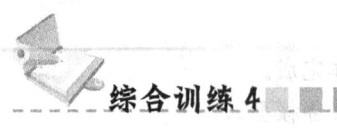

综合训练 4

物流设备选型与采购

一、实训目的

通过实训,学生应能根据实际需求,综合考虑各种物流设备的运用场合,合理选择和配置物流设备;认知物流企业设备的配置状况,了解物流设备的大致价格。

二、实训的要求

1. 对学生的要求

课前复习课本内容,上网或查书、报、刊资料获得设备信息。

2. 项目实施条件的要求

机房、多媒体课室。

3. 对老师的要求

合理设计各小组背景材料。

三、实训内容

以小组为单位,小组内各成员每人选择一类物流设备,上网或查书、报、刊等资料,全面了解并比较这一类物流设备的性能、主要技术指标、应用范围、价格等因素。

以小组为单位,成立一物流公司或物流中心,建立组织架构,根据需要,为该物流中心选配各种物流设施与设备。

四、实训的组织和实施

小组内成员进行合理分工,主要工作有建立虚拟企业、规模规划、工作计划、资料搜集、设备选型、设备虚拟采购、图文编辑、制作PPT、课堂汇报、项目书撰写等。教师监督各小组按进度要求完成任务。最后每一小组讨论形成报告材料,课堂通过汇报与答疑与其他小组进行交流、修改完善后上交项目报告书。

参考文献

[1] 王成林,孙卫华. 物流设施与设备[M]. 上海:上海交通大学出版社,2009.

[2] 朱新民. 物流设施与设备[M]. 北京:清华大学出版社,2007.

[3] 张弦,沈雁,朱丹. 物流设施与设备[M]. 上海:复旦大学出版社,2006.

[4] 伍玉坤,廖建国. 现代物流设备与设施[M]. 北京:机械工业出版社,2008.

[5] 许海东. 物流设施与设备[M]. 大连:大连理工大学出版社,2009.

[6] 王金萍. 物流设施与设备[M]. 大连:东北财经大学出版社,2006.

[7] 王春雨,任美霞,隋荣娟. 物流设施与设备[M]. 北京:国防工业出版社,2008.

[8] 田奇. 仓储物流机械与设备[M]. 北京:机械工业出版社,2008.

[9] 钱芝网. 仓储管理实务情景实训[M]. 北京:电子工业出版社,2008.

[10] 黎红. 物流设施与装备[M]. 广州:广东高等教育出版社,2008.

[11] 周全申. 现代物流技术与装备[M]. 北京:中国物资出版社,2007.

[12] 孙红. 物流设备与技术[M]. 南京:东南大学出版社,2006.

[13] 谢家平. 物流设施与设备[M]. 北京:中央广播电视大学出版社,2007.

[14] 李文斐,张娟,朱文利. 现代物流装备与技术实务[M]. 北京:人民邮电出版社,2006.

[15] 白世贞,刘莉. 现代仓储物流技术与装备[M]. 北京:中国物资出版社,2007.

[16] 陈杰伦,陈纪锋,缪兴锋. 物流设施与设备[M]. 广州:华南理工大学出版社,2006.

[17] 魏国辰. 物流机械设备的运用与管理[M]. 北京:中国物资出版社,2006.

[18] 程国全. 现代物流网络与设施[M]. 北京:首都经济贸易大学出版社,2004.

[19] 姜大力. 现代物流装备[M]. 北京:首都经济贸易大学出版社,2004.

[20] 蒋初阳. 物流设施与设备[M]. 北京:机械工业出版社,2004.

[21] 蒋祖星,孟初阳. 物流设施与设备[M]. 北京:机械工业出版社,2004.

[22] 宋玉. 仓储实务[M]. 北京:对外经济贸易大学出版社,2005.

[23] 王霄涵. 物流仓储业务岗位操作流程[M]. 北京:中国经济出版社,2005.

[24] 郭元萍. 仓储管理与实务[M]. 北京:中国轻工业出版社,2004.

[25] 张晓川. 现代仓储物流技术与装备[M]. 北京:化学工业出版社,2003.

[26] 周全申. 现代物流技术与装备实务[M]. 北京:中国物资出版社,2002.

[27] 刘廷新,何民爱. 物流设施与设备[M]. 北京:高等教育出版社,2003.

[28] 季永青. 运输管理实务[M]. 北京:高等教育出版社,2000.

[29] 刘凯. 现代物流技术基础[M]. 北京:清华大学出版社,北京交通大学出版社,2004.

[30] 真虹,朱云仙. 物流装卸与搬运[M]. 北京:中国物资出版社,2004.

[31] 纪寿文,缪立新,李克强. 现代物流装备与技术服务[M]. 深圳:海天出版社,2004.

[32] 聂军. 物流技术与装备[M]. 北京:对外经济贸易大学出版社,2004.

[33] 姜大立,张剑芳,王丰,等.现代物流装备[M].北京:首都经济贸易大学出版社,2004.
[34] 张大成.现代物流企业经营管理[M].北京:中国物资出版社,2005.
[35] 杨霞芳.现代物流技术[M].上海:上海财经大学出版社,2004.
[36] 邓爱明.物流设备与应用[M].北京:人民交通出版社,2003.
[37] 王婷.物流操作实务[M].北京:机械工业出版社,2004.
[38] 汪鸣.当前物流基础设施建设和发展中值得注意的几个问题[J].铁道运输与经济,2004(8).